U0932947

中国领导力提升系列 | 主编 胡月星

领导威信

江 文◎著

中国出版集团 研究出版社

图书在版编目（CIP）数据

领导威信 / 江文著 . — 北京：研究出版社，
2017.5
ISBN 978-7-5199-0027-4

Ⅰ. ①领… Ⅱ. ①江… Ⅲ. ①领导学 Ⅳ. ① C933

中国版本图书馆 CIP 数据核字（2017）第 031469 号

领导威信

作　　者 江文　著
责任编辑 陈侠仁
出版发行 研究出版社
地　　址 北京市东城区沙滩北街 2 号中研楼
邮政编码 100009
电　　话 010-63292534　63057714（发行中心）
63055259（总编室）
传　　真 010-63292534
网　　址 www.yanjiuchubanshe.com
电子信箱 yjcbsfxb@126.com
印　　刷 三河市金泰源印务有限公司
开　　本 710 毫米 ×1000 毫米　1/16
印　　张 18.25
版　　次 2017 年 5 月第 1 版　2017 年 5 月第 1 次印刷
书　　号 ISBN 978-7-5199-0027-4
定　　价 46.00 元

参与研究单位

国家行政学院

中国浦东干部学院

中国人事科学研究院

国家税务总局党校

北京行政学院

上海行政学院

黑龙江省行政学院

吉林省行政学院

广西行政学院

辽宁师范大学

宁夏行政学院

协助支持单位

国家行政学院中国领导科学研究中心

国家行政学院公务员培训研究中心

中国人才研究会领导人才专业委员会

西安思源学院新发展理念与领导力研究中心

提升领导力是聚焦点（代总序）

胡月星

领导科学研究告诉我们，组织发展与领导力提升并不是同步的。组织规模增大，并不意味着领导力随之提升。组织规模小，并不代表没有强大领导力。有的组织诞生时规模很小，但能够逐渐壮大，关键就在于其具有强大领导力。中国共产党诞生之初人数寥寥，但犹如喷薄而出的朝阳，光照四方。成功的秘诀在哪里？就在于党拥有强大的领导力，正是这一核心力量使党焕发出旺盛的生命力。今天，中国共产党是拥有 436 万多个基层党组织、8779 万多名党员的大党，但规模越大并不意味着领导力就越强。加强和改善党的领导，必须把提升领导力作为聚焦点。

那么，领导力究竟是什么？以往人们通常把领导力等同于权力，认为有权力就有领导力。这种观点至今还停留在一些人的头脑中，限制了人们探索提升领导力的视野。领导力与权力确实有密切关系，但绝不是对等关系，有权力未必就有领导力，否则就难以解释个别领导“有权无威”甚至“众叛亲离”的现象。权力仅仅是领导力的一种重要资源，而不是领导力的全部。在领导科学研究中，领导力存在于精神信仰、思想观念、规章制度等方方面面，既包括组织领导力，也包括个体领导力。组织领导力是由个体领导力积极作用而成的合力，这就像百川终归大海一样。组织领导力与个体领导力相辅相成、高度融合，共同提升政党的领导力。我们讨论加强和改善党的领导，当然需要从组织领导力角度去分析，但领导科学研究表明，重视个体领导力对于加强和改善党的领导同样至关重要。因为组织领导力最终要具体落实到领导干部行为中，如果各级领导干部缺乏领导力所必需的知识、能力、品质以及积极行为表现等，组织领导力就会失去来源，组织就会变得软弱无力。可以说，领导干部的领导力直接决定着党的领导力。一个政党领导力的缺失，很大程度上是因为领导干部领导力的缺失。当前，从提升领导力入手加强和改善党的领导，需要把组织领导力与个体领导力紧密结合起来，从“领”入手，由“导”贯通，实现“心”与“力”的积极融合。

用信仰目标实现“领”。信仰就是希望，目标就是方向。没有信仰目标的政党是没有希望的，没有信仰目标的领导干部是难堪大任的。成立90多年来，我们党的领导之所以坚强有力，就是因为我们党有信仰、有目标，让广大党员有使命感，让人民群众有方向感。一个政党如果不能让自己的党员有使命感就无异于乌合之众，如果无法让群众有方向感就会失去号召力和凝聚力。新形势下，加强和改善党的领导，尤其需要把党的领导与党所坚守的崇高信仰、党所追求的远大目标紧密结合起来。要让广大党员和人民群众明白我们党究竟从哪里来、往哪里去，信仰什么、追求什么，党对人民群众来说有着什么样的功能和价值。把这些问题讲清楚，人民群众就会拥护党、追随党。

用科学理念实现“导”。信仰的追求、目标的实现都要有科学的理念。一个政党所坚持的科学理念凝聚着政党的智慧，能够引领人民群众的行动。从这个意义上说，理念科学，领导力就强。我们党一直强调用科学理念实现党的领导。习近平总书记在党的十八届五中全会上提出的创新、协调、绿色、开放、共享新发展理念，凝聚着全党的智慧，是统一全党思想和行动的指挥棒。领导干部能不能深入贯彻新发展理念，坚决纠正那些与新发展理念不相适应甚至背道而驰的错误观念与行为，直接关系我们党的领导力。领导干部要把学习贯彻新发展理念与提升领导力、加强和改善党的领导紧密结合起来。

用“心”与“力”的融合提升领导力。心为万力之本。提升领导力，从领导干部个体角度而言尤其要注重“心”与“力”的融合，具体而言主要包括以下几个方面：一是强调忠诚。忠诚是对“心”最重要的要求，是“力”的源泉。领导干部要对党忠诚，不论身在何方，不论处于何种境地，都要把对党忠诚作为自己的道德操守和行为准则，这样才能担负起组织重托。二是强调提升能力。有“心”无“力”，最终只能流于平庸。提升领导力，既要有“心”，也要有“力”。这就要求领导干部必须高度重视提升自己的能力。三是强调责任担当。责任是“心”，担当是“力”。当前，加强和改善党的领导特别需要领导干部有责任担当。有了责任担当，就能把“心”与“力”融合后的力量充分发挥出来，不断提升我们党的领导力。

原载《人民日报》（2016 年 04 月 15 日 07 版）

前言

“领导力”是组织行为学和人力资源管理领域长盛不衰的话题。在学术界，海内外许多著名学府的管理学院都设立了领导力研究和开发中心，一大批优秀学者都将领导力研究作为终生的事业；在政界，执政党和领导人竭尽所能展示出自己的影响力，领导着民众朝施政方针所描绘的蓝图前进；在商界，企业家和经理们无时不刻不在思考着树立愿景、领导团队、激励下属、凝聚人心、实现组织目标的问题，美国企业界每年投入领导力方面的培训费用甚至超过千亿美元之巨；在战争中，面对着枪林弹雨、生死抉择的军事将领们，往往在沧海横流中指点江山，挥斥方遒，显示领导力本色；在体育竞赛中，伟大的功勋教练们运筹帷幄、决胜千里的气度更淋漓尽致地阐释了领导力的真谛。

正因为如此，“领导力”成为组织管理领域为数不多的、能同时引起研究者和实践者强烈共鸣的话题，恰恰因为如此，“领导力”也难免会面临研究门槛低、低水平重复建设、学理基础缺乏、理论实践两张皮的困境，甚至会步入“越辩越混沌”的怪圈。在学术界，不光是交易型领导、变革型领导、魅力型领导、谦卑型领导、家长型领导、道德型领导等学术名词让人眼花缭乱，诸如领导艺术、领导风格、领导权变、领导谋略、领导战略等应用型名词更是层出不穷，很容易出现泥沙俱下，混淆视听的现象。而在实践中，许多领导者对领导科学领域的研究成果仍然没有给予应有的关注，相反，他们更为信奉的是权谋智慧，驭下之道，相人之术，甚至是风水占卜，认为这些知识和技能才是实践中真正“有用”的领导力。一言以蔽之，学术界的纷繁庞杂和实践中的盲目自大，是导致当今领导力研究领域乱象丛生、派别林立的重要原因。

事实上，不管是学术界研究领导者影响力、领导者—追随者关系、领导者的特质和行为、领导者心理等问题也好，还是实践中看重的领导艺术、统御与控制、有效激励等行为也好，首先都要面对“领导者何以成为领导者”这一问题，也就是领导威信从何而来的问题。正是基于此，本书选择了领导力的一个经典性、起点性问题——领导威信作为研究对象。作为一本以管理实践者为主要读者的著作，本书秉持“激发兴趣、引发思考、启迪智慧、指导行动”的原则，分十个章节来对领导威信这一主题进行全面的阐述。

第一章探讨了领导威信的传统内涵和时代演变。传统意义上的领导威信包括法定权、专家权、奖赏权、惩罚权、统治权等“硬权力”，领导者获得威信有三种渠道：掌握团队的核心资源、为追随者承担风险、依靠道德的力量成为榜样。而随着信息时代、大数据和互联网时代的到来，组织结构和领导者—追随者关系发生了一系列深远的变化，领导威信正越发通过认可、沟通、同理心等“软权力”来实现。

第二章探讨了领导威信的品格基础。品格，也就是人的品质性格，包括人的品性和品行，既体现人的性格，也表现人道德的行为。对于一个成功的领导者来说，深厚的道德、过人的器识、素直的内心，都是必不可少的品格要素。对品格的理解也存在一些误区，最新研究显示，内向型领导者和具备高强度韧性的领导者同样可以树立威信，获得成功。

第三章探讨了领导威信的知识内核。知识是领导威信的重要来源，在信息时代，领导者的知识结构必须做到“海拔高、面积广、底蕴深、更新速”，才能体现领导威信。知识也必须通过领导决策这一“黑匣子”才能转化为威信，而证据和直觉都是领导决策的重要依据，要把握规律进行科学选择。

第四章探讨了领导威信的外化——领导形象。形象关乎追随者对领导者的第一印象，必须给予充分重视。领导形象最为直观的方面是仪貌、讲话（演讲）和举止。同时，由于历史、文化、价值观等方面的差异，中西方领导者的形象塑造各有特点，在全球化的时代，领导者需要汲取各方精华，提升自我形象。

第五章探讨了领导威信产生影响的路径——领导技能。领导技能是可以通过后天的训练习得的。从“术”的角度来讲，领导者要把握威信亲疏的距离、尺度的严宽、手段的赏罚、施与的收放，才能有效地影响追随者。领导者要做追随者的“观世音菩萨”，对人性洞若观火，对世事通察明晓，对下属的声音进行有效倾听，同时在领导过程中用霹雳手段显菩萨心肠。

第六章探讨了领导威信的施与者——追随者。领导者的唯一定义就是有追随者，命令只能获得服从，而影响力则可以赢得更多优秀人才的追随。在共享时代领导者和追随者的关系发生了重要的变化，领导者必须化威信独占到威信共享，与追随者共享、共创、共赢、共利。

第七章探讨了领导威信的准绳——制度。制度可以固化领导威信，将“任人”向“任法”转变。同时，良好的制度能够约束领导威信，使其向对组织有利的方向发展。良好的制度一定能激发组织成员最大的善意和动力。当面临制度威信与领导者个人威信冲突时，要善于追求和谐一致，把握平衡，同时不断修正和优化制度。

第八章探讨了领导威信的最终目的——提升组织绩效。要打造高绩效的团队和组织，领导者必须从凝聚价值观、提升情商、保持真我等几方面进行淬炼，将领导者自身的角色定位为教练和导师，不断引领组织成员向高绩效目标前进。

第九章探讨了领导威信的权变之道。在大变革的时代，领导力的内外部环境都发生了急剧的变化，要善于变被动为主动，让威信推动组织变革和组织发展。在变革的过程中必须具备创新思维和创新能力，管理组织环境中的不确定性。

第十章探讨了领导威信的中西合璧之道。领导力在不同文化背景下的表现和特征是不同的，中国式领导威信重视修己安人，立威施恩，阴阳调和，道法自然；西方式的领导威信重视魅力至上，共启愿景，激发变革，甘做仆人。在未来的全球化时代，中西方一定会走向“双剑合璧”的领导力时代，这要求未来的领导者必须具备全球眼光，通晓中西方领导文化。本书系统全面地回答了“领导威信是什么，从何而来，向哪儿而去”的问题。通过本书，读者不但可以了解当前组织行为学和人力资源管理领域最前沿的相关学术成果，比如领导威信与循证决策、绩效考核中的强制分布法、领导力教练等，可以把握未来领导威信扁平化、共享化、分权化、多中心化的发展演变趋势，还可以从中西方领导威信的对比中思索文化的差异。更为重要的是，能通过书中的理论总结及古今中外鲜活的案例，与自身从事领导工作的经历进行相互印证，总结成败得失，为自身领导力的提升提供借鉴，这也是本书对于广大管理实践者最大的价值所在。

目录

C H A P T E R 0 1

第一章

领导威信的传统与演变

一、领导威信的内涵

领导是指影响别人，以达到组织目标的过程。领导者是能够以一种积极的方式赢得下属追随的人。所谓“积极的方式”，指的就是领导者对下属的一种正向的影响力，这种影响力可以吸引下属与领导者一道，完成组织积极正面的目标。并非所有居于领导职位的人都能发挥这样的正向领导力，反之，不在领导岗位上的人也能起到一定程度的领导作用，因为领导工作本身有着自己的特性，这个特性就是：领导者更多地借助于正向影响力而非职位权力发挥作用。甚至可以说任何人都可以发挥领导职能，只要他具有正向的影响力。

领导和领导威信的形成与国家和国家权力的存在基础具有相似性。为了寻求个人和社会的更好发展，社会个体在集体组织内部选出具有人格魅力和能力的个人，代表众多的社会个体行使集体权力，在人格魅力的基础之上对权力的行使，便是领导威信的产生基础，也是传统的“领导特质”理论的重要实践基础。但是权力和威信的概念却不尽相同，权力更多地意味着“硬权力”，强调的是追随者对领导者的服从，以及领导者对追随者的控制，其最大的特征是强制性，它的大小往往取决于职位的高低；而威信的形成没有强制性的特点，追随者的服从是出于自愿，威信的基础是领导者的个人魅力，包括知识水平、道德修养、能力素质等。

威信对领导具有非常重要的作用。美国管理学家亨利·艾伯斯说,“没有威信,不论是国家、军队,还是组织,都不能生存,社会对维护组织的威信有着重要的利害关系,这些组织的威信受到毁坏是对社会幸福的严重威胁”。由此可见,领导威信不仅仅会影响一个组织,更会影响到一个社会。领导者要实施有效的领导,不仅需要有一定的权力,而且还必须有一定的威信作为保证。

领导威信是指领导者在追随者心目中的威望和地位。威信并不等于权力。权力是与职务相关联的,职务一经确定,权力随之获得。所以权力属于一种外在力,具有刚性特征。威信则是领导者与追随者相互发生作用的过程中自然产生的,来自领导者个人内在实力和人格,是一种内在力,具有柔性特征。威信的大小取决于领导者在追随者心目中的认可度、接受度。它的形成是一个复杂的心理过程。威信的合法化即是权力,两者是相辅相成的关系,一方面,权力是领导威信的重要来源,是领导行为合法化的根基;另一方面,威信又是以服从为前提的。良好的威信与服从关系是领导者的工作得以顺利推进的前提和保证。

(一)领导威信的构成

权力本身就具有影响力,在权力的面前很多人直接臣服,很多人甚至依附于权力。但是在同样的权限范围下,一些人让权力的影响力极其巨大,一些人却没有办法让权力产生影响,其实是因为运用权力的能力不同。判断一个领导者威信如何的最简单的方法,就是看他离开位置,脱掉“帽子”之后,是否仍然让曾经的同事想念,让曾经的上级怀念,让曾经的服务对象惦记。如果答案为“是”,那么这样的领导者是具有一定威信和影响力的;如果答案是“否”,这样的领导者就是“人亡政息”的失败典型。

传统威信产生影响力可以从五个角度来体现:法定权、专家权、奖赏权、惩罚权、统治权。

1. 法定权

在法律的层面上，在制度的层面上，在组织层面，权力自身就会发生影响，这就是法定权力的威力。因此由制度安排的明确的权力是非常重要的，组织赋予的权力所具有的正式威力会产生有效的影响力，所以在管理中需要在制度或者结构上把权力明确下来，这样才可能发挥领导者的正式职能。在组织结构中，一个人处于何种位置，是高层、是中层，还是低层，由此获得的这种权力就是法定性的权力，换言之，一旦有了正式的任命，一个人就具有了法定性的权力。法定权力一般是引发下属服从甚至是畏惧的重要力量，但领导活动却不仅仅是依靠这种让人服从的力量得以进行的，因此，当领导者处理任何事情，都要依赖职权作为后盾时，他已经濒临失败的边缘了，所以有“职权是领导活动得以推行的底线”之说。如果仅仅依靠命令和指示做领导，往往效果会适得其反。正如《孙子兵法》中所说：“数赏者，窘也；数罚者，困也”，揭示的就是这个道理。但这并不是要领导者不动用法定权力，如果那样，领导者的职位以及有关职权的规定就失去了价值意义。在必要的危急关头，领导者可以果断用权，以便实现凝聚组织的功效。

2. 专家权

专家权是领导者自身所具备的某方面特定的知识和才能产生的影响力。但是这个权力的角度并不是要求领导者成为专家，而是领导者可以借助于专家知识的影响力来获得自己的影响力，而且借助于专家所产生的影响力是非常有效的。

要具有专家权，并不需要领导者很聪明，领导者也不需要获得某某机构的专家头衔。只要某人在某个领域（或某件事情）里掌握的信息足够多，或者他的实践经验非常丰富，那他就能发出他自己的声音，这种声音就是专家权。举个例子，一个高级领导者家中的电器坏了，在全家人都束手无策的时候，是曾经学过电工知识的警卫员把电器修好了，在这个事件中真正的领导者是拥有电工知识的警卫员，而不是高级领导，这就是专家权力的影响。专家权是完全没有等级之分的权力，可以用于向上及向下管理。无论处于什么位置，专家权永远都是领导者最喜欢使用也是最管用的权力。尤其对于中层领导者来说，因为实权不多，需要具备多个领域的专家权力，让下属有足够多的理由去折服自己的领导。

3. 奖赏权

人性的基本需要就是获得肯定和赞赏，因而奖赏是具备影响力的，尤其是来自高层领导者的肯定和赞赏对于下属而言影响力是非常巨大的。职位越高的人，动用奖赏权力的机会越多，所产生的影响力效果就越大。但是人们往往发现职位越高的人，奖励的习惯越少，批评的习惯越多，甚至还有人认为这样会形成威信，比如曾国藩曾认为，“若日日誉人则人必不重我言矣”。需要知道的是，位置高的人评判和批评的机会很多，但并不是因为批评和评判就会产生影响力，让追随者惧怕并不意味着就会产生服从和认同的效果，而多一点奖赏反而会产生影响力并获得良好的认同。

奖赏权是惩罚权的对立物，正确合理地运用奖赏权是实现有效领导的重要条件。善于运用奖赏权来激励追随者是领导人的一项重要工作。对追随者奖励的内容，不仅包括报酬、奖金，而且还包括精神奖励，并使受奖者得到社会尊重。根据马斯洛的需求理论，奖赏的形式主要包括：一是物质奖励。主要是满足下属的生理需要和安全需要。如奖金、奖品、环境优美的办公室、免费旅游、疗养等。二是精神奖励。主要是满足下属社交需要、尊重需要和自我成就需要。如授予勋章、奖章、奖状、通令表扬或通令嘉奖、记功、树标兵、评先进工作者或单位模范、上光荣榜、介绍经验等。三是物质与精神相结合的奖励。如颁发科学奖金、成果奖励、晋升等。

4. 惩罚权

惩罚权是领导者权力的内容之一，是指领导者通过威胁和惩罚的手段，迫使追随者服从他的领导权力，是建立在惧怕之上的权力。惩罚权的心理基础是惧怕心理，即害怕利益或机会被剥夺从而导致需要无法满足。惩罚权会导致下属的服从行为，服从行为的目的是躲避惩罚，而不是干好工作。但是，强制性的威胁一旦发出，一定要让受威胁的一方感受到这种威胁的实际存在。

威胁是使强制力成为一种有效的目标，是权力得以正常运行的重要保障，这种保障机制只是不得已而做的最后手段。特别是在以下几种情况下，要敢于及时使用惩罚权：一是在下属的知识、经验与能力都很不成熟的时候；二是当组织面临着危机，需要及时做出决策和迅速采取行动的时候；三是在领导者与追随者之间尚未建立良好的人际关系的时候；四是在下属的工作态度存在偏差，需要纠正的时候。在这几种情形中过分强调领导用权的民主性，就等于是放弃领导。做领导工作，实施惩处是不可避免的。尼克松曾经说过："总统有时候必须开除人——或者因为不称职、懒惰，或者因为违抗命令，这总是不愉快的事。但是组织有时候就要靠这样做来使它摆脱局面。"

5. 统治权

统治权和惩罚权有着很多相似的特征。惩罚权和统治权都需要一个前提，即一旦运用这个权力，就需要考虑运用的效果，也就是说必须起到"杀一儆百"的效果，否则就会适得其反，让影响力不升反降。比如，也许很多人认为新加坡的法律很严，但是事实上一方面新加坡的法律很严，但是执行法律的管理更严格，所以使得新加坡的法律运用的效果非常显著。因此惩罚权和统治权的严格使用是非常重要的。

传统领导威信的实质是追随者对于领导者生成服从意识的一种社会心

理过程，使领导者权力在他们心中合法化。领导威信是以精神的感召力、行动的影响力、内部的凝聚力等使人信服的威望为基础的，是领导者在岗位上的权力与个人威望的有机整合体。领导威信通过社会组织赋予的权力成为影响别人思想、改变别人行动的一种支配力量。

对于权力所产生的影响力而言，法定权、专家权和奖赏权应该多使用，而统治权和惩罚权尽量少用，但是少用并不等于不用，一旦使用就要严格有效。有个将军说：对士兵一定要有火山般的热情，但是也要有比冰山还冰冷的心。在这位将军看来，如果你能够有一颗比冰山还冰冷的心，和火山般的热情，作为领导者对于士兵的生命，就能提供非常明确的依靠，拥有这样的特征的人一定会成为好的将军。领导职能的发挥就是这样做的：足够的严厉和充分的奖赏，人们就会愿意把生命交付给你，这就是一个成功的将军的主要方法。

（二）领导威信的特点及来源

领导威信作为一个系统，有传统领导威信和非传统领导威信之分。两者的区别表现在三方面。

其一，两者的来源不同。传统领导威信的力量源于职位，属于“硬权力”，这种权力不会因人而异。而威信源于领导者自身的能力、知识、魅力，属于“软权力”，是综合素质的体现。其二，影响力不同。由于来源不一，所以在实施过程中二者的强制性也不同。传统性威信具有强制性，非传统性威信更多地是依赖于领导者的感召力，因此它不具有强制性。其三，影响范围不同。传统性威信具有刚性特征，只适用于职位的权限范围内，而非传统性威信是不受时间与空间限制的。

1. 领导威信的运行特点

一方面，非权力性影响建立在权力性影响之上，依赖于权力性影响而生，只有依靠特定的职位才能产生，领导者的个人威信才能树立、发展。另一方面，权力性影响要借助非权力性影响才能发挥最大作用。而现代意义上的领导威信发生作用的边界开始模糊，非权力性影响力甚至在某种程度超越了权力性影响。综合来讲，领导威信运行的特点主要有以下几点。

（1）领导威信的运行具有渐进性

第一，层次不断上升。领导威信总是经历一个从低级向高级逐步推进的过程，领导威信的初级阶段是领导者单纯地利用职位权，开展最基础的领导工作，领导效果也比较中规中矩。随着工作的深入与对追随者的了解，领导威信的影响层次开始不断上升，领导者通过掌握适当的领导方法，发挥自己的能力与才华，树立在追随者心中的形象，实现个人威信的初步建立。

第二，范围不断扩大。领导威信走的是多条路线，在情感上首先影响直接追随者，从而不断地向陌生的追随者延伸，扩展到全体成员；在工作上按照职位等级高低向下延伸，最终推及基层追随者；在政策上制定种种利益关系，将基层、中层、高层的利益层层挂钩，并把追随者的利益统一到领导和组织上来。

第三，决策逐渐细化。领导者刚被任命担任某一职位时，要想获得追随者的认可，就要在一些重大决策的制定上发挥自己的聪明才智，在关系组织的发展与利益问题上做出明确的判断，这样才能得到上级的赏识、同级的尊重和下属的信服，将个人的威信渗透到追随者的日常行为中。

（2）威信具有权变性

权力与威信并不能总是完美结合，在实际的运行中，领导者威信的形成是一个从不平衡到平衡，再因发展变化而出现新的不平衡，进而调整到相对平衡的循环往复的过程。组织内人员的变动、调整，部门之间的协调、整合，都是领导威信变化的直接影响因素。此外，社会环境、经济环境、技术环境、政策环境的变化，追随者思想观念的改变，都是传统领导威信变化隐性因素。领导威信还受到追随者的影响，只有追随者听其指挥，接受并执行其决策与命令的时候，领导者的威信才得以树立。在传统的领导过程中，就出现了这样的格局：领导者独占威信格局向领导者共享威信格局转变。领导威信的形成由主体、载体、客体三部分组成，除了自身的才能、上级的重视，追随者的执行力度与效果也是扩大权力场域的一个重大因素。

2. 领导者树立威信的三种渠道

尽管领导力大师们强调来自个人品质的威信（personal power），来自职位的威信（position power）仍旧是领导威信最主要的来源，正如孔子所言，“不在其位，不谋其政”的道理。黄袍加身的赵匡胤觉得自己羽翼已丰，但名不正言不顺，所以需要手下人把他硬推上宝座，他则半推半就，这样一来身份就有了一定的合法性。历代天子自称天之子，就是宣扬皇位合法性。汉高祖刘邦“斩白蛇而起义”、黄巾起义中提出的“苍天已死，黄天当立”的口号也是在宣扬一种农民起义的合法性，只不过换了一种迷信的方式而已；萧何建议刘邦破格提升毫无战功的韩信为大将，隆重举行设坛拜将的仪式，就是为了补偿缺少资历业绩却有一身本事的韩信身居高位的合法性。

一个领导者获得威信有三种渠道：

第一，掌握团队的核心资源。经济学原理认为，现实世界永远是资源稀缺的，因此只要一个人掌握了核心的、稀缺的资源，就能影响别人的利益，自然就拥有了对别人的威信。所有的核心资源可以分为两类：物质和思想。马克思认为，资产阶级掌握了生产资料，因此掌握了工人的命运，说得一针见血。一个半世纪后，哈佛大学著名经济学家奥利弗·哈特（Oliver Hart）创立了一个企业的产权理论，其核心假设就是：企业主掌握了企业的财产，从而对工人拥有了威信。简言之，你领导者控制了下属的“饭碗”，就拥有了对下属的指挥权。再比如，毛泽东为什么能够在长征途中确立其领袖地位？那时的中共中央也是一个“创业”团队，创业目标是推翻三座大山，解放全中国。在第五次反围剿失败之后，这个“创业”团队终于明白，毛泽东掌握了正确的革命战略，只有依靠他的思想，革命才能胜利，“创业”才能成功。

第二，为追随者承担风险。芝加哥经济学派的创始人是弗兰克·奈特（Frank Knight），奈特的成名作是其1921年出版的博士论文《风险、不确定性和利润》。奈特的博士论文解释了一个关键的问题：为什么有的人能当老板，而有的人只能当下属？因为当老板的人敢于在充满不确定性的世界里冒险，要为下属承担风险，而当不上老板的人往往对不确定性的容忍性较低。一个创业者创办一个组织，产品卖了钱，首先要付工资，要付供应商的钱，要付政府的税收，最后剩下的才是留给自己的利润。如果利润为负，自己就要承担亏损的风险。因此，作为一种交换，老板为下属承担风险，而下属将劳动过程的指挥权交给老板，最终双方实现权利和义务的对等。有担当，才能有威信。

第三，依靠道德的力量成为榜样。还有一类人，既没有万贯家财，也不是别人的主心骨，更不能战场冲杀，但是也能拥有领导威信。这类人依靠的是软实力，通过个人的高尚道德树立榜样，赢得别人追随。例如，被列宁称为“中国十一世纪伟大的改革家”的王安石就是这样一个人。王安石做地方官时，关心百姓疾苦，多次上书兴利除弊，多次被朝廷委以重任，但他多次坚辞不受，一时道德文章广为传颂，威望很高。即便他推行变法，得罪权贵，反对派也没法在他的个人道德上做文章，更不能用“贪污腐败”之名将其逮捕下狱。因为他简直是道德上的完人，文笔亦是当世一流，被称为“唐宋八大家”之一。明代的海瑞，虽然官职不高，但是依靠自身强大的道德力量和永不妥协的担当精神，不仅让当时最高统治者尊敬，更是被后世的百姓所铭记。

二、领导威信的时代转向

（一）剧变的环境

随着科学知识的不断增长，全球经济竞争的加剧，领导工作性质正在不断发生着变化，为组织的管理带来新的挑战：旧有的资源不再发挥作用。比如企业，历来都是通过获取和配置低成本的金融资本和物质财产，或者抓住关键的原材料供应等方法来获取竞争优势，或者通过政府支持的市场垄断来获取竞争优势。

然而，互联网技术的出现改变了市场运行的方式，原材料的信息可以瞬间从全世界各地传来，网络销售正在悄悄地打破以往市场的垄断。著名管理咨询大师卡明斯说："过去十年，股票价格最高的一定是能源、银行、生产性的组织。而今，股票价格最高的全部都是技术公司。这个世界正在发生着翻天覆地的变化，这些变化为组织管理和领导工作带来了很大的挑战。"

其中，对于领导工作最具影响的环境变化包括：

1. 跨文化挑战

以往的企业经营，比如一些跨国公司，也分别在不同的地区设立分公司，针对地区的特点设计、采购、生产并销售产品，但往往雇用的是本国的追随者，跨文化交流的障碍比较小。而今，组织的运营战略已经遍布全球。统一设计产品、全球统筹物流、生产，并全世界销售产品。这样一来，不仅要面对分散在不同组织、不同地区、不同类型的供货商、不同类型的客户，同时要虚拟管理不同地区的下属，克服跨文化和远程沟通的障碍。

2. 下属的多样性

在“互联网 +”时代，创新的开发和执行对于经济环境的骤变是最重要的因素，因此很多组织选择以团队为基础的组织架构促进创新。下属的多样化逐渐成为一种趋势，不管是年龄、性别、种族、学历背景、专业特长、性格特质都将变得更为多元化，未来的领导将面临更难把握的激励点，解决矛盾的能力也成为最核心的领导者胜任力。

3.“知识型下属”数量增加

由于信息技术的发达，增加了下属的沟通和学习渠道，致使“知识型下属”数量猛增，下属的想法更加难以改变，下属的贡献更加难以衡量，这就增加了领导者管理下属的难度。同时，下属要面对信息沟通技术的大爆炸，领导者将更方便也更加频繁地与追随者、同事、上级沟通。

4. 人才战争加剧

当今环境下，不管是政府还是企业都在试图招揽最优秀的人才，“择天下英才而用之”。比尔·盖茨曾经说过，“人们最大的财富就是下属的想象力”。在这个全新的时代，虽然很多人失业，但很多组织抱怨招不到合适下属。事实上，所有组织都在争夺人才。在这个跨界的时代，吸引并留住核心下属成为领导者的最大挑战。

5. 大规模组织变革成为组织管理的常态

不管是政府还是企业都面临着合并精简的命运。当今时代组织运营的一个关键思想就是最大限度地整合资源，因此很多多元化经营的组织不断通过并购来缩减成本，凸显优势。公共部门如此，比如我国近年来的“大部制改革”、撤乡并镇等组织变革实践，这些组织变革都给领导力带来了新的挑战。针对组织变革后的组织，领导需要具备整合不同组织文化和运营系统的能力。

（二）新时代的领导威信

最新的研究发现，个人威信来自资历、业绩、能力、努力、性格、外貌以及社会关系。新任领导者从这七个方面入手，可以迅速树立领导威信。

资历和业绩是硬件，是最容易让人信服的条件，但好汉不提当年勇，对资历和业绩的重要性不能过分强调。随着时间的推移，领导者的能力和工作所付出的努力（敬业精神）也很容易引起下属的真心追随，正如杰克·韦尔奇所言：工作和生活之间没有平衡，只有选择。要么选择工作，要么选择生活。依靠努力获得威信的领导者，基本没有生活，甚至丧失健康，这样的敬业精神往往会让下属感动。因此新官不要为了证明自己而急于烧三把火，要给大家一些时间来接受自己。总而言之，领导者要以“出主意”的能力——决策力和“用干部”的能力——人际能力为主要能力，这两种能力是领导威信最主要的来源。更进一步说，新时代的领导威信更体现在创造性、相似性、好感回报、知识和能力方面。

1. 创造性

从领导者的方面去看，领导威信之所以是领导威信，根本上是由于领导具有创造性，具体地说，领导的创造性包括哪些方面呢？

第一，需要领导者的人格具有创造性；第二，需要领导者的领导活动具有创造性；第三，需要领导者促进领导者和追随者的创造活动。另一方面，从追随者的方面看，需要有追随者对领导的服从和认同，通常情况下，在这两个方面中人们往往强调的是领导活动这方面具备的品质和人格，这种看法无可厚非，但也并不全面。一个领导威信之所以能够确立，除了应该从领导者的领导活动这个方面去看，还应该从追随者的服从和认同这个方面去看，从这样一个方面去看，可以注意到领导威信在很大程度上是追随者的服从与认同让渡给领导者的。领导威信的两个方面不应该是孤立、片面的，领导者及领导活动的创造性方面，与追随者的服从和认同这个方面，是相互促进、相互影响的。

领导威信包括领导者的创造性、追随者的服从与认同，这两个方面是存在内在逻辑关系的。领导者的创造性是因，追随者的服从和认同是果，首先是领导者的领导活动富有创造性，然后才有追随者对领导活动的服从与认同。如果领导活动是缺乏创造性的，那领导者一定是缺乏人格魅力的，那么，追随者的服从和认同就无从谈起。所以，在三个要素的两个方面中，创造性是最根本的、最核心的和决定性的。

2. 相似性

所谓相似性，就是指和人群保持认同而不是与众不同。所谓“木秀于林，风必摧之；行高于人，众必非之”，作为领导者需要能够融合在群体当中，和群体保持一致，让人们觉得领导者和他们没有什么分别，只是其中的一员，有着相类似的背景和境遇，有着相互可以理解的认识以及对于环境相近的认识。

很多领导者总是希望自己能够超越群体，能够比身边人更聪明，有更准确的判断，能够超出人们的能力而带领大家，能够与众不同。但是这样的理解往往是错的，因为只有认同才会具有影响力，真正的领导者都是融入群体获得认同的。如果一个领导者在任何场合都是对的，这个领导者发挥领导职能的机会反而减少，因为没有人愿意与他合作，所有在他身边的人都感觉到比他水平低，这个时候别人会很难受的。

所以，新时期的领导者一定要培训自己，要“从群众中来，到群众中去”，不要追求在任何场合，都证明自己是正确的，而是在尽可能的条件下帮助周围的人做出正确的判断和选择，当领导者和下属一起正确的时候，影响力自然产生，而这个领导者也会得到赞赏和爱戴。如果领导者在任何场合都证明自己是对的，别人是错的，即使事实的确如此，但是结果不是谁对谁错，而是把领导者自身划成另类，与群体不是一类的人，也就无法得到认同和接受，也就无从获得影响力。

类似性对于形成威信是极其有效的，如果不具备类似性的能力，就会导致领导者和下属无法达成共识，特别是随着社会变化的加剧，人们价值取向多元化的出现，如果领导者不能够具有类似性，就无法有效地发挥所有下属的能力。

3. 好感回报

好感回报是指领导者需要先付出，之后人们会给予回报和追随，使领导者获得领导力。其实在人与人的交往里面这是一个被普遍认同的规则，也叫黄金定律：一个人想别人对你如何，首先看他自己对别人如何。好感回报是一个非常有效地获得魅力的途径。只要领导者愿意付出，就一定会获得认同，其影响力就会展开。

领导者最重要的就是给大家希望、可依靠性和安全感，如果领导者能够做出努力，给下属营造一个安全的港湾，人们自然会追随。2008 年 5 月的汶川大地震，因为中央即刻行动，最高领导人亲临现场，虽然这是人类历史上最大的创伤之一，但是中国民众所表现出来的同心协力，汶川地区民众所表现出来的耐力和坚忍，正是中国政府魅力的彰显。

4. 知识和能力

知识的影响力已经是人们生活的一部分，具有知识一定可以具有魅力，科学家和专业人士所具有的影响力是有目共睹的。不过在魅力构成中知识有着自己的特点：要求既有专业知识，同时也要有生活知识，简单地讲就是要把专业知识转化成生活的知识，如果领导者具有这样转换的能力，他所拥有的知识就会增加自身的威信。所以要真正施加影响的话，专业知识就要变成生活知识。

能力有很多的分类，在威信的构成要素里面，能力指的是认同力、营造关系力和办事力。也就是说魅力体现在能力上是需要群体认同，构成有效的人际关系，并能够解决问题。解决问题的能力尤其重要，如果不能够解决问题，就不可能产生威信，领导者不仅要“想干事”，更要“能干事”。正如领导力大师尤里奇所言，“领导力 = 特质 × 结果”，不能产生绩效的领导者，即使有再大的能力，拥有再好的人际关系，也不会赢得下属的追随。

三、树立正确的领导威信观

对于领导者来说，想掌握管理的“实践”，一定绕不开管理大师彼得·德鲁克；而要洞悉组织的“精髓”，则必然绕不开组织理论大家切斯特·巴纳德。巴纳德理论具有旺盛的生命力，就其持久性来看，即便是年代久远的文章，在管理学说史上也可以找到它的位置。在领导威信的基本问题上，要想树立正确的领导威信观，可以从巴纳德的理论中获得许多启示。

（一）威信来自“被接受”

巴纳德认为：权力和权威体系的建立是管理工作的核心。巴纳德的“权威接受论”将领导者的目光指引到威信的受众——下属身上，这在今日看来并不新鲜的论断，却同样有其穿透的解释力和新的生命力。

传统理论认为：权威是法定职位赋予的，而组织只是职位的系统，不同的职位伴随不同的威信。与将组织视为支配和控制结构的观点不同，巴纳德认为正式组织是一个“协作系统”。在组织的协作系统中，个体是为了期待从协作中获得在个体情况下难以实现的利益时，才会承认和让渡一部分“组织对他的权力”。领导者依靠职位权力发出了命令，会不会被接受还得取决于接收到命令的个体的决策。这种对组织本质的认知差异，导致不同的威信观。正因为这样，巴纳德才提出“权威的根源来自组织成员的接受”：无论领导、制度、组织如何行使自己的客观威信，如果个体不接受，都不能发挥威信的作用。

“权威接受论”的意义可能不仅仅在于确定权威的来源，而且是引入了一个新的视角来思考威信。就今天被人们广为关注的“领导威信”而言，以权威接受论为基础，如果动态地来看，“上下契合”“上下同欲”才是威信产生的条件。领导者如果不能从追随者的角度“从下而上”地来思考威信和施行命令，则其所拥有的只不过是“虚幻的权威”，并不发挥应有的功能。对领导者而言，威信的建立不是单方面考虑如何塑造领导个性、魅力、形象的过程，而是要从受众的角度来思考如何契合追随者期望的动态调整过程。

因此，领导者需要深刻把握追随者的心理动因，即“什么样的领导才是有威信的领导”，才能获得追随者让渡的忠诚、呼应、服从等。领导者需要能够管理自己在追随者心目中的印象，真正有威信效力的，并不是其本身所认为的领导，而是不断贴近威信受众“心目中的领导”。当他的领导形象和行为与受众预期一致和重合时，威信才得以发生——领导的号召力正源于此。

（二）威信的弹性半径

组织的生存发展需取得“内外”均衡，如果延伸思考，威信受众也可以从组织内部拓展到组织外部。领导者和管理者最大的区别之一，就是领导者的影响力是可以超越组织的，而管理者必须依靠组织系统发布指令和决策。领导威信的影响半径可长可短，如今领导威信的受众，早已超越组织内部的追随者和管理者。可以看到的是，领导者正在通过媒体和其他渠道，拓展自己的威信受众：面向更广泛的市场和社会公众。

与早期相比，领导者越来越重视自己公共威信的建立，努力将自己打造成社会的“成功者”形象，而不仅仅把自己的影响范围限定在组织内部。所以，领导者要关注的不仅仅是内部追随者的心理预期，更重要的是，至少在公众形象方面，要努力揣度和迎合社会公众对于“什么样的领导是好领导、成功的领导”的集体想象，这种认知方面的契合是领导者公众威信的合法性基础。需要指出的是，这种对社会心理的迎合必须是出于领导者的公心，不能“内多欲而外施仁义”，像古代的王莽、袁绍等人，虽然能够给社会公众留下一个很好的印象，但是内心动机不纯，最后即使能够身居高位也不会长久，这是领导者必须引以为戒的。

此外，巴纳德曾提到：每个下属都有一个“无关心圈”，即涉及其中的命令会被自觉和完全遵从，而威信的树立正是在一定程度上扩大这个圈。传统意义上领导威信的一个基本特征，在于通过发挥领导者的影响力，让下属愿意预先中止自己的判断，或者自动地认为“领导者的判断就是自己的判断”，遵循上级的指示。领导者树立公众威信的主要目的，也正在于使得公众愿意在特定情境中放弃自己的判断，而服从和呼应领导者的号召。不管是组织的领导者还是政府的领导者，那些善于与媒体斡旋、巧妙运用传媒的人，通过向公众传递特定信息，逐渐构建与公众心智契合的领导形象，树立其公众威信，也成为具有强大市场号召力的“符号”。因此，领导威信的影响半径是可大可小的，成功的领导者应当在充分影响组织内部人员的基础上，利用一切可能的机会去组织外部扩大自己的威信半径。

（三）威信要根植于社会文化

领导命令与组织目标、价值、文化的一致更容易激发追随者认同和对其威信的服从。所以，威信被受众接受，并不是独立于社会约束的。相反，社会的价值取向和文化导向会影响到受众对领导命令的遵守。领导者从所处社会文化背景中寻找一些无形的资源来“合法化”自己的行动，这是“威信接受”内涵的拓展。

比如，从我国领导者的形象塑造上就可以读出社会文化的变迁。中国领导者群体的印象，中华人民共和国成立初期的又红又专、注重劳动者本色甚至遗留下许多战争年代的色彩，到了改革初期开始注重个人禀赋、机会识别、市场开拓等要素，到了如今，领导者形象塑造越发地看重个人魅力、社会责任、媒体沟通和演讲才能等要素。这种形象是领导者、媒体与公众三方互动所建构的，在一定程度上，是三者所共同嵌入的社会文化的显现。说到底，中国人心目中的领导者是个什么形象，人们所期待的领导者具有哪些特征，这是和中国传统社会文化密切关联并一脉承续的。可以粗略看出，家国情怀、道德感召、政治头脑、坚韧不拔等都体现中国情境和中国文化的特征，这是任何年代的领导者都必须具备的文化根基。

这提醒人们：成功的领导者，至少在形象塑造上，是需要深谙与情境相关的社会文化背景的，需要了解某种已经制度化了的、类型化了的文化心理或是文化的深层结构。特别是在领导环境发生深刻变化的今天，如何在跨文化情境下建立领导威信更成了领导者的必修课。当领导者更多视角地、更开放地在社会系统中思考组织、领导，也就能更广泛而深刻地了解你的追随者、下属，了解你所要面临的威信受众所嵌入其中的社会、文化。

CHAPTER 02

第二章

领导威信之源——品格为基

“欲木之长者，必固其根本；欲流之远者，必浚其泉源。”领导威信的“泉源”在哪里？品格也是威信的来源。能够赢得威信的性格，包括自信果敢这类气质因素，也包含坦诚正直这类道德因素。自信果敢者“威”，坦诚正直者“信”，都是领导威信的重要表现。

那么，领导者品格中最为重要的因素是什么呢？有一项科学研究或许更能够说明这个问题。李超平、时勘两位学者在2005年对中西方的变革型领导力模型的问卷对比显示，中国情境下的变革型领导是一个四因素的结构，包括德行垂范、愿景激励、领导魅力和个性化关怀。而西方经典理论认为，变革型领导的四维结构包括领导魅力、感召力、个性化关怀和智能激发。从这一研究证据中，可以读出中西方领导力所重视的方面不同，其中最显著的区别就是“德行垂范”，换言之，对于中国人来说，成为领导者的必备条件就是能够在“德”和“行”两方面做出榜样。领导威信的“泉源”就在于此。

“德”与“行”的综合反映就是领导者的品格，包括领导者的品性和品行。领导者的品格高下直接决定其领导能力素质高低，更能深远地影响追随者的思维和行为。领导者的个性和性格受到遗传因素、家庭环境、地域背景、社交网络等多方面的影响，通常是较为稳固的且难以改变的，“江山易改本性难移”，但领导者的品格、品行、品质则是可以后天培育塑造的。正是基于此，品格的塑造和培养已成为当前领导力培训的重中之重。

本章将探讨领导者品格对其威信的塑造和影响，并对品格的力量进行重新诠释。

一、领导品格厚植威信

“天行健，君子以自强不息；地势坤，君子以厚德载物。”领导的品格决定了威信的厚度。领导者如果不能将涵养道德，提升修为作为毕生的追求，那即使未来能够身居高位，也终究会“德不配位，必有灾殃”。

（一）德才兼备，以德为先

道德是一个有组织的社会的一种共同价值观，是经过长期的社会实践和群体交往而形成的相对稳定的价值取向。道德的评价，即关于美与丑、善与恶、是与非的评判标准，这些标准来自一个人所在的社会团体对所追求的利益的认知。

从领导威信的角度来看，领导者的道德水平也是一种产生威信的重要来源。比如说一个领导团队，一个领导者道德水平高，道德形象好，自然就会对下属有一种号召力。这种“道德”更多的时候指的是“公德”而非“私德”，对国家、对社会、对组织讲道德的“公德出众”的领导者，也必定是一个在私德领域能够规范好自己的人；反之则不然，一个私德出众的领导者，如果公共服务动机不够，公德心不强，那就很难在人们心中赢得威望。德在很多时候可以转化为能力。形象好的领导者，道德表现得过硬的领导团队，其指挥力、号召力、凝聚力，对追随者的吸引力都会得到提升。

就中国传统来讲，“德才兼备，以德为先”可以说是过去几千年以来，国家选人用人的一个至关重要的标准。如果说中国式领导力有一个主题的话，领导者的德才问题毫无疑问是其中的核心。三国时期，著名思想家刘劭在《人物志》中曾提出“德才兼备，聪明平淡”的选人用人原则。北宋时期，政治家司马光在其编著的帝王教科书《资治通鉴》中，一开篇就谈到了春秋末年三家分晋的故事，通过智氏家族选拔接班人的问题论述了领导者的德与才的关系。

在看到智氏家族错误地选拔了“有才无德”的继承人智瑶，最终导致家国破灭的结局后，司马光评论道：

才德全尽谓之圣人，才德兼亡谓之愚人，德胜才谓之君子，才胜德谓之小人。凡取人之术，苟不得圣人、君子而与之，与其得小人，不若得愚人。

司马光认为，与其使用道德上有问题的能力强人，还不如使用既没有道德，又没有本事，不会“乱作为”的愚人。司马光对德与才的论述可以说奠定了我国千年以来对领导者素质的标准，大多数组织在选拔人才的时候都是秉持“德才兼备，以德为先”的标准的，其影响力是极其深远的。

就中国共产党来说，在长期的革命、建设和改革实践中，也始终强调选人用人要坚持德才兼备，并把德放在首要位置。早在1938年，毛泽东同志在党的六届六中全会上就指出：“中国共产党是一个在几万万人的大民族中领导伟大革命斗争的党，没有多数德才兼备的领导者，是不能完成其历史任务的。”周恩来同志也曾强调：“挑选领导者的标准，政治标准与工作能力，两者缺一不可，而政治上可以信任是先决问题。”习近平指出：“好领导者的标准，大的方面说，就是德才兼备。概括起来说，好领导者要做到信念坚定、为民服务、勤政务实、敢于担当、清正廉洁。”习近平总书记用辩证统一的思维将“德”与“才”两者的关系有效揭示出来，使

“德才兼备，以德为先”的用人原则更加具体并与时俱进。中国共产党之所以在革命年代和和平时期都能取得成功，与党内一大批德才兼备的干部是分不开的。

1. 领导者道德的重要性

作为一个社会的人，人人都负有一定的道德义务；而作为一个领导者，除了承担作为社会人的道德义务之外，还要承担作为领导者对组织的道德义务。在学术研究上，也有许多证据证实领导者的道德能给组织带来卓越的绩效，布朗和特雷维（Brown & Trevio）等人还提出了“道德型”领导的概念。

道德型领导的特点包括诚实、正直和可信赖，在工作中始终践行较高的道德标准，并努力使追随者做出与道德规范相一致的行为，会进一步增加下属对领导的认知信任。同时，道德型领导者自身也会因为道德的影响力获得丰厚的回报，这种收益不仅体现在个人与追随者建立良好的关系上，还表现在领导者获得的绩效上。

一般而言，具有崇高道德的领导者，会在思想上崇尚提高道德修养，在行为上率先垂范，始终强调行为的利他性，处处以组织目标为出发点来引导团队成员的行为。道德型领导者正如老子《道德经》中所言，“太上，不知有之”，以一种润物细无声的方式影响着追随者的行为。当道德型领导从团队整体利益出发，追求团队利益的最优目标并时刻注意照顾团队成员的利益时，所有团队成员也会回报道德型领导的积极领导行为，促进团队绩效的提高。同时，道德型领导也并不是“好好先生”，会注意在团队中奖励那些合乎规范的行为，惩罚那些不合规范的行为。这种正向和负向的交换使团队中所有下属更多地做出合乎规范的积极产出、更少地做违背道德的负面产出，从而提升团队绩效。

2. 在实践中把握德才关系

理学大师朱熹曾说：“涵养、致知、力行三者，便是以涵养为首，致知次之，力行又次之。”涵养正是道德的体现。“以德为先”，是用人标准的本质和核心，是选拔领导者的根本所在。“德”必须驭“才”，“才”必须从“德”，绝不能舍本逐末。现在一些领导者出问题，多数不是出在“才”上，而是出在“德”上。下属们对一些领导者的意见，也主要集中在“德”上。因此，坚持德才兼备、以德为先的用人标准，就是选人用人要以德为前提、以德为先决。同样是能力强的领导者，谁在德方面表现更加突出，就先提拔重用谁。对于在德方面存在严重问题的领导者，才能再大也不能提拔重用。对已在领导岗位上且品德有问题的领导者，应坚决拿下。

但是也需要注意，对“德”的追求不能“玄化”。中国传统文化中许多概念如“无”“道”“德”“理”“心”“仁”等含义复杂、高深、抽象、模糊，特别是“德”的概念，如果不进行创造性转换、不用现代语言定义和阐释，很难转化为具体行为。这样的“符号”、语言体系，如果运用到现代的组织管理实践中，给了一些领导者弹性解释和自由裁定的空间，也容易产生“以其昏昏使人昭昭”的悲剧。如果对“德”不进行明确的界定，不设定清晰、明确、细致、可操作、可检验的标准，最终要么空洞，要么演变为以最高领导者个人好恶以及与亲疏关系为标准的“人治”。

贯彻德才兼备、以德为先的用人标准，要正确把握德与才的辩证关系。正如司马光所言，“才者，德之资也；德者，才之帅也”。德是才的统帅，决定着才的作用方向；才是德的支撑，影响着德的作用发挥。

当然，强调以德为先，也绝不能忽视才。传统的领导观注重德行，注重通才，即“中和之才最贵”。而现代的领导观越来越强调专才。按照管理学大师德鲁克的说法，除了一般性的分析能力和人际沟通能力之外，领导者的技术、特长、经验是不能转移和运用到其他机构中去的。这就意味着一位优秀的官员不一定是当然的优秀企业领导者，不同的组织需要不同类型的人才，不同的班子也需要不同类型的人才。正所谓“功以才成，业由才广”，一个领导者有德无才，政治上虽然可以信赖，但难以托付重任，也会让人们失望；一个领导班子如果都是德行超人，没有技术专家，也必然失去战斗力。在选拔任用领导者工作中，必须把德才兼备、以德为先的用人标准作为一个整体来把握，既要把好德行关、又要把好才能关，真正把那些品德好、同时又有真才实学、能力突出的领导者选拔上来。

（二）何以致远，唯有器识

1. 器识是“德”的集中体现

所谓器识，指的是器量与见识，担当意识和包容能力。器识集中地体现了对领导者“德”的要求。毛泽东曾说过：古代的知识分子参政言政，器识为先。可见，器识对于知识分子的重要性。宋代的刘挚曾告诫晚辈：“士当以器识为先，一命为文人，无足观矣。”评价一个人“器识宏伟”，就是指能够任天下之重，深谋远虑，能够“制治于未乱，保邦于未危”。器识宏伟者，必须具备敏锐的眼光、深刻的思想、练达的胸襟以及果断的行动能力。一个领导者，想要站得高、看得广、走得稳、行得远，仅仅靠道德修养是不够的，更需要具备器识，对于需要处理大量复杂事务性工作和人际关系的政商领袖来说尤为重要。

2. 器识影响领导者命运

一个领导者有没有器识，就要看他能不能忍常人所不能忍，能不能审时度势，顺应历史潮流，能不能担当起普通人难以承受的重任。器识是怎样影响一个领导者成长的呢？《资治通鉴》里记载了一则耐人寻味的故事。

行俭有知人之鉴，初为吏部侍郎，前进士王勮、咸阳尉栾城苏味道皆未知名。行俭一见，谓之曰：“二君后当相次掌铨衡，仆有弱息，愿以为托。”是时勮弟勃与华阴杨炯、范阳卢照邻、义乌骆宾王皆以文章有盛名，司列少常伯李敬玄尤重之，以为必显达。

行俭曰：“士之致远者，当先器识而后才艺。勃等虽有文华，而浮躁浅露，岂享爵禄之器邪！杨子稍沈静，应至令长；余得令终幸矣。”既而勃渡海堕水，炯终于盈川令，照邻恶疾不愈，赴水死，宾王反诛，勮、味道皆典选，如行俭言。

用现代的语言来说，这一段故事讲述了初唐时期掌管天下人才的吏部侍郎裴行俭，当面对名满天下的“初唐四杰”和名不见经传的王勮、苏味道这两类人才时，是如何做抉择的。裴行俭认为，初唐四杰虽然文采出色，但是浮华浅薄，政治立场不坚定，容易走极端，在文学上可以造诣很深，但未必适合做官；而王勮和苏味道虽然才华比不上四杰，但是深沉厚重，有器识和担当，有成为政治家的潜质。最后，事情发展的结局果然和裴行俭预测的一样。

事实上，这样的故事在五千年的中国历史上一直在反复上演。许多才能出众的诗人、才子、科学家甚至是军事家和政治家，最后都不能像人们所期望的那样为国家建立非凡功业，只能在郁闷中度过余生。比如西汉时候的贾谊，虽然极富思想深度和政治眼光，所作《治安策》甚至被毛泽东同志称赞为“西汉一代最好的政论”，但还是不能为当时的统治者汉文帝所用，最后“屈贾谊于长沙”，郁郁而亡。北宋苏轼在评价贾谊时就用了“志大而量小，才有余而识不足也”来形容他在器识方面的缺陷。

相反，能够冲出重重困境，踏平坎坷成就大业的，往往是那些才智中等，但颇具器识的人物。比如晚清重臣曾国藩，论才智只能算是中等，年轻时屡试不第，甚至遭到了入室行窃小偷的耻笑。但是，曾国藩正是凭借着“不为圣贤，便为禽兽”的修身之志和“打脱牙齿和血吞”的忍耐精神，做出了一番事业，最终成为“古今第一完人”。

由这些事例可以看出，器识是领导者事业致远的基础，是其职业生涯持久地走向巅峰的通行证。只有具备深远的器识，才能不至于在人生的低谷沉沦，才有机会承担更大的责任，得到高层的欣赏和重用，获得机会的垂青。

3. 领导者如何培养器识

中组部研究室副主任徐文秀曾撰文指出，当前年轻的干部有“八缺八不缺”，即“不缺学历缺阅历，不缺思想缺感情，不缺活力缺定力，不缺干劲缺韧劲，不缺知识缺文化，不缺想法缺办法，不缺情感缺情怀，不缺能力缺魅力”，这集中反映了当前许多领导者在“器识”方面的缺陷。领导者特别是年轻的领导者要如何来培养器识呢?

一是修身。面对外部环境的变化，领导者必须更加自觉地加强自身修养，注重道德修养，珍重人格、声誉和形象，注重“吾日三省吾身”，把“自我认知、自我控制和自我激励”三者有机统一，在政治旋涡、人事变动暗流涌动的时候不随波逐流。同时在面对复杂形势的时候要力戒浮躁、克服急躁、减少烦躁，多一些务实劲，少一些书生气，“有傲骨而无傲气”，保持平和健康、积极向上的心态。

二是实践。器识产生缺陷的根本原因，还是缺乏实践的历练和逆境的淬炼。特别是对于现在许多从学校门到单位门的学生来说，没有在广阔的实践中接受锻炼，没有在挫折和逆境中接受充足的锻炼，是难以具备深远的器识的。领导者只有积极投身实践，勇于在“急、难、险、苦”的环境中磨炼，才能尽快成长起来，才能像一块钢铁一样，在冰与火之间反复淬炼，百炼成钢。实践经验丰富的领导者，才能对人间冷暖、历史潮流和世界大势有清晰的认识，才能够拥有“笑看风云淡”的心境。

（三）赤子之诚，素直之心

1. 常怀赤子之诚

除了具备高尚的道德和深远的器识之外，领导者还必须不断加强内心修养，将“修心”放在重要的位置上。修心的关键在于“诚”，其最高境界就是返璞归真，诚如赤子。

古代哲学家老子就特别推崇“赤子之诚”，喜欢“婴儿”的特点。在《道德经》里，老子三次直接论及“婴儿”，还有三次则以“孩”或“子”代替“婴儿”之意。比如《道德经》曾说，“圣人在天下，歙歙焉为天下浑其心，百姓皆注其耳目，圣人皆孩之”，“含德之厚，比于赤子”。这些都反映了老子对赤子之心、赤子之诚的赞美，希望有修为的人能够像婴儿一样真实地、毫不畏惧地展示真我。

对于领导者来说，“赤子之诚”意味着诚实、诚恳、诚挚，为人的表里一致，就如同刚出生的婴儿一样，敢于把自己的一切都可以公之于世。在现实生活中却有不少领导者对这种“赤子之心”有着错误的认识。

有的领导者错误地认为，要想树立对下属的威信，就必须制造神秘感，让人捉摸不透最能体现领导的水平；有的领导者是假装真诚质朴，矫饰天真，实则“内多欲而外施仁义”，是不折不扣的“两面人”；还有的领导者认为赤子之心只能“心向往之，然身不能至”，没有真正将其作为终身的修炼。

要保持赤子之诚，唯一的办法就是不断自省自悟，特别是通过“慎独”来锻炼自己的专注力和自我控制能力。比如曾国藩慎独的手段是记日记，每天记日记，对自己一天言行进行检查、进行反思，对自己在修身方面做检讨。道光二十二年，他在日记里说，昨晚做了一个梦，梦到别人得到一笔额外的好处，自己很羡慕；醒来之后对自己痛加指责，说自己好利之心如此严重，做梦居然梦到，这是不能容忍的。中午到朋友家吃饭，席间得知某人获得一项分外收入，心里又是羡慕。他在日记里写道，早晨批判了自己，中午又犯了，“真可谓下流”。最为可贵的是，从 31 岁所开始的修身，一直贯穿到他的后半生。在此后的 30 年中，即便身为军事统帅，每天在杀戮声中度过，他每天仍然“三省吾身”。可以说，修身是曾国藩事业成功最重要的原因。

2. 永葆素直之心

日语里有一个中国词汇“素直”，通常表示一个人柔顺或温驯、坦白纯真、心地诚恳。日本企业家松下幸之助特别地提倡“素直之心”，持着这种心态的人，不会用偏见、情绪化或是成见来看待事物。

领导者的“素直之心”究竟有什么特别呢？一个有素直心的领导者没有私心，公道正派，不仅在处理利益纠纷的时候大公无私，努力地做到平衡各方利益，不偏执于事物的某一方面，更能够用一颗光明的心去“致良知”，洞察自己最朴实的内心，努力看清事物最真实的状态。素直的心灵具有把握事情真相，掌握世间真理的能力。所以，素直的心就是指能够看透事物的本质，并能与之相适应的心灵。

如果领导者都有一颗素直的心，就能清楚地明白，虽然职位赋予了自己权力，但并不是就可以为所欲为。就能明白什么能做、什么不能做，而不会颠倒是非、混淆善恶。如果领导者都有一颗素直的心，就会用一种积极的、正向的态度来影响追随者，追随者就会变得更坚强、更正直、更睿智。

“素直之心”的重点，是毫不妥协的正直。领导者的正直首先是用人的正直，用什么样的标准衡量人才，用什么样的方式奖励人才，用什么样的制度规范人才的行为，都能够反映出一个领导者内心的正直与品行的高尚。如果一个领导者在任职时没有端正的品行，很可能意味着在以后的任职过程中，其品行也难以得到质的提升。事实上，领导者是否正直，全都能被下属看在眼里。下属们最不缺的就是“揣摩上意”的能力，下属们只要相处一段时间，就可以知道这个人正直与否。他们可以原谅领导者的许多缺点，例如能力平庸、知识粗浅、性情多变或者举止粗鲁，但是不会原谅领导者品行上的不正直。

尽管人们对“正直”的理解各不相同，但是看到一个领导者“不正直”却相对简单，甚至有些时候下属们会由于“归因误差”，把领导者许多工作上的行为归为人品上的问题。比如，一个领导者如果心胸狭隘，只看到别人的短处，看不到别人的长处，只看到别人不能做什么，却从来看不到别人能做什么，就很容易引起下属的反感，就绝不能让他担任管理职位。领导者的“素直”还体现在“素”的方面，即素雅、朴素，不矫揉造作，不装腔作势。通俗地讲就是不摆架子。判断一个领导者是否真诚朴素，关键看他是如何与跨阶层的人交流的。如果一个领导者只是对上级毕恭毕敬，对比自己差几个级别的下属或是服务人员态度恶劣，这样的领导者必然不是表里如一的人。“金杯银杯不如口碑”，素直的领导者可以与任何层次的人真诚地交流，这一点是难能可贵的。比如汉高祖刘邦，史书记载其“性明达，好谋，能听，自监门、士卒，见之如故”，能够对社会最底层的人士表示尊重，赢得其认同，这样的领导者想不成功都困难。

延伸阅读

从黄克功案看中国共产党的成功之道

20 世纪 30 年代中期，中国的天空战争阴云密布，正在此敏感时刻，国共两大阵营相继发生青年军官枪杀女性事件。先是 1935 年，32 岁的国军上校团长张钟麟怀疑结婚仅两年的妻子吴海兰不忠而在西安将其枪杀；后是 1937 年 10 月，26 岁的红军师团级领导者黄克功因逼婚未遂在延安枪杀了陕北公学女学员刘茜。

这两起事件，在当时的西安和延安都引起了满城风波，但两人接下来的命运并不一样：张钟麟杀妻后，虽然被判处死刑，但蒋介石表示不予执行，“校长”以国家急需人才、将功赎罪为由，将自己的得意门生释放了，官复原职，上了战场。

相比之下，黄克功案的判决则是“从重从快从严”，他在 1937 年 10 月 5 日夜间枪杀刘茜后，翌日被逮捕，10 月 12 日经陕甘宁边区高等法院判决死刑立即执行。

当时，很多人为黄克功求情，因为黄克功虽然只有 26 岁，但资历很深：1927 年参加革命，1930 年参加红军，同年入党，参加过井冈山斗争和两万五千里长征，从一个红军战士，一步步升到旅长位置。

黄克功案发生时，红军已改编为八路军，在泾阳誓师后开往前线抗击日寇。各部队到前线后迅速壮大，都向延安打电报要求多给他们派些领导者。像黄克功这样立过大功又能打仗的领导者，自然很受欢迎。但是，找毛泽东说情的，还有建议减刑的，都被拒绝了。

黄克功案最耐人寻味的，是毛泽东写给陕甘宁边区高等法院院长雷经天的一封信，这封信在公审黄克功时由雷经天当众宣读。这么多年过去了，这封信仍然值得重温。此信中写道：

黄克功过去的斗争历史是光荣的，今天处以极刑，我及党中央的同志都是为之惋惜的。

但他犯了不容赦免的大罪，一个共产党员、红军领导者而有如此卑鄙的，残忍的，失掉党的立场的，失掉革命立场的，失掉人的立场的行为，如赦免他，便无以教育党，无以教育红军，无以教育革命，根据党与红军的纪律，处他以极刑。

正因为黄克功不同于一个普通人，正因为他是一个多年的共产党员，正因为他是一个多年的红军，所以不能不这样办。

1940 年，在贫瘠的延安，毛泽东说过一句话："延安作风打败西安作风"，从黄克功案，人们似乎看到了共产党成功的秘诀，那就是对广大党员铁一般的纪律要求，不管是初入军旅的战士，还是战功赫赫的将领，如果品格上、纪律上出现问题和纰漏，不管个人才能有多么出色，都会得到来自组织的惩罚。至今忆起，依然经典，依然警醒。

——上海社科院党史办编:《走进雷经天》，2008 年版。

二、把握品格的力量

虽然品格对于领导威信树立的重要性不言而喻，但是不管是学术界还是在实践中，对于领导者应当具备什么样的品格却仍然存在较大的分歧。换句话说，似乎没有一种品格是放之四海而皆准的领导力密码。

领导者与非领导者在品格特质方面的差异，不同场合并非固定不变。甚至有许多具备同样领导特质的人，在一种场合能够成为领导者，在另外一种场合却不能成为领导者。因此，必须善于在动态变化中把握品格的力量。

（一）底线与权变

1. 完美品格现实难觅

领导者品格在世界范围内的任何组织中都被认为是非常重要的，早期的领导特质理论对领导者的品质、性格、个性等方面的特征尤为重视。比如早期美国管理学家爱德华曾提出了成功领导者的八种个性特征：才智、首创精神、督察能力、自信心、决断力、适应性、性别、成熟程度等，美国普林斯顿大学教授鲍莫尔针对美国组织界的实况，提出了组织领导者应具备的十项条件：①合作精神；②决策能力；③组织能力；④精于授权；⑤善于应变；⑥勇于负责；⑦勇于求新；⑧敢担风险；⑨尊重他人；⑩品德超人。从理想的状态，对于领导者品格的要求，似乎任何溢美之词都不过分。然而，现实是骨感的，对领导者成为品格超人的期许更多时候只是一种奢望，甚至同时具备高尚道德和卓越才能的领导者也只是凤毛麟角。在“德与才不可兼得”的现实约束下，又如何来对领导者的品格进行辩证看待呢？

2. 兜住底线，通权达变

答案是对领导者品行的要求要坚决兜住底线，同时要善于通权达变。所谓底线，就是要求领导者必须恪守组织中的规矩、纪律和道德水准，不违反法律法规和社会规范，不能在品质问题上出现大的瑕疵。所谓权变，就是要根据形势和环境的变化来适当调整对领导者品质的要求，不能求全责备，苛求每个领导者都成为“内圣外王”的“完人”。

或许三国时期曹操的用人之道最能体现领导品质的“底线与权变”之道。在东汉末年群雄并起之时，人才极为宝贵。曹操在用人问题上，坚持“任人唯贤”的路线，提倡“唯才是举”。这个方针在贯彻之初，由于没有明确的衡量标准，谋臣毛玠和崔琰首先把节俭、朴实等道德修养作为选拔人才的一条重要标准，产生了一些副作用。为了显示自己的朴实，有的官员深居简出，把贵重的衣物藏了起来，穿着破衣裳，甚至有的官员提着饭罐“上班”，以示自己清廉节俭。了解到这个情况后，曹操及时指示毛玠和崔琰，节俭固然要提倡，但不能以此作为选拔条件。随后，曹操颁布了第二道《求贤令》。在这个《求贤令》中，曹操强调了“唯才是举”旨在选用有竞争意识的人。“夫有行之士，未必能进取，进取之士，未必能有行也……”为了说明这个观点，曹操举了陈平“盗嫂受金”的例子，要求选人时要注重是否具有进取精神的大节，不能因为有“德行”方面的某些缺点而弃置不用，埋没贤才。第二道《求贤令》颁布以后，情况虽有所好转，但毕竟未能冲破传统观念的束缚，曹操对用人现状仍不满意，为此，曹操又于建安二十二年第三次下令求贤，重申“举贤勿拘品行”：由于曹操推行了一条“任人唯贤”的用人路线，反对崇尚“操行”、标榜“名节”、讲究“门第”的坏作风，提倡“不拘贵贱”“不拘品行”“唯才是举”，注意从“细微”中选拔人才。因此，曹操才能够聚集起一支统一中国北方的骨干力量。

从曹操的事例可以看出，在群雄并起的战争年代，如果在选拔人才的过程中太过求全责备，那么得到的结果只能是感叹天下“无才可用”。在道德和品行修养有底线的前提下，领导者应该大胆选拔那些在某些方面有特长的人为我所用，才能在激烈的斗争中赢得一席之地。在当今崇尚“大众创业，万众创新”的时代，对创新型领导者的品格要求同样也要遵循“兜住底线，通权达变”的原则，在不违反重大原则的基础之上要容忍创新型人才在品行上的瑕疵，采用个性化的激励方案，最终达到吸引人才的目的。

（二）韧性与逆商

1. 智商情商之外的成功要素

传统上关于领导的理论认为，高智商和高情商是成功领导者的充分必要条件，也能让领导者有效树立威信，正所谓“智商决定下限，情商决定上限”。但是事实上，决定领导者能否成功还有一个重要的因素，就是能否坚持不懈、不怕失败地完成既定的目标，这种能力称为“逆商”（resilience quotient）。

逆商又称心理韧性，指的是“为了达到最优表现，个人展现出积极适应压力，扫清阻碍及接受并战胜挑战的能力”。近年来被认为是成功领导者出类拔萃的关键特质。目前，很多欧美国家的运动员、大组织高管、军队的领导者都靠逆商训练提升成绩、挑选下属。高逆商的人有一种务实的乐观：了解自己并相信自己能行；面对压力，内心平静；会设定目标、高度自律，又能基于同理心和观察力，随时调整；有幽默感，能把负面事物当成生活的一部分。

纵览古今中外的成功领导者，很多都是“逆商”出色最终能够成就一番事业的。比如三起三落的邓小平，回归苹果后创造奇迹的乔布斯，74岁再创业的褚时健，困顿龙场的王阳明，屡败屡战的曾国藩，创立两家上市公司、一年让日航扭亏为盈的稻盛和夫……这些人之所以是传奇、被追捧，就是因为他们的心理韧性大大超出常人。

正如美国前总统柯立芝的名言，“在这个世界上没有什么可以取代毅力。才能不行，有才能却没有成功的人处处皆是。天赋不行，一无所获的天赋简直是一个笑话。教育不行，世界充斥着受过良好教育的废物。只有毅力和决心无所不能”，这里面的毅力和决心指的就是逆商。对于大多数领导者来说，失败犹如家常便饭，同时经常处于高强度的人际压力之中，这都要求领导者具备高水平的逆商，才能在压力应对的过程中游刃有余。

2. 培养领导者的韧性

由于角色要求，领导者要承受巨大压力、互相冲突的绩效目标以及工作环境中的持续变化，所以工作韧性对有效的领导力来说是一项关键的能力。研究已经表明，是否具有韧性的思想和行为是区分高绩效和低绩效领导者的分水岭。同时，成功的领导者在韧性的驱使和乐观心态的引导下，能够振奋其下属乃至整个组织的状态。

影响一个领导者韧性的因素是多样化的，与领导者的幼年经历、实践经验、自身品格都有重大联系，比如许多领导者都有早年父母离异、家庭不稳定等不愉快的经历，在职业生涯的早期也经常遭遇失败，但他们没有被这些困难所击倒，这些因素反而能够帮助领导者培养良好的心态及情感，来应对挑战并顽强抗压。

首先是树立自我信念。自我信念塑成自信心，指的是领导者对自身解决问题能力的信任程度，对形成坚韧领导力具有非常关键的奠基石的作用。如果领导者具有强烈的自我信念，就会迎难而上，不畏艰险。在面对艰难困苦的时候，强烈的自我信念可以帮助下属减轻恐慌，增强组织信心。拥有强烈自我信念的领导者更能够在你死我活的激烈竞争中存活下来。这样的信念让领导者乐观面对挫折，总是带给周围的人好的心情和精神面貌。

其次是增强适应能力。领导者面对不断变化的情境，要提高自身的适应能力，调整自己的行为和工作方式。有的人对外部环境的变化及其敏感，甚至连出差时的床、枕头、被子都要挑剔，这样适应力弱小的人是永远也无法承担领导责任的。领导者们如果能够快速适应变化，尤其在面对外部环境和形势的变化时，一定会获益无穷。真正高效的领导者，一定是能够根据面临的环境灵活调整自己的应对方式和行为的，并且为达成目标，会尝试任何可能的方法去扫清障碍。

再次是善于挑战，管控情绪。具有高度心理韧性的领导者必定是一个勇于挑战，善于挑战的人，能够将艰难困苦看成是学习和发展的机会。这样的特质能够增强个人面对困难的激励性和持久性。同时，领导者应该在逆境中管控情绪，坚持把理性凌驾于感性之上，以确保自己能够在压力下做出理性的决定，并高标准地完成目标。领导者只有自己保持临危不乱，才能给下属以安全感。反之，如果领导情绪失控，下属立刻就能感受到从而增加他们的焦虑和压力。

最后是勇于寻求支持。一个领导者不是孤胆英雄，应该愿意在困境中寻求他人的帮助和支持。虽然领导者“高处不胜寒”，身处高处未免孤独，但如果能放下身段，向周围的各类专家寻求帮助，领导者同样能够获益良多。正如汉高祖刘邦在总结自己成功经验的时候说，“夫运筹帷幄之中，决胜千里之外，吾不如子房。镇国家，抚百姓，给馈饷而不绝粮道，吾不如萧何。连百万之军，战必胜，攻必取，吾不如韩信。此三人者皆人杰也，吾能用之，此吾所以取天下也”。刘邦的高明之处就是知道自己的弱点，同时又能够及时向比自己强的人寻求帮助，这是难能可贵的，也促使了其取得成功。此外，正如所有人一样，领导者也需要找到负面情绪的出口，而寻求他人的支持正好为工作中面对的挑战和压力进行缓冲。如果能有几个独立的顾问可以交流和分享经验，会帮助领导者分散很多压力，这也是为什么成功的领导者都有一个强大的智囊团的原因。

（三）外向与内向

1. 内向领导者就没有威信吗

似乎一谈到领导威信，人们立刻会想到那些积极表现、勇于发言、善于发号施令、制订战略计划，一呼百应的领导者，认为这样的领导者才能有效地树立在下属心目中的威望。一般都认为外向型的人才是更好的领导者，因为外向型领导人更符合人们对于魅力型领导者的描绘，这一点在商场上尤为突出。不少人都对内向型领导者存在“刻板印象”，比如一项针对高阶主管的调查显示，65% 的受访者认为，内向是影响领导力的负面品质。

然而事实未必如此。现实当中有许多领导者非常谦卑、低调，甚至有些害羞而内向，不善言谈，这些性格特质也没有妨碍他们成为卓越的领导者。沃顿商学院最新调查研究显示，事实上，在某些环境下，内向的领导者要比外向的领导者更加高效，关键就在于被领导的人。

传统意义上，外向型领导风格往往成为注意力的焦点，他们开朗、决断、大胆、能言善辩，并有能力占据主导地位，似乎一切溢美之词都献给了外向型领导。这种领导者的优势在于，能够清晰及时地表达自己的期望与要求，能提供明确的权力结构和发展方向，更为重要的是，能在短时间内给下属留下深刻的印象。但是，如果这些领导者所管理的下属，同样具有良好的主动性并勇于发言，反而可能与领导人产生摩擦；相反地，如果把这些外向型下属与内向型领导者组合起来，就可以通往成功。

事实上，领导者及其下属呈现出一种直接简单的反向关系：如果下属主动性高，能力强，内向型领导者能够带领他们完成高水平的绩效；如果下属不是那么积极主动，甚至非常消极被动，那么外向型领导者更能带领他们创造高绩效。外向型领导者本身就容易成为注意力的中心，锋芒毕露，就容易遮掩下属的能力和积极性；相反，内向型领导者更能倾听下属的声音，能够支持那些能力强、同样善于表现的下属发挥主观能动性。

因此，“内向型领导者出色还是外向型领导者出色”这一问题的答案并不是绝对的，主要看领导者—追随者之间的关系以及其他情境因素。如果将积极主动的下属与外向型领导者相组合，那么不仅仅会阻碍，甚至可能会损害组织的效率。比如，外向型领导者一般较容易以自我为中心，不能接受建议，有时会让下属感到沮丧，降低他们对工作的积极性。同时，还会让他们变得不愿分享观点，限制创造力和创新。

但事实上，有时候领导者需要采取更为保守和安静的姿态，某些情况下，甚至是一言不发，安静地聆听，从而为下属创造更多的参与对话的空间。特别是对于创新性比较强的团队，领导者的第一要务绝不是发号施令，指挥前行，而是用一种谦卑的姿态，营造一种鼓励创新的氛围。领导者想让下属变得积极主动，有一个最重要因素，就是培养他们对于部门，或整个组织的责任感。如果下属觉得自己应该为集体利益负责，他们就会在个人职务范围之外，主动地承担更多的责任。

2. 领导者与追随者的组合最为重要

按照迈尔斯 – 布里格斯的“大五人格理论”，内向型性格是一种转向自己的内心、从内在的思想和观念中汲取能量的倾向；而外向型性格则倾向于从自身以外的人和事物中汲取能量。研究表明，性格内向的儿童更注意评价周围的环境，更谨慎并且认真负责，对信息的吸收更全面，由此产生的关联思维也更多，做起事情准确度更高，专注度也更高。

对于领导者来说，内向型性格领导者成功的关键在于选择合适的下属。一旦潜在的团队成员已经掌握必需的技能和专业知识，领导者就可以开始观察他们的性格，思考如何组合成员，才能让团队发挥最大的效率。如果一个团队的领导者大都是外向型的，那么应该选择招一些不是那么主动的下属。这些下属更能够从领导者那里，获得清晰、主导性的愿景，更容易被鼓舞，发挥更大的积极性。而如果一个团队的领导者是偏内向的性格的话，则需要寻找那些积极主动的下属来搭建团队。因为积极主动的下属，会花更多的时间和精力，来主导自己的工作，无论是提出建议、规划新的工作流程、加班帮助同事，甚至超越自己的工作范围来提供回馈。

延伸阅读

领导者要做好人吗？

不管是政界还是商界的领导者，随时随刻都面临着激烈的竞争和压力。和政界领导者的“左右逢源，长袖善舞”不同，商界领导者所在的领域有着更多“面对面”的竞争，只有强者和硬汉才能生存下来，甚至更为极端地说，只有“坏小子”才能立于不败之地。

因为“坏小子”有更坚强的神经，更与众不同的思维模式，敢于打破常规的圈囿，突破习惯的桎梏和传统的束缚。所以，有时候努力当个“坏小子”，也应当成为老板的必修课之一。

马斯克：被誉为“来自地狱的暴君”

“马斯克是个连上帝都不愿意等待的人，他有着自己的追求和精神领空，在他的世界中，所有人必须无条件配合他，拖慢节奏的都是他前进路上的障碍物，必除之而后快。”美国《彭博商业周刊》资深科技记者、《硅谷钢铁侠：埃隆·马斯克的冒险人生》一书作者阿什利·万斯这样描述道。

在书中，马斯克的“暴君”特质是这样的：

为人刻薄、反复无常！

高管们会在开会前打赌谁会挨骂。普通下属对马斯克表示尊敬，理解他的严苛，但也认为他已经达到了刻薄的地步，让人感觉反复无常，每次和他见面都感觉可能被解雇。马斯克对达不到他标准的下属非常苛刻，他总是说：“如果你想解雇某人，就应该马上解雇，否则只会浪费彼此的时间。”

如果你对他说希望能有时间陪陪家人，他就告诉你：“人们破产后，会有更多时间陪家人的。”

对于他的目标，你只能完成！

如果你告诉马斯克，他的要求是无法实现的，你将会被解雇，更可怕的是，每次他解雇了某个人，都会接替那个人的工作，而无论是什么项目，他都能完成。

无情、无情、还是无情！

对待下属就像对待子弹——用完即扔。即便跟随他12年的贴身秘书玛丽·贝丝·布朗也是一样！

她曾每周在洛杉矶和硅谷之间穿梭，每天辛苦加班，同时安排马斯克在两家公司的日程，并负责公关工作，很多时候还得做出商业决定。

据说，她的办公桌就在马斯克的前面，每个要找马斯克的下属都会在她的桌前停留一会儿，如果贝丝·布朗示意摇头，表明马斯克此时心情不好，不是申请预算的好时机，大家就会识趣地离开。然而，当她提出加薪时，就被辞退了。

乔布斯：苹果公司"撒旦"

乔布斯的暴烈秉性在业界早已广为人知。据苹果公司前雇员透露，乔布斯最可怕的是：冷漠。即使是从他嘴里冒出的几个词，就足以让追随者们浑身颤抖。

"没人会主动和乔布斯打招呼。基层下属都害怕他。我记得有一次乔布斯走入办公区，迎面走来的一组下属立刻向两边散开，乔布斯则从中间穿过。"

这位下属还描述了他上司在同乔布斯交流时遭遇的窘境："我的上司1979年加入苹果，但是她只见过乔布斯两面。有一次她要向乔布斯汇报工作，这位经理迟到了一个半小时才出现，而且没穿鞋。这年乔布斯24岁。我的上司需要资金启动一个项目组。乔布斯在听了一小时汇报之后，只说了一句话'不行'便起身离开。"

说某些产品差的时候，乔布斯会直接说，这就是一堆bullshit（废话）。

安迪·格鲁夫：只有偏执狂才能生存

那个喊着"只有偏执狂才能生存"的倔老头儿，安迪·格鲁夫，在2016年的春天，离开了他一手打造的英特尔，离开了这个世界。

《只有偏执狂才能生存》一书中留下了他很多犀利的观点："繁荣的组织孕育着毁灭的种子"；"公司越成功，对你垂涎的人越多"；"领导者最大的职责就是提防他人袭击"。他还有一个著名的标签："全美最暴躁经理"。这个老头儿脾气不好，非常非常地不好，曾经有位下属，在和他一起开会，做绩效评估的时候，甚至被吓晕过去了……

但他的本事也很大，自从 1987 年升为英特尔首席执行官之后，他带领着公司连续 11 年实现年均利润 34% 的增长，干掉了无数竞争对手，成为全球半导体行业的老大，市值达到 5000 亿美金。

柳传志：从“坏脾气”到“好脾气”

最后说一名脾气已经变好的企业家。

柳传志曾经也是一名脾气火暴的人，经常对追随者发脾气，骂追随者。20 世纪 90 年代初，曾经有下属议论：“柳总的脾气大，有魄力，正是魅力所在。”而且他的火暴已经传染给了追随者。

有一次他看到他的一个中层部门经理在大骂他的追随者，柳传志先生便问他，你为什么要这么骂你的追随者呢？那位部门经理说：柳总一直也是这种工作方法，人们觉得这效果很好。

柳传志最后下决心改变自己的脾气。柳传志说：“如果一级一级都靠发脾气来贯彻，这个气氛就太糟糕了，组织的气氛要湿润，不能干燥。这要从自己做起，现在除了我妻子，没人说我脾气坏了。我妻子是对我要求太高。”

——《称职的 CEO：圣人还是暴君》，《出版广角》，2011（6）。

C H A P T E R 0 3

第三章

领导威信之核——知识为用

知识是领导威信重要的来源。古希腊哲学家苏格拉底曾经这样描述过具有知识的人所产生的影响力："无论在什么情况下，人们总是愿意服从那些他们认为最棒的人。"所以，当人得病的时候，最容易服从医生，在轮船上则服从领航员，在产生法律纠纷时听从律师，在学习培训时服从专家教授，这些人都是各自领域里知识和学养最为丰厚的人。不仅如此，知识还可以改变一个领导者的气质。正所谓"腹有诗书气自华"，学习知识、拥有知识能让领导者由内而外散发出深沉、厚重、优雅的气息，引发追随者的崇拜和认同。

本章将着重探讨现代领导者应当具备的知识素养问题，并研究从知识到威信的"黑箱转化"过程，同时也对当今知识爆炸时代领导者如何决策做出了分析。

一、知识与威信的"四字经"

按照古希腊哲学家亚里士多德的认识，知识可分成三大类：理论知识、实际知识和应用知识。到现代，知识有了更深更广的含义。世界银行在 1998 年《世界发展报告》中对知识所下的定义为："知识是什么"——记载事实和数据；"知识为什么"——记载自然和社会原理与规律方面的理论；"知道怎样做"——指某类工作的实际技巧和经验；"知识是谁"——

指知识是什么、知识为什么和知识怎样做的信息。领导者的知识储备不同于一般专家或管理者。领导者面对的内外部环境变化和处理事务的复杂程度要远远大于一般人，因此，领导者的知识结构必须“海拔高”“面积广”“底蕴深”“更新速”，才能适应组织内外部的挑战。

（一）知识海拔要“高”

所谓“高”，就是提高学习层次，使知识结构从经验型向科学型转变。领导者必定是思想家，能够给下属提供思想方面的启迪，而理论学习的高度决定思想的高度，也决定领导工作的力度。只有提高学习层次，在强调“务实”的同时不忘“务虚”，才能避免陷入事务主义，从纷繁复杂的现象中认识规律、找准方向。对于领导者而言，最重要的是一方面认真学习各种理论，不断用最新的理论成果武装自己的头脑，提高战略思维、创新思维，另一方面是学习哲学方面的知识，提高自身辩证思考的能力，看问题既深刻又全面。

领导者的理论知识，是领导者从事领导活动必须具备的政治立场、政治观点和政治品质等各方面的基本条件，它在整个领导者的知识中居首要和根本的地位，对于其他知识的运用具有决定性的影响。特别是对于公共部门的领导者而言，最为重要的素质就是“政治敏感性”，必须对上级的精神和导向有清晰的认识，才能保证领导工作不偏离方向，而这种政治敏感性的培养就有赖于理论知识。对于中国共产党组织中的领导干部而言，最关键的是学习马列主义、毛泽东思想和中国特色社会主义理论体系，并将这些理论知识作为自身的行动指南。一个共产党的领导干部，如果对党和国家安身立命的理论体系一无所知或是一知半解，不但对自身的领导实践毫无益处，更是会给国家的稳定带来不利因素。大量事实证明，领导者信念的坚定，思路的开阔，领导能力的强弱在一定程度上决定于其理论水平的高低，只有不断地学习和更新知识，不断地提高自身素质，永远站在时代的前列，才能适应工作的需要，才能不断在工作实践中总结新思想、新经验、新成果。

另一方面，领导知识的“高海拔”必须有赖于哲学知识的补充。哲学是关于智慧的学科，通过学习哲学，可以提升领导者从客观实际出发、以实践为检验真理唯一标准的思维，可以提升领导者运用辩证分析方法，研究特殊性问题的能力，更可以为领导者自身的修养提高提供理论滋养。凡是卓越的领导者，某种程度上都可以被称为哲学家，比如毛泽东与美国前总统尼克松会面时，就直言要与对方讨论“哲学问题”而不是具体问题，这充分体现了一个领导者宽广的知识和深邃的智慧。

（二）知识面积要“广”

所谓“广”，就是领导者要拓宽学习领域，使知识结构从单一型向综合型转变。在新的历史条件下，不管是公共部门还是私营部门的领导者，都需要广泛涉猎经济、政治、文化、科技、历史、社会等各方面知识，在拓宽学习领域上下功夫。

特别是对公共部门的领导者来说，不仅要主动学习市场经济知识，向私营部门学习先进的运营和管理经验，提高驾驭市场经济的能力，努力拓宽国际视野，提高推进自主创新的组织领导能力，而且要掌握相当程度的法学和公共政策方面的知识，提高依法行政的能力。“经济学博士”“法学博士”“公共管理博士”这几个头衔已然成为我国当前学者型官员必备的“帽子”。对于私营部门的领导者来说，也要学习公共部门的领导体制、管理特点、组织文化等方面的知识，这样才能在利益格局复杂化的商业世界立于不败之地。事实上，在欧美发达国家，公共部门和私营部门在运营、管理甚至是组织文化方面都有逐步融合的趋势，可以预见的是，在社会经济日趋融合的今天，不懂市场的政府官员和不懂政府的企业家，在未来是一定会被淘汰的，这对领导者知识的广度就提出了新的要求。值得一提的是，在具体的领导实践中，现代的领导者有两方面的知识必须加以掌握并提升：心理学知识和历史知识。

1. 掌握心理学知识

心理学在人们社会生活及工作中无处不在。心理学对领导者的影响主要有两方面：一是“自知”，也就是自我认知并提高自身的心理健康程度的能力；二是知人，也就是认识他人并维持高效人际关系的能力。具备良好的心理素质对领导者正确行使管理和决策尤为重要，一个有着良好心理素质、具备心理学素养的领导在处理问题时，一定会在决策前广泛地听取不同的意见和建议后加以全面分析，用正常的思维去考虑问题，用科学方法去分析问题，从而做出考虑全面、行之有效的决策；反之，一个心理意识不健全的领导者在处理问题时，偏听偏信，不能全面地看问题，不能从多角度去分析问题，主观片面或仅凭一时的感情，不按规律办事，其结果定是领导无效，其决策也是不可行的。

此外，学习心理学能提高领导者的挫折容忍力。对于现代的领导者特别是基层的领导者来说，时刻都要面临着许多两难甚至矛盾的抉择，这时候如果没有良好的心理素质，那就做不到“猝然临之而不惊，无故加之而不怒”，很容易手足无措。应对重大突发事件，能忍受重大挫折，体现的是领导者坚韧不拔，百折不挠的意志，和完整的人格以及积极的心态。同时，学习心理学还对领导者的自我察觉和自我意识、协调人际关系、提高道德自律等起着重要作用。

2. 善读历史，开阔眼界

领导者学历史知识也是非常必要的。美国的组织管理学家哈克曼曾经说过，领导技能是无法通过阅读、听讲座和案例分析熟练掌握的，相反，技能训练包含对大量正面模范的观察以及大量实践和反馈，正面模范可以是在工作中展现出受过训练拥有出色执行力的人。什么地方的“正面模范”最多呢？答案是历史中。

以史为鉴，可以知兴替。领导者不论处在哪个层次和岗位，都应该读点历史，从中汲取智慧和营养，不断提高认识能力和精神境界，提升领导水平。“读经可以明智，读史可以经邦。”读历史对领导者的影响是多方面的，不仅有助于提升领导者的领导水平，还有助于领导者更为深刻地洞察人性。领导者提高历史素养，不只是为了提高自身或领导者队伍的素养，更是为了国家的长治久安。以史为鉴，重在发现和把握关联规律。历史知识既是人类总结昨天的记录，又是人类把握今天、创造明天的向导。“以史为鉴可以知兴替”，历史是一面镜子，不仅鉴照过往，也拷问当下。现实中，许多领导者研读历史经典，看成败、鉴是非、知兴替，以求温故而知新、彰往而察来。但也有一些领导者读历史，总跳不出帝王将相的“宫斗”、才子佳人的情仇，或是把历史视为权谋术、厚黑学、潜规则等的大杂烩，在谋人不谋事、信权不信法等逻辑中越陷越深。对历史的误读误用，其为害之烈，甚至比轻视历史更甚。读史需要情怀，学史折射境界。通过历史来寻求内心信仰、明确前行方向，正是历史素养的真谛所在。

（三）知识底蕴要“深”

领导者既要拓宽知识的广度，也要拓宽知识的深度，二者相辅相成。所谓“深”，就是增加学习深度，使知识结构从粗放型向精专型转变。传统上认为领导者应当要“一专多能”，做“通才而不是全才”，然而当前改革发展所面临的新情况、新问题，要求领导者不仅具备广博的知识结构，而且具备精专的业务能力。形势与任务要求领导者要在短时间内迅速成为某一方面的专家，这样才能科学决策、有效决策。因此，领导者在学习过程中就不能满足于“什么都懂一点、什么都不精通”的粗放型知识结构，而应沉下心、钻进去，学深一点、学透一点，努力成为本专业、本领域的行家里手。

只有学习认真深入，业务素质过硬，才不会说外行话、办外行事；才能敏锐地捕捉稍纵即逝的发展机遇，科学、及时、准确制订发展战略规划；才能在下属中树立威信，才能带领群众齐心协力推动事业发展。当前，对于公共部门的领导者来说，应重点将学习与加快转变经济发展方式结合起来，与推动本地区本部门本组织科学发展结合起来，使学习在与实践的结合中进一步走向深入。

领导者知识的深度体现在业务知识上。领导者要干好事业必须熟悉业务知识，掌握过硬的专业本领，争当行业的排头兵，逐步成为某一领域和某一行业专家型领导干部。这样，既有复合型知识的基础支撑，又有专业化知识的精准把握，工作起来就更能得心应手。这就要求领导者要钻进去，学深一点、学透一点，逐渐成为内行。只有业务上过硬，才能增强敏锐性，抢抓机遇，科学决策；才能树立威信，推动事业发展。

（四）知识更新要“速”

领导者的知识更新一定要“速”。所谓“速”，就是加快知识更新，使知识结构从传统型向现代型转变。当今世界，科学技术的创新速度、各种知识的更新速度大大加快，一个人只有经常不断地抓紧学习，坚持不懈地加快学习，做到终身学习，才能使自己的知识结构不断趋向合理，才能跟得上发展变化的形势；一个组织，也只有建立“学习型组织”文化氛围，把学习、进步当成一项全员的、持续性的事业来做，才能不落后于世界大势。在瞬息万变的现代社会，如果学习的速度落后于形势发展变化的速度，就会被社会淘汰。因此，领导者只有树立时不我待的精神，始终瞄准前沿领域和前沿知识，加快学习，持续学习，才能真正成为具有世界眼光、把握发展规律、善于驾驭全局、能够开拓创新的现代领导者。

如何迅速地使领导者的知识更新，根本在于转化和运用。毛泽东同志说，读书是学习，使用也是学习，而且是更重要的学习。在学习理论中有一个著名的“127”法则，即学习与发展通常70%来自亲身体验，20%来自向他人学习，10%来自培训和理论学习。之所以需要亲身经历，正是为了寻找一些能够触及心灵、引发反思的事件。因此，领导者要知道“功夫在诗外”的道理，运用多种途径、多种方法加强和改进学习，不能为学习而学习，尤其不能搞成理论与实际相脱离的“经院哲学”式学习，要把学习渗透到工作之中。

延伸阅读

毛泽东与《资治通鉴》

毛泽东晚年曾对人讲，他将《资治通鉴》这部300多万字的史书读过“一十七遍”。这真是一件令人惊讶的事！1956年，由当时的古籍出版社出版的点校本《资治通鉴》(包括随文加入的胡三省注)，就是根据毛泽东提议，组成标点委员会，由顾颉刚等21位专家通力合作，重新点校后排印出来的。这个点校本一印再印，发行量很大。

毛泽东的藏书中，既有《资治通鉴》的线装本，又有1956年初版的这个点校本。这两种不同版本的同一史书里，都留有他圈点批画的笔迹和记号。

《资治通鉴》全书共294卷，逐年记载了自公元前403年至公元959年这1362年间发生的大事。除采用正史资料外，还博采杂史222种以上。书中记事，条理清晰，层次分明，详而不乱。因此，这部编年体史书，体大思精，不但史料充实，而且文笔生动，特别是它的时间概念极为明确具体，让人爱看，看了还想看，又很耐看，其魅力是经久不衰的。

据毛泽东的护士孟锦云（毛泽东生前戏称她为“孟夫子”）回忆，毛泽东的床头总是放着一部《资治通鉴》，这是一部被他读破了的书。有不少页都用透明胶贴住，这部书上不知留下了他多少次阅读的印迹。有一段时间，毛泽东读《资治通鉴》，真是入了迷。他一读就是半天，累了，翻个身，又读好几个小时，这样持续了好长时间。毛泽东读书的那种全神贯注的神态，让孟锦云终生难忘。

最后，毛泽东曾总结性地说：“《通鉴》是一部值得再读的好书。有人说，搞政治，离不开历史知识。还有人说，离不开权术，离不开阴谋。甚至还有人说，搞政治就是捣鬼。我想送给这些人鲁迅先生说的一句话：‘捣鬼有术，也有效，然而有限，所以以此成大事者，古来无有。’”

现在，一部线装本《资治通鉴》仍静静地放在中南海毛泽东故居里。可以说，《资治通鉴》伴随毛泽东走过了他波澜壮阔的一生。

——卢志丹：《毛泽东品国学》，北京：新世界出版社，2009 年版。

二、打开知识与威信之间的“黑匣子”

管理学大师德鲁克在《后资本主义社会》一书中对知识社会和知识带来的权威进行了论述，并在 1965 年就预言：知识将取代土地、劳动、资本与机器设备，成为最重要的生产要素。只有会学习、知识丰富的领导者，才能在现代组织中树立足够的领导威信。

但是，拥有知识显然不能顺理成章地拥有威信。正如“黑箱理论”所描绘的那样，有一些人们所要认识或控制的客体，由于种种条件的限制，其内部的结构一时不能够被人们直接观测到，仿佛是一个既不透明且又密封的箱（盒）子，其复杂的结构和神妙的机理，珍藏其中，人们无法从外部或无法打开来直接探察其内部的奥秘。知识与威信之间也是如此，由知识转化为威信，必须掌握“黑箱”的秘密。

（一）化知识权威为领导威信

1. 转变心智模式

具有知识权威的专家向领导者转变时遇到的最大障碍，就是将技术思维向领导思维转变。可以说这两种威信转化的黑匣子秘密就在于心智模式。因为长期的知识积累和技术工作训练了专家们的“技术思维方式”，而“技术思维方式”与领导者应当具备的“领导型思维方式”有根本的不同。

技术思维方式是直线式思维，由始到终，就是从已知条件推导出结果，一旦已知条件项缺少时，就无法推出结果，此时专家就会很焦虑。把这种思维带到管理中，最典型表现是一些专家存在完美主义倾向，会跟上级要求很多条件，而从领导工作实践的角度来看，上级领导者最不喜欢的行为之一就是下级无休止地提出条件。因为在一些“知识威信”的直线思维中，只有当条件足够，没有外部干扰的环境下时，才能得到结果，而当结果没有达成时，他们给出的理由大都是上级给的条件不充分、人际关系复杂或者环境改变、下属工作难做等，责任不在他本人。然而在实际工作中，很难出现各种条件都具备的完美时刻，换言之，实践中对领导者的要求恰恰就是要去克服种种条件限制来完成任务的，这就给专家的直线思维带来了巨大的挑战。

技术思维者往往是被动地等待条件成熟，而领导者是结果导向的思维，以终为始，从目标开始考虑需要什么条件，然后主动想办法去创造条件从而达成问题的解决。就执行力而言，许多优秀的领导者的能力是要超越专家的。能否在不完美、有种种限制的条件下达成组织目标，能否从具体的技术问题中抽身而出，放眼全局，往往是专家到领导者的鸿沟所在。

如果不能在具体事务与宏观全局之间进退自如，就会不知不觉地变成组织固有系统的“囚徒”。领导者必须纵览全局，跳出问题看问题，就像是站在山地的高处一样，必须注意变革发生的环境，或主动创造这样的环境，必须让追随者深刻感受到组织的历史和过去的成功之处，必须能识别围绕价值观和权力所进行的斗争，识别追随者身上的光辉点和黑暗点，并留意变革引发追随者产生的正面或负面反应。总而言之，从技术专家到领导者意味着整个心智模式的转变。

在领导实践中，“专家型官员”的现象最能说明从知识威信到领导威信转换的困难。中国古代就有“选贤与能”“贤人治国”“官学相同”“学而优则仕，士而优则学”思想，古希腊则有“哲学王”思想，这都反映了知识对于领导者治理国家，管理政务的重要性。一个极具说服力的例子是，世界银行在总结第二次世界大战结束后东亚经济起飞的原因时，把“高素质的官员队伍”作为其中的重要因素。在这些国家和地区经济起飞过程中，一批受过系统现代科学教育，尤其是社会科学教育的人才，其中包括一些优秀学者进入政府，他们根据本国或地区的资源条件以及国际市场的需求制订经济发展计划，切实提高了决策的科学性和可行性，保证了这些国家和地区经济的长期增长以及社会的平稳转型。

但是，专家要完成向官员的转型不是一件容易的事。不仅要在心智上、思维上、行为上发生巨大转变，甚至在自身的性格和个性上都要做出巨大调整，在家庭生活上也要做出巨大牺牲，这也让许多知识丰富的专家望而却步，即使有的已经在政府获得高位，最后还是选择回到象牙塔做学术研究，甚至在仕途中遭遇“滑铁卢”，这些现象都说明这么一个问题：术业有专攻，专家不一定适合做领导者，与其做出一些难以企及的改变来适应领导工作，不如深钻一行，树立行业内的知识威信。

2. 化“知识领导”为“全面领导”

以知识为威信依托的管理方式可以称之为“资深型领导”，主要取决于领导者资深的专业知识。优秀的领导者需要把这些抛掷脑后，从个人品格、领导风格、领导艺术等方面进行调整，向“全面管理”转变。

第一，关注于人际关系和业务关系，而不是追求理论的完美和推理的严谨。真正成功的领导者，会花大部分时间用在人事决策方面。正如德鲁克所言，“一个成功的领导者有70%的时间都花在人事决策上”。两种管理风格的显著差异在于知识型领导者专注于数据、知识、信息等事实，而全面型领导者则注重于人际关系。知识型领导者明白该做什么；全面型领导者明白应该指导谁去做。知识型领导者会直接告诉追随者问题的答案，而全面型领导者则会带领追随者一起寻找答案。

第二，促成变革发生，而非仅仅完成工作。作为专家型领导者，从事的是具体事务，贡献很容易被识别，因为要基于所特有的知识来做出决断。而作为全面型领导者，不能直接动手做某项工作，但却能促成这项工作中的关键变革发生。这其中最重要的一部分，就是要收放自如，知道什么时候放手不管，什么时候干预其中。要做到这一点并不容易，因为领导者的责任范围很大，领导者需要对人和事保持高度的敏感度和熟悉度，甚至能够一眼就看出问题在哪里。

第三，纵观更大的格局，而非仅限于掌握细节。知识型领导者最缺乏的素质可能就是大局观，换言之就是“器识不足”，不知道如何把自身的工作放在整个组织发展的背景下去考虑。作为全面型风格的领导者，其价值主要源自领导者纵观全局的能力要强于周围的人。专家型领导者是埋头苦干，只求科学“求真”，而全面型领导者则是足智多谋，观察周围事物类型的“务实派”。

向“全面型”领导的转换意味着成功的知识型领导结束。但是如果领导者意识到领导者不再是或者甚至不应该是专家时，这将是领导者职业生涯中最有成就感、最满意的瞬间。领导者的作用是让别人呈现出最好的一面，掌握了知识，不等于拥有智慧和才华，拥有智慧和才华也不等于具备政治识见和谋断能力。从知识专家到领导者的转变需要主观的努力和实践的历练。

（二）知识威信的理性面：循证决策

1. 循证决策让理性落地

循证决策，顾名思义就是遵循着科学的证据进行领导决策。在领导力日益受到重视的同时，依旧存在这种现象：虽然领导力的理论研究有了众多科学成果，但是在实践中，领导者却仍旧习惯于依靠直觉、经验或是模仿所谓“最佳实践”来进行决策，而忽视对科学证据的利用。这种现象的直接后果就是，科学研究难以触及管理实践而失去其价值，管理实践也鲜有利用科学证据来支持其决策。因此，如何利用科学证据来提升决策的科学性，就成了组织领导者一个必须面对的挑战。

在信息时代，仅凭领导者个人好恶进行决策的日子渐行渐远。不管是专家决策还是领导者决策，都越发依赖于信息和数据的作用。科学证据日益成为领导决策威信的重要来源。领导者利用知识和信息进行决策，可以提升决策的科学性和有效性。先看一个小故事。

林彪从红军带兵时起，身上就有个小本子，上面记载着每次战斗的缴获、歼敌数量。1948 年辽沈战役打响，一天深夜，值班参谋正在读着下面某师上报追随者部队的战报，在场的人睡意已深，似乎没有在意那些枯燥的数字。林彪却问了三个问题：

“为什么那里缴获的短枪与长枪的比例比其他战斗略高？”

“为什么那里缴获和击毁的小车与大车的比例比其他战斗略高？”

“为什么在那里俘虏和击毙的军官与士兵的比例比其他战斗略高？”

其他人还没有来得及思索，林彪已经等不及了，他大步走向挂满军用地图的墙壁，指着地图上的那个点说：“我猜想，不，我断定！敌人的指挥所就在这里！”最后，林彪依据这个判断，歼灭了国民党廖耀湘部队，取得了辽沈战役一个关键的胜利。

林彪的决策就是利用了“大数据”进行“循证决策”的原理。事实上，近些年来，领导者循证决策（evidence-based decision making）正逐渐成为组织管理领域的一个新趋势，它强调基于可获得的最佳证据而不是经验和直觉来进行领导决策，从而提高管理的科学化水平。

2. 循证决策重在内化于心

在领导者循证决策中，决策证据可能来源于组织内外的一些重要现象和趋势（如高级劳动力短缺、新劳动合同法的出台、人口老龄化数据等）、某些领导力有效性的衡量指标（如下属满意度调查数据、工作价值观调查、薪酬数据等），还可能来源于公开发表的评估性科学研究（如有关心理测试信度的科学研究文献等）。领导者循证决策中证据的来源可以归为以下几个方面：最佳科学研究；组织内部的事实、指标和评价结果；实践者的科学判断；对利益相关者的影响。

领导者循证决策的核心目的不是刻意制造出一大堆供决策者使用的数据、图表、指标、公式以及案例等，它实际上是一种心智模式的转变，即领导者用以证据为基础的实证精神和去伪存真的分析精神来取代经验决策；同时也是一种组织文化的转变，它将会推动在组织中形成一种讲事实、重证据的决策氛围和组织文化，从而在实质上推动整个组织领导力水平的科学化和有效性提升。一旦循证的思想和文化在组织中形成，组织就会逐渐掌握一整套科学、规范的领导决策程序，这样就有助于解决组织过去在管理决策方面存在的问题，适应管理科学化的要求。领导者也会在这一过程中形成更加缜密的思维方式和更为过硬的专业技能，获得组织的尊重，在工作中更加积极、自信。

领导力既不是一门单纯的技术，也不是一门单纯的艺术，它是两者的完美结合。领导决策不可能是完全技术化、机械化、公式化的观点，但同时也不是完全艺术化、玄虚化的。需要一方面不断提高各级领导者的管理技能，促使他们灵活和有效地运用各种管理艺术；另一方面，也要注意不断按照领导者循证决策的要求，加强各项领导力决策尤其是一些重要决策的科学化程度。只有这样，才能在确保组织绩效不断提高的同时，实现在下属管理方面的以人为本。

（三）知识威信的感性面：直觉决策

1. 不一样的直觉

根据前面一节的论述，是不是领导者所占有的知识越多，享有的信息越多，所有的决策都“循证”，其效果就会越好？换言之，循证决策就一定比直觉决策更具权威吗？在这个理性主导的世界，“拍脑袋”一直是贬义。其实，在充分收集、分析数据的同时，利用直觉提升决策的速度和质量是成功的秘诀。

“拍脑袋”一直以来都是一个贬义词，但如何拍好脑袋，一直是个被忽略的课题。有的领导者是乱拍脑袋，但是也有许多领导者羞于拍脑袋、不敢拍脑袋、不善于拍脑袋。特别是刚刚从技术岗位转型为领导岗位的人，决策过度依赖信息，在信息不足的情况下不敢拍脑袋。

事实上，领导决策的某些特性，让直觉与逻辑思维具有同等重要的价值。在领导工作的实践中，领导决策大多是在各方面的压力之下做出的。比如说时间压力，领导者错过时间就错过了机遇。有时，拖延决策比草率决策更致命。在有限时间内做抉择，自然需要领导者发挥直觉的作用。再比如人际关系压力，领导者在做人事决策的时候更是要面对来自方方面面的压力，要平衡各个方面的利益，很难做到完全是依靠理性的。再比如经济决策，领导决策往往事关重大政治经济得失。每当决策涉及严重后果的时候，人们往往怀疑数据分析的可靠性。这就好比买房子、车子、找工作、找对象，思维训练有素的人甚至会为各个备选方案列个表格，对其关键要素逐项打分，然后加权平均。可是人们却常常盯着得分最高的选择，感觉不对劲儿。

为什么呢？据说心理学家弗洛伊德有过这样的观点：做小决定时，应当依靠理性，把利弊罗列出来，分析并做出正确的决定；当做大的决定，例如寻找终身伴侣或决定职业发展方向时，就应该依靠自己的潜意识，因为这么重要的决定必须以心灵深处的最大需要为依据，或者叫“follow your heart”（听从内心的声音）。有的人将这种能力称为直觉，即不需要思考就能判断的能力。从表面观察看，直觉思维很强的人在紧急情况下快速判断，似乎是没有经过思考，当对其决策过程进行深入分析时，就会发现，这些人的大脑中实际上存储了有关事物运行的基本原理、原则等相关概念，他们提取的速度很快，使人感觉不到他的思考过程，甚至是一种下意识的反应。比如说久经沙场的士兵，通过听枪炮声就可以觉察到敌人的人数；经验丰富的司机，通过对身后喇叭的声音大小就可以大致判断两车之间的距离，这些都是直觉的力量。

在信息不足的时候，人们只得依靠直觉。但事实上，现实情境下的领导决策的信息从未充足过。比如商业决策中的市场信息、竞争对手信息、内部财务信息、销售信息、存货信息，其实都是不充足、不及时、不整齐甚至不准确的。信息过量的时候，人们又得依靠直觉。虽然这种情况在领导决策中并不常见，但是一旦信息过量，领导者往往来不及加工所有信息。在信息冲突，包括周围人意见不一致的时候，人们更是要仰仗直觉的力量。毛主席曾说过，领导者一要出主意，二要用干部，这里面的“出主意”实际上就是“选主意”的意思，领导者必须像《三国演义》描写的曹操，面对众多高智商谋士彼此大相径庭却又顺理成章的建议，必须选择一个。如果逻辑能够解决问题，恐怕在聪明人中间早已达成共识了。

2. 如何“拍好脑袋”

有人喜欢研究第六感，把第六感定位成一种超感知觉（extrasensory perception），例如不视而见的能力。还有人把直觉定位在右脑，认为左脑负责逻辑，右脑负责直觉。目前这些玄的假设并未得到实验证明。不过基本可以断定，直觉的器官和逻辑思维的器官都在大脑，所以说“拍脑袋”不说“拍胸脯”。

拍好脑袋，需要借助经验和理论的力量。商业巨子巴菲特就告诫投资者“要充分相信自己的直觉”。巴菲特忠实于自己的直觉，努力排除股市行情信息的干扰。巴菲特的直觉并不是空穴来风，而是源于他对所投资股票的组织的详细了解和研究。巴菲特选股看经营领导者，但并不被经理们的花言巧语所动，而是关注三个个人品质：诚信、智力、精力。领导人素质并不能被代入公式而计算出一家公司的投资价值，分析数据之后，巴菲特靠的还是直觉，即拍脑袋。此外，星巴克（Starbucks）在进军日本时，所有的商务咨询专家都反对这一决策，认为日本这个以茶叶为主要饮料的国家是不欢迎西方的咖啡饮料的。但是星巴克的领导者凭借过人的直觉和胆识，力排众议进军日本市场，最终改变了许多日本白领的饮食习惯，公司也大获成功。专家教授的知识并非只能用于分析思维。其实好多概念和理论，如果学透了，可以让脑袋拍得更好。专家与常人的不同之处在于，专家的大脑很像装了很多软件的电脑，优秀专家的大脑里，这些“软件”之间是兼容的，也就是融会贯通；而“砖家”的大脑里，软件虽多，但彼此打架。

“拍好脑袋”的诀窍，在于领导者不断学习、历练、思考，让正确科学的决策内化到血液和灵魂中去，只有这样才能在面临重大决策的时候激发起内心深处的本能反应。否则，在没有培养起决策嗅觉之前，就放弃对决策证据的运用，放弃倾听下属及外部专家的意见，那所谓的“直觉决策”就无从谈起。

延伸阅读

谷歌公司人才循证管理中的“十大法宝”

当人们解读谷歌公司的成就归功于领先的技术及商业模式的时候，谷歌公司却坚定地认为，他们的成功来源于成功地运用了“人事分析”的优秀人员管理实践。这是一个令 HRM 兴奋的最佳实践！

首先，谷歌并没有把 HR 的职能部门称为“人力资源部”，而是称为“人力运营部”。谷歌副总裁与 HR 主管 Laszlo Bock 无可非议地认识到每一个领域都需要基于数据的决策。

谷歌的人力资源管理决策是通过强大的“人事分析团队”来引导的。以下两点引用来自该团队所强调的目标：

（1）谷歌所有的人事决策都是基于数据和数据分析的。

（2）人们的目标是人事决策所采用的精确化水平与项目决策的相同。

对于 HR，谷歌不再采用 20 世纪主观决策的方式。尽管它仍旧称它的方法为“人事分析”，然而它的决策方式也可以称为“基于数据的决策”“基于数学的决策”，或者是“基于事实和证据的决策”，也称“循证管理”。

以下是谷歌对人力资源进行循证管理的一些实践。

1. 氧气项目

“氧气项目”通过研究分析大量的内部数据，判定杰出的领导者都是基于其卓越的表现。它进一步鉴别出卓越领导者的八大特性。这些数据证明了相对于拥有深厚的技术功底的领导者，定期地一对一交流（包括表达对下属的关注和提供频繁的个性化反馈）是成为一名卓越的领导者最重要的品质。下属们会每年两次地根据这八大特性，对其上司的表现进行评价。

2. 人力资源实验室

谷歌的人力资源实验室是其他任何组织所不具备的独特团队。这个团队在谷歌内进行具有应用性的实验来判定谷歌是使用最有效的方法来管理下属并提供多种的工作环境（包括使用最令下属愉悦的奖励方式），这个实验室甚至借助科学的数据和实验，通过降低下属饮食中卡路里的摄入量（仅通过减小餐盘的尺寸），来促进下属的健康。

3. 人才保留算法

谷歌借助自己开发的一个数学算法积极并成功地预测到哪些下属很有可能会离职。这项举措允许领导者在为时过晚之前采取行动，并为下属留任提供个性化解决方案的空间。

4. 人才管理预测模型

谷歌的人事管理具有前瞻性。因此，它开发了一个预测模型并运用有效分析进一步改善对未来人事管理问题与契机的预测。谷歌也将运用数据分析提供更具成效的下属计划，这是实现组织快速发展与变革的关键。

5. 人才多样性管理

与大多数公司不同的是，谷歌公司运用数据分析来处理下属多样性问题。从结果来看，人员分析团队运用数据分析来鉴定人员（尤其是对于女性下属）招聘、留任和升职板块薄弱的本质原因。鉴定的结果对于组织的人员招聘、留任和升职的影响是显著的可测量性。

6. 高效招聘算法

作为少数按照科学的方法进行招聘的组织之一，谷歌公司开发了一个算法来预测应聘者在获聘后是否具有最佳生产力。谷歌公司的研究也会鉴别面试背后所隐含的价值，显著地缩短聘请下属的周期。

在部分项目中，谷歌针对每类工作下属招聘开发了一个算法，用于分析被拒绝的简历，分辨出任何他们可能错过的卓越的应聘者。他们发现他们仅有 1.5% 错失率，重新审视候选人后，他们最终聘请了其中的一部分。

7. 优秀人才的绝对值

谷歌的高管们已经统计过一位优秀的技术专家与一位处于平均水平的技术员之间的行为差异。为了检验优秀人才的价值，高管们会利用必要的资源去聘请、留下卓越人才，并进一步发展下属的卓越才能。

8. 工作环境设计对部门合作影响

谷歌特别关注于提升不同职能部门的下属之间的合作水平。谷歌发现这需要增加三个方面的变革：发现（例如，学习）、合作以及娱乐。

因此，谷歌有意识地设计它的工作环境用来最大化地结合学习、合作与娱乐（谷歌甚至追踪下属们在咖啡厅所花费的时间，以此最大化地开展项目）。对于一些公司来说，设计“娱乐”环节看起来可能是奢侈的，但是数据显示“娱乐”是人际吸引、人员留任和下属合作中的关键因素。

9. 提升发现和学习机制

相比于将目光集中在传统的室内学习，现在更加强调在实践中学习（绝大多数的人是通过在岗学习的）。谷歌通过循环式学习、从失败中学习，甚至邀请类似美国前副总统 Al Gore 和歌手 Lady Gaga 等人来演讲，从而提升下属发现与学习的契机。自主学习能力以及适应力都是谷歌下属的核心胜任力。

10. 用数据来说服而非胁迫下属接受

谷歌人员分析团队成功的最后一项关键要素并不是发生在分析过程中，而是出现在给高管们和领导者的最终建议书上。相比于用要求或胁迫的方式令领导者接受变革，它借助内部的顾问和高影响力的人基于强大的数据以及所呈现的行为来说服下属。

因为它的听众都是具有高分析力的人员（特别是大多数的高管们），它运用数据去改变现在的观念，去影响现在的人。

——［美］博克：《重新定义团队：谷歌首席人才官的团队管理法则》，北京：中信出版社，2015 年版。

C H A P T E R 0 4

第四章

领导威信之容——形象为先

虽然说“人不可貌相，海水不可斗量”，但从古至今，人们心中的领导者形象无一不是仪表出众，相貌堂堂。比如史书记载，汉高祖刘邦“隆准而龙颜，美须髯，左股有七十二黑子”，北齐武成帝高湛“冠服端严，神情闲远”，又如唐太宗李世民“龙凤之姿，天日之表”。不仅帝王如此，封建王朝在选拔行政官员的时候也注重对外在形象的考察。比如唐朝的吏部选官考试中，选官标准有四条：“一曰身，体貌丰伟；二曰言，言辞辩正；三曰书，书法道美；四曰制，文理优长。”身体伟岸，形象出众被放在了第一条标准，可见领导形象的重要性。这些现象都说明，领导者的外在形象是其威信的外化表现，没有形象上的威严，领导者在追随者心目中的第一印象自然会打折扣。

甚至在动物社会也是如此，在大猩猩的社会里，权力属于雄性银背大猩猩。除了背部的毛发以外，这些雄壮的生物还具有许多象征地位的体貌特征：它们的体形通常比猩猩群里的其他成员更大，摆出的姿态更有扩张性，嗓音更加低沉，还会捶打强壮的胸脯。总之，这些猩猩中的领导者全身都散发出雄健的气息。人类的群体与大猩猩社区基本相同。西方组织内的一名典型的首席执行官一般身高超过六英尺、嗓音低沉、举止端庄，除了要有一头浓密光泽、泛着灰白的头发外，还得拥有一副以年龄来说相当强健的体魄。这些领导者们坐在大办公桌后时端正舒展，与下属交谈时挺拔伟岸，开口讲话时抑扬顿挫、不容置疑。

那些仪貌出众，言谈得体的人，也在通往最高领导岗位的竞争中拥有显著的优势。良好的形象不仅能让人看起来像领导者，也能使人表现得像一个领导者。

一、形象是领导威信的外化

（一）仪貌生威

1. 仪貌是一种威信来源

英国思想家霍布斯（Thomas Hobbes）曾把“仪容”视为一种“权势”：因为“它征兆着善，使妇人与陌生人见爱”。外形和容颜由于诉诸“视觉说服”，容易先入为主地给人以某种印象暗示。领导威信产生的第一个构成要素就是外貌，这是人们不得不接受的事实。外貌虽然有客观评价标准，一个领导者的“颜值”如何，更多的是依据公众的评价。这就是提醒领导者，形象不光是自身的事情，更需要关注公众的评价，只要是面对公众，都需要非常认真，整理自己的仪表，给人一个认真、整齐的评价，否则就会导致领导者个人魅力和威信的丧失。

2. 仪貌的构成

领导者的仪貌主要体现在以下几个方面：

首先是服饰。服饰虽不能对领导影响力产生本质的影响，但由于人的认知过程由表及里，所以，服饰在一定的情境中，能对追随者产生特殊的影响力。这就要求领导者依据时间、地点、场合来进行表象修饰，使服饰适合身份。作为领导者，其服饰应简洁、大众化，适合年龄和场合。

其次是体貌。人们常说：“不能以貌取人。”但不能否认，人的体貌对人的本质形象起着特殊的掩饰作用。在其他条件大体相当的情况下，体貌较好的领导者比较差者更易受追随者欢迎，更易于获得、提升影响力。荷兰有一项研究显示，对于荷兰的领导者而言，下属们通常认为个子高的人更有领袖魅力。据统计，美国财富 500 强公司的男性首席执行官们，平均身高是 6 英尺（1.83 米），远高于美国男性的平均身高（1.76 米）。女性领导者亦如此。除了高度，还有面貌。心理学实验早已证明，面庞英俊的领导者让人感觉更有能力。与英俊类似的是帝王异相，中国传统文化中理想的领导者仪貌应该是厚重的，就像《三国演义》中的刘备，耳垂肩，手过膝。另外史书中记载唐太宗李世民也是有“龙凤之仪”，甚至对开国领袖毛泽东“男人女相、南人北相”的传言，这都说明了领导者“体丰貌美”的重要性。仪貌成为优势，从心理学角度可以用晕轮效应（halo effect）来解释。当一个领导者仪貌出众的时候，人们自然也会认为他的领导能力也不会差到哪里去。当然，晕轮效应在美化领导者的同时，也抬高了众人的期望。一表人才的领导者如果没有能力、努力、性格这三样真功夫傍身，注定将沦为绣花枕头，反倒会沦为人们的笑柄。反过来看，身高和面貌处于劣势的伟大领导者，他们在能力、努力、性格方面必定过度补偿。杰克·韦尔奇的自信果敢，拿破仑的军事天才，邓小平的运筹帷幄，都是“貌不惊人”绝好的例子。

领导者的体貌虽然是天生的，但后天仍然对它有“修正”的作用。后天的“修正”有两种途径：一是通过物理手段来修正，如体育锻炼；二是通过内在的修养来修正，如读书学习，正如曾国藩所说，“唯读书可以改变气质”。例如虽然很多人个子不够高、反应速度不够快，但个人魅力也是可以通过后天习得的。有研究者对中层管理人员以及 MBA 学生进行了为期 30—90 小时的培训，介绍了 12 个“魅力型领导策略”，这些策略包括使用隐喻和手势。经过培训之后，学员的魅力的确有所提升。掌握这些策略，可以使得领导者至少从“面子”上看来是更像一个领导者了。

最后是气质。罗兰说："气质之美与其说是来自内心的修养，不如说它是来自一种对美好事物的欣赏能力。"这份欣赏力就使一个人的言谈举止不同流俗。领导者有多种气质，或威严，或质朴，或亲民，或霸气，无一例外地影响着追随者对其威信的感知。

比如《清史稿·曾国藩传》就记载："国藩为人威重，美须髯，目三角有棱。每对客，注视移时不语，见者悚然，退则记其优劣，无或爽者。"寥寥数语，勾画出了曾国藩的威仪和睿智。曾国藩的性格"威重"，既有威严，又有持重，为人之骨节树立；"美须髯"，说明其长须飘飘，儒者之风，跃然纸上；"目三角有棱"，点出其眼睛的形状和特点；"每对客，注视移时不语，见者悚然，退则记其优劣，无或爽者"，指出其看人、识人的本事，每次相人，没有失误的时候，这也是他组练湘军，大败太平军的关键所在。领导者的气质之光，最为根本的是来自内在的人格之美、人性之美、人情之美。如何以人格、人品、人性、人情这些东西，去"说服"公众，这是领导者公共形象最为基本的问题。

（二）演讲立威

不管是中国的领导者还是西方的领导者，最能体现领导气质的活动之一就是领导者的演讲。演讲的本质是领导者个人自信与个人魅力在公众面前的展现，也是树立领导威信最为迅速、最为有效的方式，历史上很多卓越的领导人都是由演讲而声名鹊起的。成功的演讲需要具备"底气、地气、才气、人气"四气。

1. 接地气，有底气

任何演讲技巧的实施都离不开充足的个人自信、深厚的人文底蕴做支撑，这是演讲者的底气所在。影响讲话效果的第一个因素就是谁说、谁有资格说，也就是亚里士多德（Aristotle）论述的讲话中的信誉手段问题。

亚里士多德认为，信誉手段取决于演讲者是否具备以下三个条件：明智、品德、善意。

明智，是指演讲者对所谈话题的判断能力；品德，就是演讲者的道德品质；善意，指演讲者对听众的态度。没有明智的判断力，就可能提出错误的见解或意见；判断虽然正确，但演讲者如果品行不端有可能会隐瞒正确的判断；演讲者既明智又有道德，但却对听众怀有芥蒂，在这种情况下他可能不愿讲出自己的真知灼见。三者缺一不可。

领导者演讲要具备底气，一是敢于宣扬成绩。“没有金刚钻，别揽瓷器活”“敢于亮剑”，努力宣扬正面成绩，紧紧抓住听众的内心。二是勇于承认不足。真正的赢家是敢于自我揭露短处的人，体现了领导者练达的胸襟和非凡的眼界。

演讲的底气来自演讲者的地气。地气来自心中有民。人们印象中的领导人演讲，无一不是恢宏浩大、高瞻远瞩、振聋发聩的。例如美国前总统肯尼迪的就职演说名言“不要问国家能为领导者做什么，而要问领导者能为国家做什么”，至今仍字字千金，掷地有声。领导演讲要接地气，一是要形象亲民。演讲不同于工作报告，其精髓不在理念的灌输，而在心灵的碰撞。演讲者的仪表形象是影响与观众心理距离的重要因素。衣着庄重朴实，让人“望之俨然”，心生敬意；衣着自然随性，让人“即之也温”，心生亲近。这两种演讲形象风格都能加深听众印象，影响听众内心感受。二是语言亲民，用“心”演讲。运用平实、直白的讲话风格，说老百姓能听懂的话，不说套话、空话，不掉书袋，不咬文嚼字，话语平白、务实，贴近现实也贴近民众，做到了以情感人，以史服人，以事省人。这些语言艺术都体现了一个现代政治领导人必备的素质能力。

2. 成功演讲需要才气

才气来自演说技巧。能站在演讲台上侃侃而谈的领导者，大多都是才高八斗，学富五车。那么，为什么不同演讲者的演讲效果又千差万别？这就是演讲技巧运用的熟练程度的差异所致。正所谓“工欲善其事，必先利其器”，对于演讲者来说，要想在台上挥洒自如，收放有度，不善用演讲技巧是不行的。

一是善用开头和结语。优秀的演讲一般有四种开场方式：逸事趣闻开场、用物品引发悬念、令人震惊的事实、涉及听者切身利益的话。相反，精彩的结束语犹如与人话别，能促人深思。一般来说，结尾有三种作用：总结观点、请求采取行动、提出问题引起思考。

二是善用关键字。用富有哲理、高度凝练的语言进行总结，这些关键字、关键词的总结能大大提高演讲者的逻辑性和简洁性。

三是善于“发声”。哲学家尼采有句名言：“对语言的理解不仅仅限于词句，而是连同语句的声音、强度、变化、速度一并表达出来。”对于演讲者声音的强度和变化，观众细心感受便会发现，领导们的声音不同于普通电视讲话时的稳重、低沉，而是高亢、威严，往往放慢语速，并且通过增加停顿、运用排比来达到强调的效果，营造出一种有如“黄河之水天上来，奔流到海不复回”的雄浑气势。语调升降有序，反复表达出自豪、厚重、欣喜、期待等情感，最后将演讲推至最高潮。

四是要有感情投入。一个心理学家曾总结出这样一个公式：“感情表达 =7% 的言辞 +38% 的声音 +55% 的面部表情。”直面听众，首先看到的是脸，听众要通过演讲者的脸部表情来确认内容是否真实。所以，面部表情在表达人的情绪、情感和态度方面，要比有声语言更明确、更有感染力，也更容易被接受。因此，亚里士多德要求演讲者必须通晓具有各种表现形式的人类禀性和美德，通晓人的感情即善于辨识各种感情，描述它们的特征，懂得各种感情的起因和唤起这些感情的方法。

五是演讲内容要出人意料。要达到更好的讲话效果，也许需要一个惊人的事实、一个打动人的统计数字、一个励志故事，或一个强有力的象征或比喻。因为，人们能够记住的信息都是新奇、具体，但又可信的；他们能记住的故事是精心编织且又触动感情的。人们对别人或其他生命的感受总是要多于对抽象事物的感受。但也要避免忽而大喜，忽而大悲，大起大落，一惊一乍，不要把两种相反的情感同时推向最高潮。

3. 人气源自真诚流露

人气来自真情流露。演讲者的灵魂来自真情流露。纵观历史上著名的演讲者，不管是战争年代的军事领袖林肯、丘吉尔，还是和平年代的政治领袖马丁·路德·金和奥巴马，他们演讲成功的终极奥秘，不是气势磅礴的排比，不是浑厚优美的声线，而是直击人心的真情流露。

一是真诚的身体语言。政治领导人演讲中的身体语言不同于其他行业领导人，不讲究手势的夸张、身姿的变换和表情的丰富，而是要通过沉稳、有力的体态向听众真诚地传递自己的思想。在这方面西方的领导人都做得非常出色，演讲时都挺胸抬头，身体重心平稳，做到挺拔，又不显得过于僵硬，没有在胸前抱臂或把手背在后面，给听众亲近亲切感。

二是富有幽默感的表达。演讲要能够给人带来听觉的享受、心理的兴奋、情感的愉悦，离不开幽默感的存在。具有幽默感的演讲就像按摩大师一样，听众哪儿痒痒，就准确地挠到哪儿。勇于表现不完美的自己，也是幽默感的重要来源，运用得当，能够为演讲者在短时间内集聚巨大的人气。

总之，随着下属智识水平的提高，传统的“命令——控制”层级体系、纯粹的物质激励已经越来越难适应组织治理和发展的需要。价值观、理念和梦想的引导，理性的劝导、说服等思维理念机制正逐步构成组织发展和创新的全新动力机制。演讲的力量就在于，通过演讲传递价值观和梦想，最终引领追随者向组织目标前进。

（三）举止藏威

感召和影响他人，需要以了解他人为前提。这时候，身体语言成为解读他人内心的一种密码。领导者通过他人的身体语言解读其心理活动，因势利导，从而更好地影响和带动他人，这也是领导力的重要表现。

哈佛商学院有一项研究显示，在人的事业发展过程中，视觉效应是人的实际能力的九倍。事实上，“看起来就像个领导”，是获取别人信任的第一步。领导者的言谈举止能够表现其态度、性格、情感、意向、风度和气质，对于领导影响力的提升有着重要的意义。

1. 开放型的身体语言

如果身体语言传达出开放的信息，领导者就给人较易沟通的感觉，而沟通是领导力的基础。开放型的身体语言包括：沟通时露出手掌：能给人坦白、诚挚的印象，从而使沟通变得轻松。身体向前倾斜：表现出对对方的关切和接纳。

反之，以下这些身体语言则给人封闭的感觉：抱臂：是常见的封闭型身体语言。当然，抱臂有时是身体疲惫的表现，是一种休息的姿态。但当人们看到抱臂这个动作时，首先会收到负面信息，认为领导者是有意在提防自己。所以，领导者要尽量避免这个动作。驼背：给人闭锁与防卫、愤世嫉俗、孤僻、恐惧之感，同时也不能显示领导者高度的自信。端坐：给人自我约束、不可亲近、拒人于千里之外，不愿迁就之感。如果身体语言给人封闭的感觉，就等于给沟通设立了障碍，这显然是不具有领导力的表现。

2. 均匀而深沉的呼吸

在人的潜意识里面，领导者往往是那些富有能量的人。那么什么样的姿态才能给人富有能量的印象呢？呼吸的姿态虽然因司空见惯而不被人注意，然而，其中却隐藏着巨大和隐秘的影响力。

能量和氧气相关，而氧气和呼吸相关。呼的姿态意味着氧气的耗尽，而吸的姿态意味着氧气的增加。说到这里，追随者就明白了为什么“器宇轩昂”的吸气姿态更具有领导者的姿态，而类似呼气的“佝偻姿态”相反给人缺乏领导力的印象。呼吸的频率也微妙地影响着领导者的影响力。一个内心充满焦虑的领导者的呼吸必然是起伏不定的，这无形中就传递了一种消极的气场；而一个气定神闲的领导者呈现的是一种均匀而深沉的呼吸形态。聪明的领导者会掌握这个规律，通过修炼呼吸提升自己的影响力。

3. 展现威信和自信的身体语言

对领导者而言，不但要有春风化雨般的亲和力，在一定程度上打造让下属敬畏的能力也尤为重要。正如马基雅维利在《君主论》中的名言“一个君主被人惧怕比起被人爱戴，更为安全”，所谓“君子不重不威”也是同样的道理。敬畏力的源头来自领导者对价值观的坚持，通过展示威信的肢体语言可以加强领导者的敬畏力。聪明的领导者会合理运用“强者姿态”使自己的领导力倍增。比如“双臂下砍”的手势被认为是最能强化语言力度的动作，因而被领导们在公开演讲时反复使用。用手搭建塔尖是国外领导者展现威信和自信的一种动作，而紧握拳头也能给下属一种力量的暗示，强而有力的握手是展现领导者力量和亲和力的最常见动作。

4. 避免使用给人负面印象的身体语言

人的肢体语言往往体现了对一些信息或者情景的反馈。除了前文提到的抱臂、短促的呼吸，领导者还要避免以下身体语言，因为这些动作传达出来的信息往往是掩饰、紧张、压抑等负面信息。一般会降低领导者的可信赖感，包括：搓腿或抚摩膝盖、拉开衣领、自我拥抱、触碰额头、触摸颈窝或颈部、手指触碰鼻耳嘴、皱眉、整理头发、揉按腹部、摩挲手背、搓手指、拇指交叉摩擦、转移视线、绷嘴、舔嘴唇等。而抬起下巴、慢眨眼、斜视（低眉）、眯眼睛等身体语言会给人傲慢之感，领导者也要避免使用。

5. 把手放在正确的“肢体语言面”

人的身体分不同的肢体语言面：“丹田”部位上下一掌的部位叫“真实面”，一个人在讲话时把手放在这个位置，会传达出真实可信的视觉信息。而如果要表达富有激情的信息时，领导者要把手放在“激情面”。“激情面”位于胸部和上腹部位置。嘴部上下的部位叫作“公开面”，如果领导者面对一个用手遮住嘴巴的沟通对象，很难想象对方的话能让领导者信服。聪明的领导者会根据要表达的内容，把手放在正确的地方。

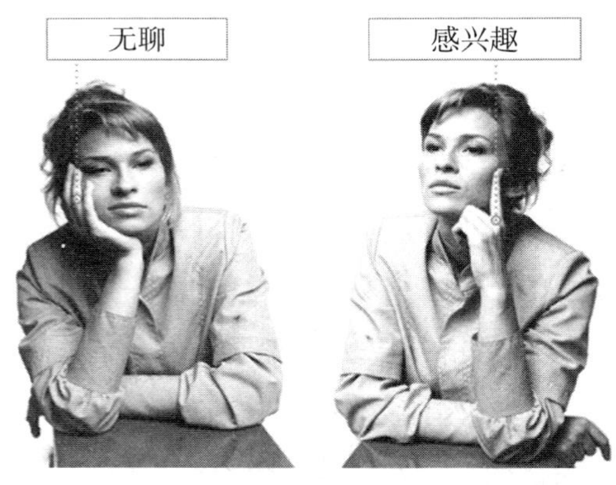

有趣的身体语言

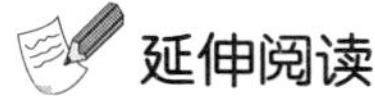

延伸阅读

商界领袖李嘉诚如何请客吃饭

一个月前我去香港，和李嘉诚吃饭，感触非常大。李先生是华人世界的财富状元，也是我的偶像。追随者可以想象，这样的人会怎么样？

一般伟大的人物都会等追随者到来坐好，然后才会缓缓过来，然后讲几句话，如果要吃饭，他一定坐在主桌，有个名签，然后我们企业界二十多人中，相对伟大的人坐在他边上，其余人坐在其他桌，饭还没有吃完，李大爷就应该走了。如果他是这样，人们也不会怪他，因为他是伟大的人。

但是，我非常意想不到的是，人们进到电梯口，开电梯门的时候，李先生已经在门口等着人们，然后给每个人发名片，这已经出乎人们意料——李先生的身家和地位已经不用名片了！但是他像做小买卖一样给人们发名片。发名片后人们一个人抽了一个签，这个签就是一个号，就是人们照相站的位置，是随便抽的。

我当时想为什么照相还要抽签，后来才知道，这是用心良苦，为了追随者都舒服，彼此不分尊卑，否则照相也分割三六九等，肯定有人会不舒服！抽号照相后又抽个号，说是吃饭的位置，原因也是和照相一样。最后让李先生说几句，他说也没有什么讲的，主要和大家见面，后来大家让他讲，他说我就把生活当中的一些体会与大家分享。

然后看着几个老外，用英语讲了几句，又用粤语讲了几句，把全场的人都照顾到了。他讲的是“建立自我，追求无我”，就是让自己强大起来要建立自我，追求无我，把自己融入生活和社会当中，不要给大家压力，让大家感觉不到他的存在，来接纳他、欢迎他。之后人们就吃饭。我抽到的正好是挨着他隔一个人，我以为可以就近聊天，但吃了一会儿，李先生起来了，说抱歉我要到那个桌子坐一会儿。

后来，我发现他们安排李先生在每一个桌子坐 15 分钟，总共 4 桌，正好一小时。临走的时候他说一定要与大家告别握手，每个人都要握到，包括边上的服务人员，然后送大家到电梯口，直到电梯关上才走。这就是他追求无我，同时非常地尊重在场的每一个人，在这个过程中得到充分体现。

于是，所有和他打过交道的人，都会去讲李先生如何好，形成这个意识之后大家都愿意和他做生意，都愿意把最好的机会给他，于是他越来越成功，这就叫软实力。

比如人们在生活中经常看到一些人，做一些事情偶有所得，有点成功，他的自我就会让别人不舒服，他的存在让人感到压力，他的行为让人感到自卑，他的言论让人感到渺小，他的财富让人感到恶心，最后他的自我使别人无处藏身。别人都会避之不及！李先生不一样，他一直在追求无我，修炼自我。我相信李先生的成功，不仅仅是赶上了好的时代，更加重要的是，在他的整个人生中，始终如一地贯彻了一个理念：修炼自我，追求无我！

——冯仑：《野蛮生长》，北京：中信出版社，2007 年版。

二、中西方镜像下的领导形象

受不同文化的影响，中西方领导者在形象表现方面具有一定的差异性。西方领导者重视外在魅力和个性化形象设计，而中国的领导者在形象设计方面比较中庸，讲究“长者之风”“不偏不倚”“中庸为美”，对这两者需要辩证把握。

（一）西方式领导者形象：魅力至上

1. 体育运动中的领导魅力

西方领导者的形象往往是颇具魅力的，而这些魅力与西方社会长期重视体育运动有很大关系。比如知名领导者中钟爱运动的从来就不少。美国总统奥巴马是篮球高手，俄罗斯总统普京精通柔道，高盛集团首席执行官、美国前财政部长亨利·帕森（Henry Paulson）喜欢参与橄榄球运动，甚至风靡世界的管理学教授罗宾斯，都曾经代表美国参加过奥运会的比赛。许多领导者在运动上也照样风生水起，事实上运动精神和领导者的品质之间是存在强烈的关联性的。

2. 运动家品质

几乎所有的领导者都想雇用纪律性强、勇敢果断和富有进取心的人作为自己的追随者，体育运动可以塑造一个人的运动家品质，这种品质恰恰是以纪律性、勇敢性、上进心、抗压能力、合作能力为核心的。这些特质对于在当下市场上获得成功是至关重要的。奥运冠军、安永女运动员商业网络顾问唐娜·瓦罗纳（Donna de Varona）是这样形容的："如果领导者在参加某篮球队选拔时，第一场比赛还没打完就中途退出；或者领导者仅仅因为个人原因不喜欢某位出色的队员，就不传球给他；或者不愿意花额外的时间来提高自己的弱项，那么领导者都不可能走得很远。"NBA 著名教练波波维奇也把一个运动员的性格看成是决定其职业高度的重要因素，甚至在选拔队员的时候"以性格品质为先"，把一帮资质平平的队员最后带到了总冠军的高度。体育会锻炼一个人成功所需的各项素质，这正是领导者都青睐于雇用体育健将的原因。高层领导者倾向于雇用擅长运动的女性，因为他们相信，当压力降临在这些追随者身上时他们不会轻易退缩。

3. 练就全方位的魅力

西方领导者的魅力不仅仅体现在身材、外貌和仪表上，更是一种全方位的散发。困难时期，人们对领导者的要求不仅仅包括才智、品行，人们还希望领导者能颇具号召力，激发出人们的紧迫感——也就是具有超凡的领袖魅力。根据两位心理学家提出的进化理论，领袖魅力是指能让追随者信服的能力，在一个较大的团队中，有魅力的领导者有能力得到队内其他成员的配合。研究者发现，接触这种气场强大的人能让人变得慷慨大度：相比于一般演讲者，观众听完充满号召力的演讲之后，会给陌生人捐助更多钱。而想到充满领袖魅力的人，通常也更可能让人协助素不相识的路人。

当人们不太了解某位领导的履历时，最容易受其个人魅力的影响。在一项研究中，受访者观看了几则虚假的新闻报道，其中对于某位经理的魅力高低、公司股价涨跌或持平情况评价各异。看完后，由受访者决定该经理是去是留。结果发现，在具体业绩并不明确的情况下，个人魅力能让经理脱颖而出。研究者还将演讲纳入了领袖策略的研究范畴——内容涉及讲述故事、传达道德信念、设定崇高目标等，评判了往届总统候选人的魅力。结果显示经济指标不明晰时，候选人的领袖魅力与得票率密切相关。比如美国前总统克林顿，被公认为美国历史上最具个人魅力的总统之一，即使在从政生涯的后期出现了个人私生活丑闻，但并没有从根本上颠覆人们对他的认同。

领导者魅力的另一秘诀是保留一丝神秘感。有研究表明，若领导者的成功更多是由于无形因素（“敏锐的洞察力与远见卓识”）而非实际努力（“忠诚以及加班”），人们通常会认为其更具领袖魅力。相比于兢兢业业的领袖，人们更愿意拥护一位个人气场强大的领袖，也更喜欢他的幸运魅力，仿佛他的这种魔力能感染到每个人。

4. 领导魅力的反面

20 世纪 30 年代，美国总统罗斯福提出愿景，欲救万民于大萧条的水火中；第二次世界大战时期，发出“永不妥协”坚定声音的丘吉尔；长征时期，为在黑暗中摸索的中国红军指明前进方向的毛泽东。这些都是领袖魅力的正面例子。

但是，领袖魅力也有其黑暗的一面，那就是领导者个人魅力一旦超出一定的范围，就会使领导者丧失自己的理智。那些魅力型领导者认为比生命还要高贵的东西，并不是他们治下组织的最大利益。他们往往按照一己之好恶使用权力重构组织。他们通常会混淆个人利益和组织利益的边界。以自我为中心的领导魅力最大的危险是，领导者允许自己的利益和目标凌驾于组织的目标之上。此外，魅力过剩的领导者往往会丧失“听”的能力，由于无法忍受批评意见，领导者身边只有逢迎谄媚之徒围绕，他们通过取悦领导获得恩赏，并形成一种不良氛围：即便下属认为领导犯了错，也不敢质疑或者挑战“王者”的威信，这也是诸葛亮在《出师表》中反复提到的“亲贤臣、远小人”的重要性，但是许多帝王明知道理却还是不能躬行。

过度的魅力会让领导者蒙蔽双眼，扼杀批评意见或者反对的观点，认为自己的决策洞察力比他人优越许多，对他人的需求变得不敏感，他们变得自我、自恋、善于操纵别人、冷酷无情；但同时又披上了自信、有内驱力、善于沟通、富有吸引力等有正面魅力的伪装，这种伪装变成了自我利益驱动的强力催化剂。

领导者魅力的边界在于，是否把组织和下属的成功凌驾于个人的成功之上。国外有一项对 29 家从优秀走向卓越的公司的研究发现，这些公司都没有以自我为中心的魅力型领导人。虽然这些公司的领导者也有很强的进取心、驱动力，但他们的进取心是指向公司而非个人的。尽管他们取得了非凡的成就，但却罕见其高调炫耀。他们对公司的错误和败绩承担责任，把成功的荣耀归于下属。他们无视个人的目标，代之以建立伟大公司的目标。这项研究非常重要，因为它证实了领导的有效性无须领袖魅力，尤其是不需要极度自我的魅力。

（二）中国式领导者形象：朴实厚重

明代的吕坤在其著作《呻吟语》中提到，对于鉴别人才来说，深沉厚重是第一等资质，磊落豪雄是第二等资质，聪明才辩是第三等资质。这反映了中国传统的选材导向。“深沉厚重”的领导者在形象塑造上，自然也注重给人留下踏实稳重，不事张扬的仪态和举止。

中国式领导者向来以良好的形象示人，这肇因于喉舌媒体对官员形象的刻意营造。因此，大凡官员无论大小，都是四平八稳的君子形象，比如在衣着上，大都深色夹克加白衬衣，很少有出格的衣着，俨然是道德的标杆和正义的化身。上海社科院曾发布了一个“中国官员亲民形象调查”，并对“如何提升亲民形象”给出建议。该调查将亲民形象确定为两个侧面：内在形象和外在形象，它们各包括4个指标。内在形象指标分别是牟利形象、呼声形象、导向形象及公仆形象。外在形象则包括距离形象、语言形象、情感形象和可亲形象。调查在上海通过网络问卷形式进行。

调查结果显示，中央级官员综合得分显著高于县市级和省（直辖市）级官员。在亲民形象的8个指标中，总体而言，“内在形象”得分高于“外在形象”得分。中央级官员的“内在形象”得分显著高于县市级和省（直辖市）级官员，在外在形象方面三者差异较小。对于亲民的具体方式，调查显示，最受欢迎的是“直接回答老百姓的提问并进行直播”，得分为4.17分（满分5分）。“坐经济舱”“以普通人身份到餐厅就餐、到商店购物”等相较其他方式也更受欢迎。有趣的是，“光膀子秀肌肉”“戴墨镜扮酷”这种偏个人色彩的西方式“亲民秀”在本次调查中最不受欢迎，得分分别只有2.57分和2.34分。

从这个调查可以发现，作为扎根中国的组织领导者，在形象塑造方面要尽量保持低调、克制，不能盲目地学习西方领导者的形象设计，不能与人民大众产生过大隔阂，更不能为了标新立异而过分突出自己的个性。仪貌庄敬、深沉厚重、不事张扬才是一个中国式领导者应有的形象。但这并不是要求中国的领导者丝毫不露个性。长期以来，我国领导干部在公众心目中的形象比较模糊单一、脸谱化，思考问题一个框子，讲话一个调子，衣着也固守一种风格，领导形象缺乏个性。改革开放以来，随着思想解放、观念更新，这一状况有所改变，不同的形象和个性的领导，给政坛带来一股清新的风，让人耳目一新。优秀的领导者，总是能够充分运用广阔的舞台展示自己的魅力。

（三）新时期领导形象的塑造与提升

不同社会、历史时期的领导者由于所处时代的政治、经济、文化等因素的影响，其形象必然会打上鲜明的时代烙印。原始社会，由于生产力水平低下，人们征服自然、改造自然的能力十分有限，部落首领由各级议事会民主选举产生，虽然没有实质性的权力，但必须身体强壮，体形魁梧，勇敢善战，是最好的猎手，同时讲究道德、分配公正，凭借自己的威信和经验得到全体成员的崇敬。比如来自密西西比河源头的原始人，选出的部落首领第一个责任是照看好寡妇和孤儿；第二个责任是和平的维护者，即在任何集团争吵时都以调解人的身份出现。

可见，这时公众喜欢和接受的领导形象是能保护氏族成员利益，并为公众公平服务的人。到了近代资本主义社会，随着科技进步，生产力高度发展，各种利益争夺日益复杂，领导形象已不再是象征性的和仅仅局限于道德的楷模，而必须具有较高的文化修养，有极强的谋划能力，能够很好地控制各种局面，出色地协调沟通，这样才能完成组织赋予的使命。革命战争年代，在残酷艰苦的环境中，人们对领导形象的要求是根据革命任务和目标来确定的：对党忠诚，对劳苦大众怀有深厚的感情，能领兵打仗，对敌斗争坚决，一身凛然正气。到了社会主义建设时期，人们的任务已由革命转变为组织好经济建设，与这一目标相适应，领导者必须了解经济运行规律、能组织会决策、具有较高的文化水准等。

新媒体时代，受到现代政治传播学的影响，对领导形象的要求更加全面严格，从内在品质、人格魅力到工作能力水平，从服饰、体形、容貌到举止行为，从行事风格到讲话演讲，都进入了公众视野。所以，在为领导形象定位的时候，必须对领导所处的时代精神有清醒准确的认识，号准时代的脉搏，寻找稳固的现实基础。这样的形象设计，才会对领导者具有实践指导意义。

领导者在领导活动中，在与人打交道的过程中，自始至终都是在舞台上，一言一行、一举一动都在众人眼中，被他人评价着。在这个意义上，领导者时刻都在推出自己的形象，但从领导者形象建设着眼，又要注意推出时机和手段。

1. 注意推出时机

在众人瞩目的“焦点时刻”，是领导者推出自身形象的绝好时机，如大型会议、庆典活动、施政演说、接受采访等。这时恰如电视台的“黄金时段”，会收到事半功倍甚至轰动效应。为此，要做充裕和精心的准备。此外，在危机到来的时刻，比如重大灾情、重大事故等时刻，领导者一定要挺身而出，并做好充足的准备，向世人展示一个沉稳、有力的领导者形象。

2. 注意推出的方式

领导形象推出的方式很多，这要视领导者自身的特点、能力而言，扬长避短。领导者各有所长，如善言辞、善交际、善娱乐、善体育、善写作、善书法等，都要在适当时机“露一手”。

与新闻媒体打交道是领导工作的一个重要方式，公共部门领导者必须借助新闻媒体的优势开展工作，迅速、真实、大范围地在公众中树立、传播良好形象。

3. 领导形象的维护

“形象是易碎品”，经过精心塑造和推出之后，领导者的形象还要不断维护和创新，如果以为一劳永逸，那就错了。领导形象容易受到伤害，偶一疏忽，就可能“打碎”形象，自毁形象，而且人们往往把领导者在表现不当时的举动看作领导者的本来面目，而不会把领导者精心设计的形象当作真实、真正的领导者。比如说曾经被网友们诟病的“表哥”“微笑哥”

杨达才就是典型的反例。

所以，领导者要注意维护自己的形象，要像珍惜生命一样珍惜自己的形象，“时时勤拂拭，勿使着尘埃”。领导者形象的塑造是一个系统性的工程。它需要领导者不断认识自我，并且通过各种不同的途径去提高自己在下属乃至于整个组织中的形象。

延伸阅读

不可貌相的印度圣雄——甘地

其貌不扬的圣雄甘地

甘地其貌不扬，个子矮小，体重只有52公斤，身上总是只缠着一块自己纺纱织成的土布。他曾在1931年就这样去见英王兼印度皇帝；在1947年也是这样去和印度副王进行有关印度独立的谈判。当时的副王蒙巴顿勋爵打量着他，觉得“他简直像一只小鸟，一只蜷缩在沙发里的可怜小麻雀”。甘地看上去绝不像一只雄鹰。

甘地从小就是个矮小、消瘦、多病的孩子。上学时他是个困难生，觉得作业很难做。他羡慕那些高大、健壮的男孩，他们是板球、体操这类运动项目的高手，而甘地在这些方面都很差劲。他鼻子大得让人觉得难看，他号称是“世界上最丑陋的人”。在 13 岁时，受父母之命，他与一个同龄女孩结了婚。后来甘地变成了一个猜疑、专横的丈夫，不许年轻妻子去任何地方，可又说与她在一起乏味无聊。

在英国，甘地的目标是成为一个英国人。他穿着西式服装、学跳交谊舞，还学过一段时间的演说课程，但最终断定自己成为英国人的努力是徒劳的。取而代之，他花费大量的时间参与各种各样的素食活动，这一点“实际上让无论是印度人，还是后来他了解的英国人，都愤怒不已”。

在伦敦 3 年之后，甘地回到了印度，首先在拉杰果德（Rajkot）开办了一家律师事务所，后来搬到了孟买。他终于接到了一件案子，但站在法庭上时，他一个问题都想不出来。他只好坐下，让一位同事来辩护。此后，他就没能再接到任何案子。

可见，甘地没有丝毫魅力可言。他长相不吸引人、举止不优雅、不够机智。私下里，他固执得让人恼火。在大庭广众之下，他害羞得说不出话。当律师时他甚至不能养家糊口。即使那时，在他眼中仍然流露出了“无限的悲伤”，也没有记载说当时人们就看到了这一点。

就是这样一个普通的人，这样一个谦虚和朴实的人，却创造了一个奇迹，正是由于他的精神和不懈工作，感召和引导着印度人民通过几十年不屈不挠的非暴力斗争和不合作运动，终于从英国人手中赢得了自己国家的独立。也正是他的精神，给迷茫和狂乱世界带来了一种希望，一种光明。他是值得印度人民骄傲的——他们在 20 世纪向世界贡献了一个甘地。

——［美］埃里克森：《甘地的真理》，北京：中央编译出版社，2010 年版。

C H A P T E R 0 5

第五章

领导威信之能——技能为术

“工欲善其事，必先利其器。”领导威信不会自动地成为追随者认同的影响力，领导者必须通过一定的领导技能来传递自身的威信，可以说，树立领导威信的武器就在于掌握领导技能。领导技能通常是指其聪明才智和工作能力，包括观察能力、创新能力、表达能力、决策能力、组织能力、沟通能力等。从理论上来说，领导者必须要具备以上多种综合能力，才能把握全局，做出科学的决策，取得卓越成效。在现实领导工作中，下属们也都敬佩那些兼具才华和气质的领导者，乐意为其工作，而娴熟领导技能和高超领导艺术会让领导的魅力更为充分地散发。

领导技能也有“看得见”和“看不见”之分。“看得见”的领导技能体现在领导者发布命令、发表演说、统筹协调的过程中，这些技能对于领导威信的施与有着重大的意义，能让追随者直观地感觉到领导者的影响力；“看不见”的领导技能则是更高层次的领导艺术，正如《道德经》所言，“国之利器不可以示于人”。高层次的领导技能也不是“做”给追随者看的。相反，“看不见”的领导技能是通过文化的传递、情绪的感染、士气的提振融入追随者的血液之中，让追随者在不知不觉中与领导者保持一致。这是领导者应当追求的境界。

本章提出了树立领导威信，在领导技能方面要注重理顺“四大关系”，同时好的领导者要善做追随者的“观世音菩萨”。

一、树立威信要理顺“四大关系”

领导者施加威信影响力的过程就像是在烹饪一道菜品，不管食材有多么地新鲜，调料有多么地丰富，但如果没能把握好火候，这道菜怎么也不会成功。树立领导威信，一定要将以下四个方面的“火候”把握好。

（一）距离的亲与疏

1. 距离的张力

不管是在等级文化盛行的东方，还是在崇尚平等自由的西方，领导者和追随者之间保持适当的距离都是必要的。正如戴高乐将军所言，“仆人眼里无伟人”，再英明的领导者，都有其弱小、敏感、伤痛的一面，如果所有方面都与追随者亲密无间，领导者的威信就无从树立。

这一特点在领导科学和心理学研究中都被广泛印证。斯坦福大学心理学家黛博拉·格伦菲尔德认为，领导者须有效管理威信感和亲和感间的张力。为树立威信，领导者须凸显自身的知识、经验和技能，并与追随者保持适当距离；为培养亲和力，领导者应主动与追随者建立关系、尊重他们的工作方式和个性，做事要有同理心和人情味。而普通的领导者则倾向于走极端，难以在这种张力中保持平衡。在领导科学领域，国外许多学者也对领导者与追随者之间的亲疏关系进行研究。乔治－格雷恩曾就领导者与追随者关系提出了关于领导者与成员交换的模型（LMX 模型）。该模型认为，领导者和不同追随者的个人关系有所差异，那些和领导者关系密切的追随者被称作圈内人员，其他人则属于圈外人员。圈内追随者因比圈外追随者得到更多的信息、关注、信任、支持以及晋升机会。作为交换圈内追随者将会对领导者忠心，支持领导者的决策，工作上更加卖力，因此绩效和满意度也会比圈外追随者高。相反领导者与圈外追随者的关系仅限于正式工作关系，双方缺少沟通，同时领导者会认为圈外追随者的能力和动机都比圈内追随者差。这个研究从侧面反映了领导者与追随者之间的距离对二者关系的影响。

2. 亲疏者与疏亲者

在实践中，领导者又该如何把握与追随者之间的距离呢？一个比较重要的原则是："亲疏者，疏亲者。"何谓"亲疏者"？就是与自己心理距离小（亲密）的人要适当保持距离，用"君子之交淡如水"的方式进行交往。亲则黏，疏则怨，黏易出绯闻，怨易结冤仇。与自己亲密的人，要适当疏远他，这样关系才能长久，也不会让外人看来有"结党营私"之嫌。尤其是对于公共部门的领导者而言，特别要小心与"身边人"——秘书、司机、下属等"亲者"保持适当的距离，防止发生身边的权力腐败、权力寻租的现象。何谓"疏亲者"？就是心理距离大（疏远）的人，领导者要主动试以亲近并宽容地对待，这样才能保持领导和追随者关系的健康发展。与领导者关系疏远的追随者，从内心上对领导者是抱有敬畏甚至是畏惧心态的，如果领导者能够礼贤下士，以温和的态度主动示好，那对于这些追随者来说是莫大的感动。比如我们经常看到许多国家领导人，能够与最基层的人民群众谈笑风生，尽显公仆本色，这就是对与自己距离远的人表示亲近的力量。纵览历史上那些成功的领导者，如战国时期的魏文侯、西汉的刘邦、唐朝的李世民等，都具有一个特点，那就是能与社会底层的民众打成一片，甚至成为好朋友，这在封建王朝时代是难能可贵的，也正体现了"疏亲者"带来的巨大影响力。

（二）尺度的严与宽

《左传·昭公二十年》曾写道，"政宽则民慢，慢则纠之以猛，猛则民残，残则施之以宽。宽以济猛，猛以济宽，政是以和"，认为政治的成功在于政策的严与宽的尺度要把握好。治国如此，领导下属也是如此。领导者必须把握好严与宽的尺度，才能让威信发挥出最大的影响力。

1. 先严后宽

通达人性的领导者应当把握这么一个事实：由好入坏易，由坏入好难是人性的一个基本特点。比如“由俭入奢易，由奢入俭难”“宁可规之以严，不可纵之以宽”就印证了这个道理。领导威信也是一样，“由严入宽易，由宽入严难”。领导之处对下属严厉些，然后在适当的时候展示宽厚，会使下属称颂领导的仁德，如果相反，一开始宽厚，以后越来越严厉，正好比由富入穷，必然会导致人人怨恨。

从心理学的角度很容易理解下属的这种心理感受。心理学的“近因效应”认为，当人们识记一系列事物时对末尾部分项目的记忆效果优于中间部分项目，这种现象是由于近因效应的作用。前后信息间隔时间越长，近因效应越明显。原因在于前面的信息在记忆中逐渐模糊，从而使近期信息在短时记忆中更为突出。

事实上，下属对“严”和“宽”的感知受两方面的影响：一是发生的时间；二是事件的重要程度。特别是后者，如果领导者平时对细节要求严格，但是在关乎下属切身利益的大事上展示出宽厚，下属自然会深受感动，忘却严苛。反之，倘若领导者对小事太过放纵，给人留下粗枝大叶的印象之后，却在下属的薪酬、晋升等重大问题方面墨守成规，过于严苛，那么会让下属感到失望甚至心寒。历史上最著名的案例莫过于西楚霸王项羽。根据《史记》记载，大将韩信评价项羽“项王见人恭敬慈爱，言语呕呕，人有疾病，涕泣分食饮，至使人有功当封爵者，印刓敝，忍不能予，此所谓妇人之仁也”。意思是项羽虽然能够对下属慈爱，生病时甚至能为之哭泣，但是涉及分封爵赏等重大利益问题时，却异常小气，这就是项羽在楚汉争霸中失败的性格根源！

其实，人人都习惯于先严后宽。做领导要吃准这火候，如果一开始就严格要求，将来就有宽容处事的空间；如果一开始做好好先生，那么以后制度就没法执行了，行为空间也会特别小。所以，刚开始的时候要求要严格，措施要严厉，随着时间的推移，可以适当有所缓和，个别条款可以有所放宽。这个策略就叫作“先严后宽”。

2. 智严愚宽

“严”与“宽”的尺度艺术还体现在“智严愚宽”上，即对上等才智、责任重、位置高、有发展前途的下属要求严，对中下等才智、责任轻、没有太多发展前途的下属宽。为什么呢？上等才智的人最有前途，最容易被塑造成栋梁，对他们的稍加点拨就能获得巨大的育人功效，而且他们本身往往已经身担要职，属于中流砥柱，再加上这种下属往往能力强、水平高，要求严格了也能理解、能完成，还会感激领导的栽培，所以对他们的要求一定要严格、具体、明确。

正如孔子所言，“中人以下，不可以语上也”，对一般的下属，特别是那些没有什么发展前途、无足轻重的下属，则没有必要投入过多的关注。要求多了，他们不但做不到而且不理解，会闹出很多乱子的。

“上严下宽”并不是领导者主观臆断出来的领导技能，而是有一定的理论基础的，是19世纪末20世纪初由意大利经济学家巴莱多发现的。他认为，在任何事物中，最重要的、起决定性作用的只占其中一小部分，约20%；其余80%的尽管是多数，却是次要的、非决定性的。许多世界著名的大公司也非常注重二八法则。比如，通用电气公司永远把奖励放在第一，它的薪金和奖励制度使下属们工作得更快、也更出色，但只奖励那些完成了高难度工作指标的下属。摩托罗拉公司认为，在100名下属中，前面25名是好的，后面25名差一些，应该做好两头人的工作。对于后25人，要给他们提供发展的机会；对于表现好的，要设法保持他们的激情。

在“二八”法则的启示下，领导者应当把更多的精力和更为严格的要求施加在对组织最重要的 20% 那部分人身上，因为这些人对组织的绩效有着决定性的作用。然而，现实中许多领导者仍然只对“会哭的下属”表示关注，甚至投入了大量的时间和精力来处理与此类下属的关系，但对真正创造价值的核心下属却减少了激励与认可，最终形成了组织中“激励倒置”的情况。

因此，领导威信的施与要“因材施威”，对核心人才严格要求，多加鞭策，促其成长，对非核心人才保持适度关注和宽容，唯有如此才能在组织中树立正确的激励导向。

（三）手段的赏与罚

司马光在《资治通鉴》中曾将三件事情作为领导者的必备武器；一是“官人”，也就是将合适的人安排在合适的位置上；二是“信赏”，也就是按照预设的制度和承诺进行赏赐；三是“必罚”，就是作为领导一定要讲究“罚必果”。善于利用赏罚等激励约束手段开展工作，是领导者的必修课。这就要求领导者在进行奖罚时奖要奖得眼红，罚要罚得心疼，但一定要一碗水端平，让追随者心服口服，才能充分调动起追随者干好工作的积极性。

1. 赏罚要明暗分开

赏罚的本质是一种激励手段。激励可公开进行或暗中交易，两者都以正当而合理为适宜。暗中激励不失正当，才是正途。凡是追随者个人比较公道正派，业绩出色，能够服众，不易引起众人反感，可公开激励，目的在获得追随者良好的响应，以扩大影响。若是对追随者的评价见仁见智互异，可又非奖赏不可，便可暗中进行，以减少误解或不满。追随者有些行为，例如维护组织信誉而与人产生冲突，一般私底下进行奖赏，因为这种行为是组织不鼓励也不禁止的，公开奖励就成了组织行为，容易引起效仿。牵涉到个人荣誉的，可以私下激励；组织或团体荣誉，可以公开表扬。

2. 赏罚刚柔要并济

用刚硬的方式来激励，多半建立在利害的基础上。以柔软的方式来激励，则偏重于情谊。“柔”不表示胆怯怕事，也不是推、拖拉、敷衍了事。“柔”是用真诚用爱心来感应，用柔性的艺术让下属迸发出“士为知己者死”的强烈意愿；“刚”是一种果敢的作为，具有短时间的爆发力，用作非常的手段可以达到良好的效果。刚硬之后，如果再以柔软来安抚，更能得人心。不可存心杀一儆百，因为人心惶恐并不能给组织带来长远的好处，历史上许多事例也证明，杀一儆百并不能起到深远的效果。从程度上看，如果无法拿捏处罚的程度，最好“疑罪从轻”，不宜轻率冤枉一个好人，这样能达到“惩前毖后，治病救人”的教化目的；如果无法拿捏奖励的程度，最好“疑赏从重”，比下属心理期待的奖赏稍微多给一点点，更能够俘获下属的心。

3. 赏罚要动静结合

动静不是两种相反的状态，动中含有静态，静中也有动态。追随者工作的过程多半比较引人注意，而工作之外的企划，准备及沟通、协调，则容易被忽略。领导者不可由于自己看得见的动态便加以重视，却对自己看不见的静态予以轻视，以免厚此薄彼，招致不满。高明的领导者往往能够洞察到那些幕后工作者所付出的隐形的工作努力及成效，对他们给予及时的奖赏和认可。对于动态激励，必须掌握时机，把握重点，以配合活动进行。静态激励，可定期或不定期在结束或过程中，指定专人或由某人交互实施。无论动态、静态，都要给予合理的激励，领导者要使追随者明白动态、静态各有其贡献，并无轻重之分，因而分别努力，共同朝向目标。动态应注意机动配合，静态要普遍照应。正如《孙子兵法》所言，“凡用兵者，以正合，以奇胜”，赏罚也是如此，静态的赏罚只是“正合”，要想达到或者超过预期的激励效果必须善于出奇制胜。

4. 赏罚要大小并重

中国传统有深刻的血缘和圈子意识。罚遇亲贵，很容易造成枉法；赏遇微贱，也常常流于刻薄。大小兼顾，才能够赏罚平衡，做到赏当其功，罚当其罪的地步。罚要向上追究，不论地位如何高贵，有过失就不能掩饰或开脱。赏应遍及基层，地位再低微，有功就不能忽视或遗漏。当前我国乡镇等基层单位就面临着激励机制不健全的弊病，其实质就是对基层干部的奖赏激励不足，但惩罚追责却非常严重，这给基层的建设带来了极其负面的影响。小并重，赏罚明快，才具有激励效果。大功劳要隆重，以示礼遇。小功劳也要重视。因为轻忽小功劳，追随者就会希望夺取大功，以致小问题缺少注意，势必酿成大祸害。大事应予特别奖励，小事也宜合理奖赏。职位高的，固然要礼待他，职位低的，更不宜轻视他，以免引起反感。

（四）施与的收与放

很多从事管理的人都知道，授权是提高人们自主性、发挥创造力的方法。授权是对威信的挑战，是对控制的突破。授权是一种有效的领导方法，基于一种充分信赖的心态，对自己、对他人缺乏信赖的人，不会采取授权的领导方式，而是将权柄牢牢抓在自己的手中。

而这种授权还必须有效，所谓有效是在于授权者有策略，既相信被授权者的品格与能力，又相信自己能够处理授权带来的所有问题和任何意外，归根结底，是对自己的信赖。反之，无效授权会浪费资源和时间，甚至可能产生风险，形成危机。

在传统的组织中，领导者一言九鼎，威信不可动摇，上下属不管是否同意都只能逆来顺受，努力取悦上级以换取认可和奖励，保住职位。一些有思想、有主见的下属则不甘心这种逆来顺受和团队氛围，愤而离开了组织。因此，团队创造力逐渐萎缩，新的可能性就被框定在一个狭小的范围，“千里马”永远也不会跑出来。

通过有效授权，领导者将庞大的组织目标轻松地分解到不同人身上，同时将责任过渡给更多的人共同承担，让团队每一个职员更加有目标、更加负责任、更加投入、更有创造性地工作，产生“四两拨千斤”的巨大力量和“九牛爬坡，个个出力”的协作精神。

此外，通过有效授权，组织减少了控制，摆脱了依从，领导者从权力的烦恼中走出来，被授权者增加了自主性，感受到了责任感，提高了工作的能动性，增强了自我管理能力，获得了更快的个人成长。有效授权为组织带来了较高的激励水平、高效率的团队和优异的业绩。

领导者应该着力于让自己看清权力的本质，引导和鼓励权力拥有者大胆实施有效授权。有效授权其实是有技巧的，其中最重要的就是根据下属的成熟度选择授权的力度。

1. 要授权必先择人

正如西方领导权变理论所推崇的观点，“领导者需要根据下属的成熟度来进行授权，选择自身的领导风格”。授权之前必须考虑把权力授予正确的人，这样才不会使得权力滥用。要以良好的心态对待人才，这要求领导者做到随时准备重用有才能的人。很多时候之所以发现不了人才，并不是因为人才太少了，而是有才能的人不知道到哪儿去表现自己的才干，不知道谁才是真正的领导者。一旦他们知道有求贤若渴的领导者，他们自会毛遂自荐。

一是领导者要审视自己的求贤之心是否真诚。很多领导者只是迫于组织的压力或市场经济的潮流而不得不采取一些姿态来表现自己在寻找人才，其实他根本没有真正想发现人才、任用人才的心态，甚至会担心新人才的到来会遮住自己的光辉，夺取自己的权力，威胁自己的利益。这是领导者首先应注意的，不要走入这样的误区。

二要看自己是否找对了地方。一般来讲，组织可以到三个地方寻找有用之才：组织内部、组织外部、专业人才培训机构。许多管理学研究者都有这样的观点，即组织应首先从内部选拔人才。这一方面是因为组织内部的人才比较熟悉组织情况，容易投入工作，“外来的和尚好念经”并不是一个永恒的真理，特别是基层的、一线的领导工作，最好从内部提拔领导者；另一方面，从组织内部选拔人才还可以起到激励组织成员的作用。

三要确立客观的人才评价标准。选拔人才必须要有标准可循，才能正确衡量一个人的能力。所以，组织制定的人才选拔标准有时候能决定组织是否能找到人才，找到什么样的人才。组织在制定标准时，常见的妨碍人才选拔的误区有：完美主义倾向。有些组织在寻找人才时，往往想要找到“全才”，这就陷入了“完美主义”误区。完美的标准会妨碍组织发现尽可能多的人才，因此领导者在选拔人才时，标准应该适度。招聘一个全才一来很有难度，二来需要支付的代价过高。

其实人无完人，尤其是在现代社会分工高度发展、知识专业化的情况下，组织制定的选人标准也必须体现专业和分工要求，即使是统率全局的人才，也是有所长有所短的，若不如此，组织就只能唏嘘这世界上没有千里马了。但如果标准定得太低，就走进了选拔人才的另一个误区：委曲求全。标准太低等于不定标准，符合条件的人数太多，组织就无法找到真正合适的人才，那么这个标准本身也就毫无价值了。急功近利倾向，这是领导者最容易陷入的一个误区。

2. 授权给聪明人

在面对“专家型下属”的时候，领导者更要善于授权。优秀的领导选择相信自己的下属，并放手让他们去做好自己的本职工作。很多时候下属就是因为觉得不被信任，没有独立完成工作的权限而离职。当领导做出以下行为时最容易导致这种情况发生：事无巨细地管理整个项目，而不是在向追随者交代清楚任务后就选择放权离开，去做领导该做的事；火急火燎地推翻追随者的最初决定，并且独裁般地替别人做决定。

长此以往，聪明且优秀的下属就会觉得自己毫无发言权，只能离开。即使留下来，也可能会开始怀疑自己的能力，逐渐丧失自己的自信心。因为他们已经开始习惯于等着别人来为自己做决定。这两种情况对于领导者来说都不是好事。

有效授权不等于放权，并不是说将权力授给其他人后，领导者可以撒手不管或者对局面失去控制与把握，如若那样，则不是有效授权，而是盲目放权。盲目放权可能给组织带来混乱。因此需要在授权的同时，有严格的监督机制，以检视权力运用情况，从而使授权更加有效。领导者的掌控力不是靠权力，而是靠自身的影响力。通过有效授权使自身的魅力不断加强，影响力不断扩大。从这个意义上讲，授权是成就别人，也是成就领导者。

有效授权不同于委派，委派是以命令和说服为主，只是委派任务和目标，对方的责任不强，也缺乏主动性。有效授权的核心是授予对方责任和主动权，让被授权者有创造的空间，能采用自己的方法去完成目标。授权是有效地将一部分工作转交给他人，是一个双向过程，需要信赖与沟通，最重要的还是心态，领导者要有伯乐之心，相马之术，授权才能最有效。

虽然让一个领导者适时放弃领导权很难，但要明白“放权不是放养”，领导暂时的放权并不意味着他可以在团队面临危机时熟视无睹，任由他人处理。无论是进是退，都该在自己的掌控之中，包括掌控让谁来成为第二个领导。

延伸阅读

罚上立威与赏小立信

齐国的大军事家司马穰苴是在齐国处于危难的时候走上历史舞台的。齐景公时，晋国、燕国入侵齐国，齐国的军队吃了败仗。危急时刻，贤臣晏婴向齐景公推荐了司马穰苴，说他“文能附众，武能威敌”。于是景公召见了穰苴，并被他的才能折服，决定任命他为将军，带兵迎击燕、晋的军队。

得到景公的认可以后，穰苴并没有得意忘形，他首先想到的是自己在部队中的威信问题。他很诚恳地对齐景公说：“我出身卑贱，您把我从平民提拔上来，让我的职位在大夫之上，这个时候，士卒难以接纳我，百姓不信任我，我实在是人微权轻。为了方便开展工作，希望您能派一个地位比较高的宠臣来做我的监军。”景公很高兴地答应了，派了庄贾做监军。

景公哪里知道，这其实是穰苴的一个计策。庄贾做梦也没有想到，自己已经变成了司马穰苴的一个棋子，性命难保。

司马穰苴与庄贾约定：“明日日中在辕门相会。”第二天，穰苴提前到达。但庄贾平日骄纵惯了，一直到傍晚才来到军中。穰苴质问他：“为什么迟到？”庄贾轻描淡写地说：“亲戚和朋友来送我，所以耽误了一下。”

穰苴慷慨陈词道：“作为一个将领，接受了任务就要忘记自己的家，执行军法就要忘记感情，冲锋陷阵就要忘记个人安危。现在情况危急，大敌压境，你怎么敢随随便便就因为个人的事情而耽误军务呢？”于是召来管军法的人将庄贾斩首示众。

景公派遣使者来救庄贾，车马奔驰进入军中。穰苴威严地问管军法的人：“在军中跑马，按军法该如何处置？”管军法的军官回报说：“当斩。”

穰苴说:“君王的使者不可杀。”于是就把使者的仆人斩了，砍断了左边的夹车木、杀死了左边驾车的马。此举一出，三军震撼，再没有人敢瞧不起新任统帅司马穰苴了。

要树立威信，最高效的手段就是通过处理一个典型来镇服众人。这个典型应该是一个什么样子的人呢?司马穰苴给了人们一个很好的答案——这个人必须是有地位有权势的人。罚下不能立威。新官上任当天就把门口看自行车的保安给骂哭了，这根本起不到树立威信的作用，相反只能被追随者嘲笑。只有处罚有足够分量的对象，才能有成效。威信威信，有威还要有信。如何树立信用呢?秦国的商鞅变法给了人们一个很好的借鉴。

战国时期，秦国商鞅准备变法，公布法令之前，担心老百姓对法令没有足够的信任，于是就使用了一个很有效的小技巧。他让人在南门立了一根三丈的木杆，公告说如果有人能把木杆移动到北门就给予十金的奖励。老百姓觉得移动小木杆就给金子，这个事情很奇怪，没人敢动手。商鞅就把奖金增加到五十金。后来有个人把木杆移到了北门，真的当场就得到了五十金的奖励。于是追随者对商鞅信心大增，对他提出的主张、下达的指令都格外信服。

这个策略叫作“赏小取信”。赏大不取信，必须要赏小。人们的心理是这样的:追随者都觉得，大成绩、大事业得到回报是理所应当的，领导者奖励大成绩、大贡献，本身就顺理成章。所以这种奖励对追随者的影响不大，起到的宣传示范作用也不大。而小事情就不一样，小事情不起眼，容易忘记、容易忽略，只要在容易忽略的环节表现出足够的重视，就一定能取得追随者的关注，从而起到足够的示范作用，让追随者信服。

——刘文瑞:《立威还是立信》,《管理学家》, 2013(12)。

二、做追随者的“观世音菩萨”

当看到这个小标题读者一定会很奇怪，领导者为什么要做追随者的“观世音菩萨”呢？难道要像菩萨一样普度众生，像菩萨一样解决追随者的一切问题？之所以用做下属的“观世音菩萨”来要求领导者，是出于以下这个典故：

刘文典是当年清华大学名教授，出语新奇怪异。一次，有学生问道：“先生对写文章有何高见？”“问得好！”刘文典应声而答，然后朗声吐出五个字——“观世音菩萨”。众学子一听无不愕然，先生这不是答非所问？给人们念什么佛呀？刘文典神秘地解说道：“‘观’，多多观察生活；‘世’，需要明白人情世故；‘音’，讲究音韵；‘菩萨’，要有救苦救难、关爱众生的菩萨心肠。作文一样，也不可以说得天花乱坠，离题太远，完了。”

刘文典教授用“观世音菩萨”形容写文章的道理。其实领导者也一样，要想成就卓越，就必须善于做追随者的“观世音菩萨”。

（一）“观”：火眼金睛辨人才

提到“观”，可能许多领导者最为感兴趣的学问是“观人学”。许多领导者都认为，用人之道首在识人，选人用人关系到自己的领导威信能否有效贯彻。而人心难测，因此怎样识别出下属是否为可用之才是领导力的重中之重，是许多领导者心目中领导威信的起点。

中国历史上也有很多思想家对人才鉴别有着深刻的论述，比如《吕氏春秋·论人》提到了“八观六验”理论，即：

通则观其所礼，贵则观其所进，富则观其所养，听则观其所行，止则观其所好，习则观其所言，穷则观其所不受，贱则观其所不为。喜之以验其守，乐之以验其僻，怒之以验其节，惧之以验其特，哀之以验其人，苦之以验其志。八观六验，此贤主之所以论人也。

用现代的语言阐述，八观六验能为领导者识别人才提供全面的参考。“通则观其所礼”就是要看一个人在显贵的时候是否彬彬有礼，而不是目空一切，骄傲自大；“贵则观其所进”就是看担任要职，身居重要岗位的领导者会举荐什么样的人才。领导者所举荐人才的质量间接证明其领导者看人的水平与格局。“富则观其所养”指的是经济富裕，拥有大笔财富的时候，看一个人结交什么样的人物、朋友。朋友的素质决定本人的境界高低。“听则观其所行”是看一个人对别人的意见的听取是否能够从善如流，并观其所为所行，看其执行效果如何。“止则观其所好”就是考察一个人平常赋闲时的爱好。爱好是一个人的兴之所至，兴趣往往是最好的老师。对兴趣的观察，可以洞察其人潜在的需求，一个领导者志趣高雅与否，也可以体现他在领导工作中能够达到的高度。“习则观其所言”指的是为领导服务，受上司重用之时，看一个人献言献策的优劣，借以评价其人的谋略水平。“穷则观其所不受”就是看一个人如何面对逆境。贫穷的时候，看其是否君子爱财取之以道，不受非分之财。“贱则观其所不为”，贫贱不能移，人在贫贱的时候，是否还是傲骨依旧，做事有原则性，有所为，有所不为。

同样的，“六验”也颇具借鉴意义。“喜之以验其守”，使人得意看其是否忘形，是否忘性，能否保持底线。“乐之以验其僻”，使人高兴以检验其操守，是否稳如泰山，而不反复无常。“怒之以验其节”，看一个人发怒时是否有节制涵养，会不会做出一些太过出格的举动。“俱之以验其持”，看一个人恐惧时能否意志坚强。“哀之以验其人”，使一个人悲哀，以检验其仁义、仁爱之心。“苦之以验其志”，使一个人处于困苦境地，看其是否具有凌云之志。八观六验从外观察分析人才的利弊得失，度权量能，进而用人扬长避短，才尽其用。

曾国藩也是以相人见长，民间甚至流传着许多曾国藩识人用人的传说故事。曾国藩观人的理论自成一派，比如：

邪正看眼鼻，真假看嘴唇，功名看气概，富贵看精神，若要看条理，全在语言中。

这些观人的学问看起来非常神秘，虽然被特定的历史人物使用得神乎其神，但是很大程度上只是一种艺术，很难称之为科学，更加难以得到推广。那么，现代的领导者如何来考察下属是否具有能力呢?

1. 思路第一

思路决定出路。领导者在观察追随者的时候，不应该以自己的好恶、偏见来评价一个人，而是要根据下属具体的行为和在办事过程中展现出来的特点来对其做出评判。具体而言，判断一个下属有无成才的潜力，可以从以下几个方面去判断。

首先是看下属在承担复杂任务时是否具有明确的工作思路。简言之，就是看下属抓工作重点的能力。这种能力主要体现在能否快速地将纷繁复杂的各种表面现象归纳总结为结构清晰的事物，用抽丝剥茧、条分缕析的思维抓住事物的根本、问题的关键，并确定工作重心。判断下属抓重点的能力，关键看其思维的正确性、清晰性、结构性、逻辑性和深度性。一个在复杂局势面前手足无措，思维混乱的下属，要么是心智极其不成熟，缺乏胆识，要么就是智商实在不能胜任本职工作，这样没有思路的下属是难堪大用的。

2. 结果导向

看下属是否具有强烈结果导向意识。结果导向是成为杰出领导者必备的能力之一，人力资源大师尤里奇甚至认为“衡量领导者有效性的唯一标准就是结果”，脱离了结果导向，不管任何领导特质和行为都是无用的。这样的论断同样适用于下属。作为一名思路清晰的下属，一定知道自己想要什么，要达到什么样的高度，也就是所谓的“不忘初心，方得始终”。这里的初心指的就是最终的目的。结果导向意识就是以终为始，高度关注和聚焦目标和结果，将团队或组织的核心资源、策略都指向目标的达成，所有行动都必须是对目标达成有高度贡献的。

3. 总结规律

看一个人是否具有快速发现规律和预测结果的能力。在当今快速变化的时代，领导者所面对的环境瞬息万变，不但要求领导者能够快速做出判断，也要求下属也就是通常说的要具有快速反应、灵活应变的能力。

快速灵活应变只是一种行为表现，其背后的能力是什么呢？实际上是领导者善于并快速发现事物的运行规律，并能够对事情的发展结果进行较为准确预测。如果不能把握事物的运行规律并做出准确预测结果，就容易做出错误的判断，影响管理目标的达成。

仔细观察就不难发现，在同一个组织，为什么有的团队的运转节奏快、效率高，有的团队的运转节奏慢、效率低，其背后十有八九的原因是这两个团队的领导者在发现规律和预测结果的能力上有差异。此项能力弱的领导者，即使做了大量的调查、研究、查资料、开会、讨论，也很难从众多事实中提炼出问题的共性和解决的方案，团队领导者决策效率的下降带来整个团队的工作节奏下降，工作效率降低。

这种能力强的人有一个共同的特点，就是知识面比较广，而且这些知识是经过整理以后，以他自己的方式存储的，所以提取和加工起来很快。要练就这种能力，必须加强学习，不是简单地死记硬背一些知识，而是以自己便于记忆和提取的方式进行学习。这种能力也是可以培养的，是靠知识和经验的有效积累。

4. 大局观

对于任何层次的领导者来说，大局观决定了他能够走多远。有些人工作后很快就走上基层主管岗位，这些人雄心勃勃、非常努力、表现很好、执行力很强，任务完成也不错。但当他们到了中层岗位后，尽管做得很努力很辛苦，业绩反而会往下走，要么苦苦支撑，要么被撤换掉。这样的人有共同的问题，就是大局观不够。

大局观指能够全面地、系统地、前瞻性地看问题并思考问题，能够从整体上把握事物发展的趋势和规律。具有大局观的人，一般都会站位比较高，能够以超越职位、超越部门的眼光看问题，从高处俯瞰事物，视野开阔，能够看到事物的全部，在思考时遗漏就很少，决策的错误就会减少。正如晚清学者张謇所言，“一个人办一个县的事，要有一省的眼光；办一省的事，要有一国的眼光；而办一国的事，就要有世界的眼光”，缺乏大局观的人往往会只抓住眼前或局部一点猛攻，但常常顾此失彼，对于组织和上级的战略意图，他们难于理解，要么简单执行，要么曲解打折扣地执行。

要培养大局观，就要把个人的小我和私心放下，把个人的利益放到一边，视野才会变得开阔，全局观就会提高。大局观决定一个人层次，而决定一个人大局观的是他的志向。同时需要指出的是，一个人的大局观是建立在履行好本职工作的基础上的，如果连自己的工作都没做好，就坐而论道，指点江山，这样出来的“大局观”往往是虚幻的，不值得提倡。

5. 突破常规

看一个人是否具有突破常规思考的能力。拥有和多数人相同的问题解决思考逻辑属于常规思考，多数人都能想到的方案、通用做法都属于常规办法。首先要肯定，一种思路或办法能够成为常规，说明这个思路和办法对解决问题是有一定效果的。但是，当新问题出现或问题中新元素越来越多的时候，常规思路和方法就会开始失效，而且效果会越来越差，必须另辟蹊径才能有效解决问题，这就需要有创新思维的领导者进行引领。

判断是否突破了常规，有两个基本标志。一是新颖性，别人没有做过的，或者说在已知的圈子里没有人这么想或这么做过，这是基本点。但并不是所有新的想法都可以算作管理上的突破常规，它还必须具备第二个特征，即有效性，就是用这种方法比其他已知的方法都有效得多。真正高水平的突破常规往往能够做到奇效，即指构思精巧，抓住了关键环节和杠杆点，具有四两拨千斤之力，投入少，产出大，另辟蹊径，独具一格，令人赞叹和称奇。

突破常规就是不走寻常路，从思维特征上看具有逆向思维、发散思维、批判性思维的特点。那些爱思考、善于总结、不盲从的人突破常规的能力较强。突破常规是建立在对事物规律和人性本质的深刻洞察之上，它与投机取巧、耍小聪明是有根本差别的。突破常规需要开放的心态和组织文化，一个封闭的、自我保护很严的人，是不可能提升这项能力的。

6. 创设平台

看一个人是否具有创设沟通平台的能力。沟通能力对处于现代开放社会的成员来说十分重要，每个人都在不断提升自己的沟通能力，领导者也不例外，只能是要求更高。人们通常所说的沟通能力主要是指人际沟通能力，市面上绝大多数的沟通培训课程也都是为了提高领导者的人际沟通能力而设计的。

对一个组织来说，领导者的最大价值是能够做出正确的决策，指明前行和胜利的方向，并激励不同的人去实现这一决策。因此，必须使领导者的意图、思想、决定得到准确的理解和彻底的执行，否则，领导者所具有的思维优势、判断决策优势就没有意义了。

所以，对于领导者来说，仅有人际沟通技能是不够的，因为人际沟通的效率和范围是有限的，在组织规模扩大后，必须具备很好的管理沟通能力才能管理好组织，这种能力称为创设沟通平台的能力。组织规模越大，管理层级越高，对这个能力要求也越高，即使在组织扁平化、团队小型化成为流行趋势的今天，这种能力要求也是越来越高，因为沟通不仅限于团队内部，团队外部沟通会越来越多，当决策涉及很多部门、很多地区、很多管理层级、很多人员时，仅有人际沟通能力显然是不够的。

所谓沟通平台，简单地说就是建立沟通的机制、渠道和制度。在一个正式组织内部，都有一定的沟通渠道和机制、制度，比如例会制度、交流制度、现场办公制度等，但当领导者做出一个新的决定时，可能原有的渠道和机制不起作用了，或者，它的效率和效果达不到领导者的要求，这时候，领导者就要创设新的沟通平台来畅通信息的渠道。

创设沟通平台时，首先必须明白领导决定需要告知的对象，这些对象的链条有多长，现有渠道的弱点是什么，用什么方式可以打通，而且让这种沟通成为一种机制。比如，周会制度、晨会制度、联席会议制度等，这些都是比较好的管理沟通平台，遗憾的是很多领导者对此认识并不深刻，没有认识到会议的沟通价值，当然，必须是有效的会议。要使会议有效则需要会议管理的技能。

（二）“世”：世事洞明皆学问

“世事洞明皆学问，人情练达即文章。”领导者即便拥有了较高的观察能力，能够全面而深刻地把握人性，熟悉了解下属的优点与缺点，但是如果不能洞察世事，审时度势，对“事”保持高度的关注，也不能让领导威信得到延伸。通俗地讲，洞察力就是透过现象看本质。组织目标的确立过程中，领导者的洞察力起了关键作用。观察业界的发展方向、树立独树一帜的组织风格、确立战略的发展方向和服务范围，每一项改革和创新都意味着对领导者洞察力的检验。高瞻远瞩是人们对成功领导远见的赞许，也是对其敏锐洞察力的认可。

具有洞察力的领导者能够发现别人忽略的甚至从没有看到过的机会、优势和实力。缺乏洞察力的领导者把组织引向停滞、萧条，因为瞬间的粗心大意就会导致失败，而持久的洞察力将鞭策着组织保持它的优势地位。“天下大事必作于细。”领导者必定都有见微知著的洞察力，能够帮助组织抓住瞬间即逝的机会，而对机会的有效利用则可以起到“四两拨千斤”的效果，使得组织以较小的成本获得较大的收益。领导者要“世事洞明”，需要做到以下几点。

1. 洞察当下

领导者是当前情况的洞察者。在各种情况下，领导者应注意到别人忽略的细节。很多领导者把这种能力描述为“嗅出”自己组织的气息。正如美国前总统约翰逊所言，“如果一个政治家，进入一个房间，不能够觉察出有多少人支持他，多少人反对他，那么他就不适合从政”，真正卓越的领导者都是嗅觉超强的动物。这些领导者能感觉到人们的态度，察觉到团队气氛的变化，知道什么时候事情进展顺利，什么时候在走下坡路，什么时候做好准备暂停发展。不需要详细审查各种数据，阅读报告，或者查看资产负债表。这些领导者在看到这些事实之前就已经了解到了情况。这就是领导直觉的结果。

2. 洞察趋势

领导者的眼界和视界与一般人是不一样的。大多数追随者关注于当前的工作，考虑的是手头的任务、项目或者具体目标。这是应该的。大多数中层领导关心的是效率，他们比追随者的眼界更宽，考虑的是几个星期、几个月甚至几年的目标。但是真正的领导者看得更远，他们看的是几年，甚至几十年以后的发展和组织的愿景。人们身边的每一件事都是在一个更大的背景下发生的。领导者有能力、也有责任后退一步，跳出当前发生的情况，不仅要认清整个组织现在所处的位置，还要明确组织今后的发展方向。有时候，领导者可以通过分析得出这些结论，但是最优秀的领导者往往能够首先察觉到决策的方向，然后再找数据作为解释。领导者的直觉会告诉他们，某些事情正在发生，某些条件正在改变，某个麻烦或者机遇正在临近。领导者必须总是走在最优秀的追随者前面，否则他们就不是真正地领导别人。

3. 洞察资源

领导者与其他人的重要区别之一就是他们看待资源的角度不同。遇到难题时，一个平庸的追随者会想，怎么做才能有助于问题的解决呢？一个能力较强的追随者会自问，怎样才能解决这个问题呢？一个顶尖的执行者会考虑，必须怎么做才能达到更高水平，从而解决这个难题呢？

领导者的想法是截然不同的，会从资源的角度来思考问题，以及如何最大限度地利用资源。领导者在挑战、难题或者机会来临的时候，会这么考虑：谁是负责这个问题的最佳人选？人们拥有什么资源——原料、技术、信息等，能够帮助人们？如何激励团队成员取得成功？

领导者最为关注的是调动人员、利用资源来实现自己的目的，而不是通过自己个人的努力。想要获得成功的领导者要最大限度地利用每一份资产和资源，从而实现整个组织的利益。因此，领导者必须始终清楚自己手头有多少资源。

4. 洞察自己

诗人詹姆斯·罗素·洛厄尔曾经说过：“没有一个对自己完全不真诚

的人能够创造出伟绩。”老子也说，“知人者智，自知者明”。领导者必须了解的不仅仅是自己的优势和弱势、能力和缺点，还有自己当前的心理状态。为什么呢？因为领导者能够阻碍发展，这就和他推动发展一样容易。事实上，摧毁一个组织比建立一个组织更为容易，许多经过几代人创建的优秀组织在短短几年之内四分五裂。

当领导者变得以自我为中心、悲观厌世，或者思维僵化时，往往会伤害到自己的组织，因为领导者很可能陷入困境，认为自己不能或者不应该改变。一旦这样的事情发生了，这个组织就很难扭转局面，衰败也就在所难免。领导力的确是一门艺术，而不是科学。如果领导者想要长期领导下去，做一个成功的领导者，走在别人前面，那么领导者就必须培养自己的洞察力，因为直觉就是从领导者与众不同的洞察力中慢慢培养起来的。

（三）“音”：于无声处听惊雷

1. 倾听蓄威

《古文辑要》记载了这样一个故事：初唐名臣裴矩在隋朝做官时，阿谀奉迎，千方百计迎合隋炀帝，而到了唐朝却一反故态，敢于当面跟唐太宗争论，成了忠直敢谏的诤臣。司马光后来评论说，“君恶闻其过，则忠化为佞；君乐闻真言，则佞化为忠”。从裴矩前谀后诤的典故可以得到启示，一个地方和组织的风气，关键在领导者能否倾听下属的声音。

这是为什么呢？根本原因在于，沟通交流是领导者的重要任务。正如管理学大师巴纳德所言：在任何一种彻底的组织理论中，沟通都占有中心的地位。有效的领导者一定是善于沟通的人。但人们往往把沟通理解成了“表达”。诚然，表达能力是一个领导者的基本功，能把自己的想法清晰、准确地表达出来，以鼓励和动员追随者为实现组织的目标而奋斗，这是每个领导者的基本技能。但是，有效的沟通技巧不仅在于表达，更重要的是倾听。领导力不是一场独白，而是一场对话，如果领导者只是以自我为中心在表达思想，却不考虑下属的接受程度，那就只能一个人唱独角戏。俗话说“会说的不如会听的”。领导者要通过倾听获得信息、把握全局；通过沟通了解追随者、把握民心所向；通过沟通鼓励追随者、表示对他们的尊重和信任。

倾听有很多技巧。首先要端正动机，以空杯心态去听取任何人的表达。其次要善于运用倾听技巧，例如以微笑表示好感，以目光接触表示关注，以复述或提问表示对话题的兴趣，以不打断说话者表示接纳，以点头表示认同，等等。但对于领导者来说，有效的倾听最需要的是信心。站起来说话需要信心，坐下去倾听需要更大的信心。领导者能够放下身段去倾听，从根本上讲是体现了对自己的自信，以一种开放的胸襟接纳不同的声音，体现了领导的气度。倾听是沟通的基础，可以使同事、追随者或上级乐意讲述甚至倾诉，令对话持续不断，有利于消除隔阂、减少误会。倾听还可以了解上司、同事与追随者的感受、观点与需要。可惜很多人不懂其中真味，喜欢多说而少听，甚至有些所谓组织领导，说起来喋喋不休，听起来充耳不闻，因此影响沟通质量，造成人际关系缺憾和诸多损失。倾听看似简单，但是否真正在听呢？听就是要共情地听，能够进入对方的情绪，然后给予倾听。还要根据身体语言去“听”；甚至要听出“弦外之音”“欲言又止”之音。组织领导提升倾听能力应注意哪些问题？

沟通的最高境界就是让听者想继续听，让说者想继续说。领导者要“强迫”自己，因为大多数领导者没有耐心，他们太相信自己做得对。然而真正的领导知道，从别人那里得到的信息是多么重要，特别是从本组织基层来的信息，反映了组织最真实的情况，领导者一定要经常实施“走动式管理”，深入基层、深入一线，深入群众，只有这样才能得洞察出组织中的问题和机遇。

2. 倾听的层次

领导者要想了解下属，没有什么比倾听更有效的办法了。通常，倾听有如下三个层次：

层次一：在这个层次上，听者完全没有注意说话人所说的话，假装在听其实却在思考其他毫无关联的事情，或内心想着辩驳。他更感兴趣的不是听，而是说。这种层次上的倾听，导致的是关系的破裂、冲突的出现和拙劣决策的制定。

层次二：人际沟通实现的关键是对词意义的理解。在第二层次上，听者主要倾听所说的字词和内容，但很多时候，还是错过了演讲者通过语调、身体姿势、手势、脸部表情和眼神所表达的意思。这将导致误解、错误的举动、时间的浪费和对消极情感的忽略。另外，因为听者是通过点头同意来表示正在倾听，而不用询问澄清问题，所以说话人可能误以为所说的话被完全听懂理解了。

层次三：处于这一层次的人表现出一个优秀倾听者的特征。这种倾听者在说话者的信息中寻找感兴趣的部分，他们认为这是获取新的有用信息的契机。高效率的倾听者清楚自己的个人喜好和态度，能够更好地避免对说话者做出武断的评价或是受过激言语的影响。好的倾听者不急于做出判断，而是感同身受对方的情感。他们能够设身处地看待事物，更多的是询问而非辩解。

3. 倾听的技巧

一是要注意沟通场所。选择比较中立、有人情味的场所进行。比如领导者在和一个犯了错误的下属沟通时，应该避免出现在公众场合。

二是要注意倾听态度。在倾听时要传达出接纳的态度，让下属或追随者感受到领导者能理解他的感受，接受下属的看法，从而引发下属或追随者自我认识，自我启发，思考更多达成目标的有效方法，主动寻找解决问题的途径，树立“方法总比问题多”的坚定信念。

三是要注意倾听时的身体姿态。谈话时要面向谈话者，不要背对着他们，切忌：抱臂、跷二郎腿或靠在椅背上，显示出一种高高在上的姿态。而是要采用开放的姿态，上身微微前倾，以表示愿意接近，同时保持目光接触，以真诚、信任、鼓励、期待、嘉许和专注、理解的眼神去注视说话者。

此外，组织领导人在倾听过程中还要注意，善用眼睛去观察下属或追随者的面部表情、神态，留意他们讲话时的语调、情绪与动机，通过了解非语言信息来掌握对方的真实想法；同时要适当提问，通过提问使听来的不完整信息更完整，通过提问，了解事实真相，达到最佳效果；注意提问时要尽量客观中立，不要太强势，不使对方有压迫感。

那么，在倾听的时候领导者到底应该如何在不同的“声音”之间选择呢？

在现实生活中，谁都想自己有个好人缘。之所以说人缘可贵，是因为人缘好可以让常人心情舒畅、让商人财运亨通、让千里马遇上伯乐，所以人们常说“金杯银杯，不如有个好口碑”。而人言可畏是人们常说的“好事不出门，坏事传千里”“舌头底下压死人”，在当今网络普及的世界里，哪怕是一个国家的领导人，如国民对他的领导能力不满意，或滥用职权，或被认为有腐败行为，往往都要被国人赶下台。

中国是个礼仪之邦，应该更加注意讲究“人缘”、畏惧“人言”。尤其是领导者，宁可没有金杯银杯，但不能没有群众一个好口碑。那么，领导力的越发“平民化”和“扁平化”，是否意味着领导者的威信皆出自追随者的肯定呢？答案是否定的。事实上，《论语》中就有对此问题的讨论：

子贡问曰：“乡人皆好之，何如？”子曰：“未可也。”“乡人皆恶之，何如？”子曰：“未可也。不如乡人之善者好之，其不善者恶之。”

对一个人做正确评价，其实并不容易。但在这里孔子把握住了一个原则，即不以众人的好恶为依据，而应以善恶为标准。听取众人的意见是应当的，也是判断一个人优劣的依据之一，但绝不是唯一的依据。孔子的这个思想对于人们今天评价领导有重要意义。特别是在公共部门领导者选拔的时候，更要客观地对待来自不同人群的不同声音，防止“唯票取人”“唯声取人”。对于领导者来说，领导力的多面兼容思维，从优秀到卓越的能力极其重要，每一位卓越的领导者都有可能在某个时候出现违背众人意愿的情况。因此，对外界的声音要辩证地听，才能真正不冤枉一个好人，也不放过一个坏人。

（四）“菩萨”：霹雳手段显菩萨心肠

1. 领导者如父母合体

中国传统家庭讲究“严父慈母”，伟大的领导者就像为人父母。塑造伟大父母的要素是什么？父母希望给孩子机会并进行教育，必要时管教他们，使他们茁壮成长，达成比父母更杰出的成就。伟大领导者的想法与此完全一致。他们希望给属下提供机会并予以教育，必要时管教他们，建立他们的自信，提供他们尝试和失败的机会，使他们达成更杰出的成就。

在领导力的研究中，领导者与追随者的关系一直是个敏感的问题。如何让领导者恰当地向追随者施加影响力，同时又能让追随者感知到领导者的意图并努力追随，这是一道必须逾越的领导力鸿沟。然而，实际中组织常常存在两类截然不同的领导者：一类领导者对追随者生活、家庭关心备至，很少与之发生矛盾，但往往在关键人事决策时（如晋升、提薪）“隐身”；还有一类领导者对追随者的工作一丝不苟甚至是不讲情面，但每当追随者遭遇危难、面临转折之时总会助一臂之力。后一种领导者正是“严爱式”领导（tough-love）的生动写照，通俗地讲就是“霹雳手段，菩萨心肠”。培养和造就“严爱式”领导已经成为提升组织领导力水平的重要途径。

2. 严爱相生

“严爱式”领导的内涵主要包括两个方面：第一是以“爱”为中心的精神内核，领导者对追随者的关爱必须是真诚的、发自内心的，而不是“内多欲而外施仁义”；第二是以“严”为核心的处事方式，领导者对待工作时要求必须一丝不苟，而不是老好人式的妥协。“严”和“爱”这两个方面是既对立又统一的，如果爱而不严，那么组织将沦为“乡愿”，表面上一团和气实际上暗流涌动，难以维持较高的绩效水平；如果严而不爱，那么组织又会成为不通人性、只求利润的效率机器，最终会失去人心。只有将二者有机统一起来，“严爱式”领导才能真正发挥作用。事实上，我国古代的领导艺术中很多都闪耀着“严爱式”领导的光芒。比如孔子认为：“宽以济猛，猛以济宽，政是以和。”主张国家领导人通过“宽猛相济”的手段来达到善治的目的。孙子在选拔将领的时候也奉行“将者，智信仁勇严也”的准则，把“仁爱”当作是一个成功将领的核心素质，而“严”则是将领驾驭追随者的必要基础。

在现代社会竞争中，组织中的领导者又该如何实现“严爱式”领导呢？应当从以下几个方面做到：

第一，大爱无形，以爱润人心。“爱”是精神内核，如果领导者不具备“仁者爱人”的心地，“严爱式”领导是无法真正发挥作用的。同时，这种“爱”必须是发自内心的、真诚的一种情感表达，而不是为了达到管理追随者的目的而伪装的仁慈，这样才能在领导者与追随者之间建立良好的心理契约，消除上下属之间的不信任和猜忌。在当今中国组织管理的实践中，受某些传统思想的影响还非常严重。比如领导者大都信奉

“宁可过之以严，不可纵之以宽”，吝啬对“爱”的付出，这样往往就会形成一种过于封闭和严肃的组织文化，即便能在一定时期内为组织创造较高的绩效，但是很难持续地维持高昂的追随者士气。所以，领导者们要首先从自身做起，使自己真正成为一个“仁者”——修己安人，真诚地关爱追随者。

第二，以严立威，严师出高徒。组织的根本使命是创造利润，所以，“严爱式”领导的出发点是“爱”，但是根本落脚点是通过严格而正确的做事方式促使追随者达成较高的绩效，为组织创造高绩效。“严爱式”领导并不是盲目追求所谓的“以人为本”和“道德领导”，而是旗帜鲜明地坚持“人”“事”分开，即在关爱追随者的基础上，严格地对待追随者的工作，以严立威，让追随者在“严”的规制之下达成组织战略目标。这样的组织才能获得持续发展的动力。

第三，建立“严爱式”领导的组织支持系统。首先，组织要有明确的、让全体成员接受的愿景。可以说，追随者愿不愿意接受组织领导者释放的“爱”和“严”，很大程度上取决于他们是否信任领导并且能够看到自己的职业发展的潜力。如果组织没有设立可以吸引追随者的愿景，仅仅依靠领导风格和领导方式的创新无法达到激励追随者的目的。其次，组织要有能够支持“严爱式”领导发挥作用的领导力体系。这就要求组织一方面在人力资源招募与甄选过程中选择那些能够适应“严爱式”领导风格的追随者，在另一方面也要通过有针对性的培训让追随者融入组织文化，并同时建立科学合理的绩效管理和薪酬管理制度来强化“严爱式”领导的产出结果。在激烈的市场竞争中，组织的领导者必须采用一种彰显人性光辉但又能顺应科学管理的方式来赢得竞争优势。

延伸阅读

笑着离开惠普

“末位淘汰”是美国通用电气公司（GE）卓越的前总裁杰克·韦尔奇（Jack Welch）所发明的一种管理制度。为了治疗通用电气公司的“大组织病”，为了整治公司人浮于事、官僚主义、效率低下等不良风气，他把所有下属强制分成三类：

1. 最优秀的 20%（Top 20%）

2. 富有活力的 70%（Vital 70%）

3. 垫底的 10%（Bottom 10%）

根据业绩状况，前面的人往往有丰厚的回报，而垫底人员通常情况下不得不走人，这就是末位淘汰制的由来。由于末位淘汰制的残酷性，以及在具体执行上的毫不妥协，杰克·韦尔奇因此赢得了“全美最强硬的老板”“中子杰克”（中子弹只杀人而不损坏建筑物，人们借此讽刺杰克·韦尔奇对被裁人员毫不留情）的绰号。但是，同样是末位淘汰，同样是严格执行，惠普公司的做法显然要温馨得多。

1.“轻用其芒”

唐浩明所著长篇历史小说《曾国藩》中记载了这样一个意味深长的故事：曾国藩率众出师前，船山公后人赠送给曾国藩一把传家宝剑。曾国藩的岳父欧阳老人当时也在场，他乘兴吟诵了一首“古剑铭”，以非常巧妙的方式对权高位重又手握重兵的曾国藩予以讽谏：“轻用其芒，动即有伤，是为凶器；深藏若拙，临机取决，是为利器。”曾国藩立刻明白了其中的含义，连忙站起身来表达由衷的谢意。

其实，惠普公司也非常清楚末位淘汰制的利与弊。用好了，它可以保持公司的活力，“是为利器”；而如果使用不当，就极有可能对下属的忠诚与士气造成极大的伤害，“是为凶器”。而且，过于频繁的末位淘汰会使下属时刻怀有危机感，导致人人自危，不安其位。因此，惠普的末位淘汰每过 3—5 年才搞一次，一般情况下也只是淘汰极少量的人。

2. 公平竞争

与末位淘汰紧密相连的是绩效考核。因为末位淘汰是将绩效考核的结果作为淘汰依据的，如果考核方法不得当，考核结果不公平，末位淘汰就有可能演变成一些公司变相“甩包袱”、部分高管“政治斗争”、排除异己的有利借口。因此，末位淘汰前的绩效考核的公平性至关重要。

当然，“公平竞争”不能仅停留在口号层面上，更要有一套相应的措施予以保障。为此，惠普公司建立了一整套制约机制，以防某些大权在握的管理人员“不按规矩出牌”。

3. 制约机制

在对下属进行绩效考核时，惠普公司有一套“规定动作”，那就是“交叉对比大排队”（Cross Ranking）。公司要求，50 人以上的大部门（根据隶属关系，由许多小部门组成）或事业部必须进行交叉对比大排队。

4. 改进机会

对于得分较低的下属，惠普公司也不是马上就把他们“打发走”，而是给予下属许多改进的机会。过程如下：

第一次机会：当发现某下属做得不够好时（比如得 1 分），必须对其进行口头警告，同时启动 3 个月的观察期。

第二次机会：如果该下属在此期间没有任何改进，其顶头上司会给予该下属书面警告，并通知人力资源部备案。书面警告的观察期也是 3 个月。

第三次机会：如果在书面警告期内仍没有任何改进，公司会再次给下属 3 个月的“试用期”。如果在此“试用期”内仍没有任何改进，那么该下属就离解聘不远了。

5. 更多的选择

为了确保“岌岌可危”的下属确实有机会改进工作，在发出口头警告之后，公司也会给他们提供三个选择：

第一个选择：立即主动辞职，以保存自己的“面子”。同时，公司也会按规定给予一定的离职补偿。

第二个选择：换岗。通过换岗来寻找最适合自己的工作。

第三个选择：降级。如果觉得工作压力太大，精力不够，或个人能力不够，可以选择降级。因为级别低的岗位对工作和能力的要求也低，所以在较低的级别上，同样的工作绩效或许可以得到更高的分数，从而避免被裁的命运。

需要说明的是，一旦进入“书面警告”阶段，就说明问题比较严重了。此时，人力资源部就会介入，要求下属在制式的书面警告上签字验收，并将有关文本备案。这些签过字的文本，将来会作为解决劳动纠纷时的有力证据，以证明公司没有随意解雇下属。

6. 最后的温柔

经过上述几个阶段之后，如果下属还没有改进工作，那么公司就会启动裁员程序。

第一天：被裁下属的直接上司通知该下属，第二天的上午（或下午）与公司的某位高管有个会议，具体谈什么去了就知道。其实，该下属已经基本能够猜测到“要谈什么”了。

与此同时，人力资源部已做好充足的准备。为下属准备的材料包括：裁员通知，补偿金（一般会高于当地政府所要求的补偿标准）的计算方法，公司给他们提供的各种机会及相关服务。

第二天：几组人员分别与下属谈话，并将有关材料交到下属手里。

每个小组一般由三人组成：一个公司高层管理人员和两个人力资源部的经理。

为了防止下属在身体和心理上出现什么意外，人力资源部会事先通知医务室，让他们做好准备并随时待命。此外，公司还花钱请来心理医生，专门为那些“想不开”的下属进行心理辅导。

7. 真心的帮助

在实施末位淘汰时，惠普公司还会为下属提供一些特殊的服务。比如，为了帮助下属尽快找到新工作，惠普会邀请猎头公司进驻公司一周，在特定的会议室里为下属提供咨询服务。被裁下属可以立即在猎头公司“挂号”，由猎头公司为他们提供一对一的服务，教他们写简历，传授面试技巧，并把他们所掌握的人才需求信息与下属交流，以征询下属的求职意向。

8. 笑着离开惠普

经过上述一系列环环相扣的程序和措施，即便是最后被强制裁掉的下属，也能理解公司为他们所付出的一切，在拿到不菲的补偿金后，基本上都能以平静的心态“笑着离开惠普”。

——《世界顶级公司人力资源管理实操详解》，北京：中国纺织出版社，2010 年版。

C H A P T E R 0 6

第六章

领导威信之要——追随为本

管理大师德鲁克曾说，“领导者就是有追随者的人”，精辟地阐明了领导者最为关键的能力就是吸引追随者。领导力不是一场独白，而是在对话中产生的。领导力从本质上来讲是一种人际关系能力，涉及对人与人之间本质关系的认知，它甚至与人的信仰有关，是人的内在信仰自然而然散发出来的一种魅力。

从追随者的角度而言，领导威信也绝不能等同为控制人的技巧，因为人不会像机器般能够“输入指令—输出结果”，而是会在考量了自身的利益、周边的环境、利弊的影响之后权衡决策；领导威信也绝非用职位权势压制人，那只能迫使追随者“貌恭而心不服”，历史上无数事例都证明，违心地服从上级命令，最终的结局必定是害人害己。领导威信真正要为追随者接受，必定是以一种感召力出现。不管是通过组织的使命、愿景、价值观来感召追随者，还是通过自身修为、领导艺术、科学决策来感染追随者，甚至是通过礼贤下士、推己及人、排忧解难来感动追随者，都是关乎对追随者的吸引，而不是控制。

一言以蔽之，领导者可以没有组织，但必须有追随者；管理者可以没有追随者，但必须有组织。真正成功的领导者不仅应当了解追随者的需要，还应当了解他们畏惧什么、期望什么以及喜欢什么，让追随者心甘情愿地与自己一起，开创组织的事业。

本章着重探讨了领导者如何通过威信影响追随者的行为，同时也对当今共享时代的领导者—追随者关系转向进行了论述。

一、如何赢得追随

现代社会，领导者确立威信、赢得追随，不仅靠“硬”权力，还越来越多地靠“软”权力，也就是非权力影响力。为什么有的领导者手握重权，却有权无威、追随者“不买账”、追随者不支持？原因很简单，权力可以使人敬畏，却未必能让人拥戴。因此，提升非权力影响力，不容小觑。

从领导实践看，影响力从低到高大致可分为四个层次。一种是当下属提及某位领导时，不是摇头叹息，就是嗤之以鼻，可谓“厌而恶之”。一种是下属对领导的才华很钦佩，但不太愿意接近他，常常是“敬而远之”。一种是下属不仅愿意接近他，而且把他引为知己，可谓“亲而近之”。还有一种是虽然与下属不常谋面，但下属心里始终有他，即使离任后追随者还在赞誉他、念着他的好，可谓“怀而念之”。显然，后两个层次是影响力的较高境界。用《道德经》的话来说就是“太上，下不知有之。其次，亲而誉之。其次，畏之。其次，侮之”。

（一）追随而不是服从

作为领导者，谁都想拥有下属的服从，这是树立威信、有效领导的关键。可是，获得下属真心实意地“追随”却并不容易。权力影响力可以由组织来赋予，非权力性影响力只能靠自己的魅力和实力来打造。对领导者来说，一是自身要正，即“修己”。“其身正，不令而行；其身不正，虽令不从。”正如前面章节所述，正直、素直是领导者的核心品质。一个领导如果品格上有问题，不但难以赢得追随者的敬仰和真心支持，还会产生“形象危机”“信任危机”。二是处事要公道正派。“公生明，廉生威。”下属最怕领导处事不公。因此，领导者凡事都要出于公心，看问题、办事情都要心放正、水端平，把公德放在私德之上，以公正换人心。三是有关爱之心、体恤之情。“得民心者得天下”，时刻把追随者的疾苦放在心上，真心实意为追随者排忧解难，才能赢得追随者发自内心的尊重和爱戴。

1. 把握追随者的心理动因

所谓“周公吐哺，天下归心”，“士为知己者死，女为悦己者容”，追随者之所以会选择跟着领导者前行，不仅仅是出于生理需要和安全需要，其内心深处一定有一种内在的、强烈的、对自身价值观、对自身情感的尊重要求。也就是说，追随者之所以愿意服从，是需要领导者尊重他们的情感，尊重他们的价值观的。最新的理论研究发现，追随者有三个心理动因需要把握。一是自主性，即想要自己主掌人生的需求；二是掌控欲，即想在那些举足轻重的事情上体现自己价值的需求；三是使命感，即希望自己做的事情是为了一定的意义而存在。从这个方面分析，绝不是要求领导者征服追随者，而是要对追随者的情感以及其价值观有一个基本的尊重和认同。只有尊重了追随者的情感，尊重了他们的做人准则，领导者才能真正赢得追随。此外，要赢得追随者的服从，首先需要把服从内化，把服从变成追随者对自身的服从，表面上看来追随者在服从某一个领导者，实际上是在服从他自己，这是关于服从的情感需要和价值观的需要。

2. 让追随者独立自主

如前所述，“自主性”是追随者一个重要的心理动因，领导者、追随者的服从存在一个矛盾心理。也就是说，追随者在服从的同时，还有一种比较强烈的倾向，即追随者内心还是倾向于独立、倾向于拥有自己独立自主的空间和人格。

追随者的服从心理完整地说是一个矛盾的心理，既有服从的一面，也有要求独立、要求自主的一面，追随者的服从心态是双重的。例如在青春期阶段的孩子，他们要求独立和自主的心理逐渐占了上风，而服从的心理越来越少，特别是在那些有比较强烈逆反心理的孩子，服从与反抗的矛盾，服从与独立自主的矛盾在他们的心态中始终交织在一起，也就是说，追随者的服从心理有一个发展过程，某一个阶段之前以服从为主，进入某一个阶段之后，他们要求独立、要求自主的心理、意识就会变强，也就是说，反抗意识越来越加强。

那么，领导者要想赢得追随者的服从，除了要尊重基本的情感和价值观外，还应该考虑到他们对独立、自主的要求，只有在这方面进一步信任他们、尊重他们、爱护他们，才能在追随者的独立自主心理占上风的时候，继续赢得追随者的服从。在这样一个阶段，就需要领导者与追随者重建情感上的创造性关系。

3. 认可并尊重追随者

让追随者心悦诚服，需要领导者认可并尊重追随者的人格、思想和观点。领导者应该借助于任何一个机会，表达对追随者付出的尊重。尤其是对于一线追随者来说，他们很少接触到高层领导者，而是经常接触服务对象，如果高层领导者不能够及时肯定他们的贡献，就会影响到追随者们工作的情绪和结果。也许领导者会认为这不是什么重要的事情，但对于这些经常被遗忘的人，认同的意义却是非常深远的。

德鲁克的一句话："如果领导者把'功绩'从领导者的词汇表中抹掉，用'贡献'取而代之，那么领导者将在经营中获得最佳的成果。贡献能够使领导者把工作重心放到合适的地方——客户、追随者和股东。"让追随者明白他们能够做出独特的贡献是把他们组织起来并获得成功的核心。真正懂得经营的人，才真正懂得做领导，这样说也并不过分。管理学家哈罗德·孔茨、海因茨·韦里克把构成领导者的要素概括为四种综合才能，即有效地并以负责的态度运用权力的能力；对人类在不同时间和不同情境下的激励因素进行了解的能力；鼓舞人们的能力；以某种活动方式来形成一种有利的气氛，以此引起激励并使人们响应激励的能力。这四种综合的领导才能所突出强调的就是如何尊重人和激发人。

4. 展现自己的思想

最后，领导者最大的影响力来自自身的思想和价值体系，领导者必定是一个思想家。因为行为的影响力是有限的，只有直接跟领导者打交道的人，感受到领导者的行为风格的人才能够受到领导者的影响，没有感受到的人是意识不到的。但是思想是没有边界的，思想的穿透力是无形的，可以跨国界、跨时区、跨时代。许多伟大的领导者都是通过其思想让全世界人民熟知的，比如甘地的“非暴力不合作”思想，毛泽东的“为人民服务”思想，都深远地影响了整个世界的进程。

（二）引领优秀者同行

1. 哈利规则的中国解读

那么，领导者在选择追随者的时候需不需要进行选择呢？换言之，只要是有人追随的领导者就是一个好的领导者吗？人们首先来看南加州大学原校长史蒂文·B. 桑普尔在《卓越领导的思维方式》中提到的“哈利规则”。

“哈利规则”的主要观点是人们总会雇用不高于自己能力的人。一个人的成功并不在于自己的表现如何，而在于他人的表现如何，只有充分地发挥了他人的优势，整体的效力才能够得到最大的发挥，人们也才有可能在与他人的竞争中获得优势，取得成功。这似乎是一个非常显然的道理，但人性的弱点也在于此。就如同“彼得原理”一样，哈利规则同样揭示人们不愿意看到的一种现象：是人们自己阻碍了人们自己的成长。

很多人即使意识到这一点，也难以摆脱。或者说，领导者赢取追随者的过程中都面临“一道坎”，迈过去了领导者就会走向卓越，迈不过去，领导者只能接受平庸。这道坎就是领导者的胸襟。有很多高高在上的领导们，自视甚高，却不能吸引那些优秀的人才追随，虽然身边有不少“忠心耿耿”的下属，但做起事来，总是感觉力所不能及，就是因为不能避开这个哈利规则，在潜意识里不自觉地排斥那些比自己更聪明更有学识的人才。无独有偶，中国古代的曾子，也曾提出了“用师者王，用友者霸，用徒者亡”的观点，从另一个角度说明了只要领导者能够在用人问题上克服“哈利规则”，就能够取得事业的成功。

“用师者王”，意思是说领导者能够虚怀若谷，提拔重用才能比自己突出的人，就可以成就事业。一般而言，能走上领导岗位的人都是出类拔萃者，其业务能力与综合素质要强于追随者。但这并不意味着领导者是百事通，在所有领域都比追随者优秀。实际上，领导者在许多问题上有可以向追随者咨询和学习之处。所谓“闻道有先后，术业有专攻”，说的就是这个道理。高明的领导者大都对这一点有清醒认识，越是把自己放低，反而越能够赢得下属的追随，特别是那些本来就自视甚高的下属的追随。汉高祖刘邦就曾说过：“夫运筹策帷帐之中，决胜于千里之外，吾不如子房；镇国家，抚百姓，给馈饷，不绝粮道，吾不如萧何；连百万之军，战必胜，攻必取，吾不如韩信。”但刘邦的高明之处就在于能将这些“老师”招纳到自己麾下，并使之各尽其能、各擅其长，从而成就一番伟业。由此来看，领导者自身的业务素质和能力固然十分重要，但宽宏的气量、睿智的眼光，能够发现和任用“等于己”甚至“强于己”的追随者同样十分重要。

用友者霸，意思是说领导者即使不能任用比自己优秀的人才，但能得到一批与自己志同道合、亲密无间的朋友协助，也可以取得不错的业绩。俗话说：一个篱笆三个桩，一个好汉三个帮；红花虽好，也要绿叶扶持。一般人干事创业尚且离不开朋友的帮助和支持，更何况担当重任的领导者？正是基于这种认识，人们一贯强调团结就是力量，要求领导者和普通群众紧密团结、精诚合作，形成同志加朋友的良好关系。形成这种关系，领导者的态度和作用至关重要。特别是对于职业化程度比较高的群体，比如教师、律师、医生等职业，能够形成良好的同行关系、同志关系是领导者必备的素质。现实生活中不难发现，有的领导者自身业务素质也许并不十分突出，但善于团结同志，能够充分发挥大家的智慧与才干，工作也可以干得有声有色；有的领导者个人能力很强，也有干事创业的雄心壮志，但喜欢单打独斗，不善于或不愿意团结同志，结果不但影响工作的成效和业绩，也影响自身的形象和进步。

用徒者亡，意思是说领导者如果只重用不学无术、唯唯诺诺之辈，只接近那些能力素质均不及自己的弱者，其事业就会岌岌可危，自己就可能走向败亡。这一点并不难理解。如果领导者身边多是德薄才寡、唯领导马首是瞻的追随者，就很难有“外脑”可以借用，他的缺点和失误就很难得到及时提醒。如果领导者身边都是能力不足、水平低下的追随者，其自身的素养和境界也很难高到哪里去。领导者身边这样的人越多，其事业失败的概率就越大。平心而论，很少有领导者真正喜欢不学无术、唯唯诺诺之徒。但从客观上说，“师”的能力比自己强，会使自己感到有压力；“友”随时提醒自己的缺点和失误，会使自己觉得有约束；而“徒”则俯首帖耳、唯命是从，往往会让领导者觉得“贴心”、舒服，是“自己人”，可以信任。因此，在现实生活中，“徒”有时比“师”和“友”更能得到一些领导者的重用。但结局如何，也就不言自明了。

领导者要想成就卓越，必须要勇于接触比自己强的人并赢得其信任，要善于团结和自己水平差不多的人并赢得他们的支持，要谨慎地与比自己弱的人打交道，最终使自己成为一个“人才池”，会聚天下英才为自己所用。

2. 优秀下属的追随力

追随力是和领导力对应的另一项重要技能。一个成功的领导者身后有着好的追随者，如同通过描绘未来宏大愿景，来让团队其他成员相信自己拥有强大的领导力一样，成功的领导者也懂得通过适时放权、以身作则，来向下属证明什么是优秀的追随力。

准确地理解领导者的意图，是优秀追随者必备的品质。优秀的追随者，往往能在领导开口提需求前就知道领导需要什么。优秀的追随者善于揣摩领导的心思，知道领导现在要什么以及未来可能要什么。这种揣摩并不是要求追随者去挖空心思来奉承领导者本身，而是要求追随者基于自身的工作和职权，协助领导完成他想做但还没做的事情。

优秀的追随者往往能和领导保持在同一频率上。虽然优秀的领导者对下属的欲望和需求都能够洞若观火，但是一般意义上来说，领导并没有义务去了解追随者的意思和其个人喜好，事情应该是反过来的。追随者的任务是把领导从琐碎事务中解脱出去，从而投身更重要的事情和创造新机遇。追随者应该把领导的日程安排以及工作的优先顺序铭记于心，哪怕这些事情和自己没有直接关系。追随者应该掌握领导的下一步动向，从而和领导的步调保持一致，然后才能让自己处在随时待命的正确状态。

优秀的追随者往往能提供解决方案，而不仅仅是提出问题。追随者不应该把问题甩给领导去处理。好的追随者把问题带给领导时，往往会同时提出几条可行的解决方案以供参考，让领导做“选择题”而不是“问答题”。其实，优秀的追随者总能尽可能地自行解决问题，然后向领导汇报发生了什么，以及自己是如何处理好一切的。

真正的领导者不怕能人。这里指的能人包括下属和上级两方面的人。有的领导者怯于和能力强的上级共事，同时又对才干超群的同事和下属怀有嫉妒，这不是一个卓越领导者应有的心态。真正的领导知道，只有最好的人才才能完成组织的重要任务，所以他们尽力吸引最好的人才，提拔他们、重用他们。真正的领导可能严厉地，有时候甚至残酷地对待有损他们威信的员工，但领导不会出于害怕自己的威信受到威胁而排挤这些能人。

把一些无能的人、唯唯诺诺的人聚集到一起，是软弱无能的领导所为，通常很早就显露了出来。真正能干的领导很反感那些唯唯诺诺的人。领导者要听诚实的意见和有争议的意见，但遇到时也完全可能出现恼怒和粗暴的态度。重要的是，这些人把别人的观点和批评看作宝贵的信息。

这并不是说领导乐意听到不舒服的批评。正常情况下他们和大多数人一样不喜欢被批评，所以一个领导可能对待批评会做出恼怒的反应。而差的领导则会对批评置之不理，而且通常还要压制批评。真正的好领导无论做出什么情感上的反应，总是能理解批评意见，但并不意味着他一律接受批评。

（三）共创共赢的秘密

领导者要想赢得追随，还必须做到“利不可以独享”，要善于与追随者分利，做到共创共赢共利共享。这方面，汉高祖刘邦绝对是一个高手。

刘邦平定天下后，在洛阳南宫举行宴会，酒行数巡，刘邦兴奋地说：“列位诸将，帮助我得有天下，今日一堂宴会，君臣同聚，最好是直言问答，不必忌讳。我却有一问，我何故得天下？”立即有人答道：“陛下平日待人，未免侮慢，不及项羽的宽仁。但陛下使人攻城略地，每得一城，即作为封赏，能与天下共利，所以人人效命，得有天下。”正是刘邦善于把利益分配给追随者，才使得这些人愿意为他赴汤蹈火，建功立业。

如何与追随者共创共赢？或许人们可以从市场营销学的4C理论得到启示。4C分别代表的是：consumers（了解消费者的需求和欲望），cost（消费者所愿意支付的费用），convenience（给消费者方便），communication（加强与消费者沟通）。在领导者和追随者的关系中，4C理论同样适用。

1. Consumers：了解追随者的需求和欲望

领导者要把追随者当成消费者或者顾客，来了解他们的需求和欲望。

不仅要知道追随者内心想要什么，也要知道追随者内心不想要什么。对于追随者的需求给予及时的满足，对于追随者的畏惧给予及时的消除。把追随者当成消费者，就是要避免领导对于追随者的主观臆断。在这一步中，最重要的是与追随者分享权力，重新确定二者之间的关系，摒弃对追随者先入为主的偏见，对追随者进行重新审视和进一步恰当地定位，发现追随者的真正需求和潜在欲望，鼓励追随者关心自己的动机需要。然后，分门别类地确定施展影响力的诉求点，尽量满足不同层次的人的需求。

2. Cost：探究追随者所愿意支付的劳动成本

追随者愿意服务于某组织同时采取相关行动的时候，一方面是受到了领导者的人格、能力、素质等因素的影响而采取的一种自觉自愿的跟从；另一方面，从长远来看，在追随者的行为中，也存在对未来愿景的一种期许。正如弗鲁姆的期望理论中的激励公式：激励力 = 期望值 × 效价，追随者对领导者及组织目标的期许带来的效价在一定程度上决定了追随者所愿意支付的成本。作为领导者绝不能因为追随者的跟从，而忽略追随者的心理期望，要把追随者当成一个培养对象，而不是教徒。要让追随者感觉到领导者是一个教练，在训练他遵照组织目标、规则进行工作，并且在工作中得到了能力、素质等方面的不断提高，更加适应组织发展需求，而避免让追随者感觉到领导者不过是在出于私心和利益的考虑来进行“布道”而非“开发”。

3. Convenience：为追随者提供方便

追随者在工作过程中由于受到工作条件和个人能力差异，达成目标的效率不尽相同，对此，领导者要千方百计提高工作条件的便利性，并对追随者实施有针对性的指导，使追随者顺利完成工作，在工作中充当“教练员”的角色。领导者如果能在追随者工作中充当坚强的“后盾”，会大大提高领导影响力。

4. Communication：创造条件与追随者沟通

在严密的组织结构中，管理层次密集，内部分工明确，追随者除与直接上司接触外，了解领导的机会并不是很多。因此，对于领导的人格魅力、内在的影响力感受得并不是很到位。另一方面，有些领导者在某些时候，可能会“破坏”追随者的希望，从而引发追随者的抵触情绪，限制领导影响力的施展，因此多和跨层次的追随者沟通是一个可行的办法。尤其在扁平化组织结构中，领导的管理宽度较以往大幅度增加的时候，沟通是一个非常简单、有效的方法。

领导是一种选择，不是一种阶级。许多位于组织最高层的决策者绝对称不上是领导者，最多只能称之为掌权者。他们说什么，下属就得做什么，因为他们的职权更大，但优秀的下属肯定不会追随他们。事实上许多位于组织底层的追随者，他们无权无势，但的确是不折不扣的领导者，因为他们选择照顾周边的人并无私地付出努力，这就是领导者风范。

延伸阅读

布衣皇帝刘邦是如何赢得追随的?

刘邦是中国历史上第一位起于草莽的布衣皇帝。他以一介布衣而提三尺剑，崛起于秦末乱世，诛暴秦，抗强敌，定天下，创立了中国历史上延续时间最长的统一王朝，一生的丰功伟绩深为后世人赞许。那么刘邦是如何赢得部下的追随的呢?

1. 知人善任　人尽其才

刘邦的知人善任在历史上非常有名，汉高祖用萧何治财政，用张良、陈平出良谋，用韩信征天下，部下的优点都能被汉高祖挖掘出来。这是汉高祖用人成功的最大一个原因。韩信曾经对汉高祖刘邦说，“陛下不过能将十万”，“臣将兵，多多益善”，而“大王能将将”。

刘邦之所以能“将将”，就在于其能知人善任。人各有长短处，用人当取其长，舍其短。萧何能“镇国家，扶百姓，结馈饷，不绝粮道”；张良可以“运筹帷幄之中，决胜千里之外”；韩信英勇善战，足智多谋，用其“连百万之军，战必胜，攻必取”。这些人的才能刘邦都能认识到，并且能根据各人的优点，委以重任。内政交于萧何，刘邦不干涉；军事托付给韩信，刘邦信之任之；谋略由张良、陈平来定，刘邦言听计从。他只要求自己在大局上把握好，至于细节问题，都交给臣下去做。正因为此，刘邦能成就一番伟业。

2. 不拘一格　用人所长

刘邦出身于社会下层，为人落拓不羁，交游面广，了解各类人才的情况。他对各种人才兼容并包，兼收并蓄，用人所长，容人小过。刘邦的用人思想非常开放，在选择辅佐大臣时，能真正地做到不拘一格。

刘邦所用的人中，各种各样的人都有。张良是贵族之后，陈平是游士，萧何本来和刘邦一样，是个小小的吏员；韩信曾受胯下之辱；智囊陈平曾有盗嫂受金之嫌；舞阳侯樊哙原为街头屠夫，以猪狗为业；绛侯周勃曾以编蚕箔为生，兼做丧事中的吹鼓手；关内侯娄敬是车夫；良王彭越曾以打鱼为生；淮南王英布，曾是秦朝受黥面之刑的犯人。正因如此，刘邦手下才能猛将如林、谋士如云，四方豪杰趋之若鹜，天下英才都乐为刘邦所用。

3. 用人不疑　疑人不用

做一个领导最忌讳的就是朝疑暮猜，今天揣测这个明天忧虑那个。而刘邦的魄力在于，一旦决定用某人绝对信任、放手使用。最典型的例子就是陈平。陈平弃项羽投刘邦后，得到刘邦充分信任，这让很多老人不满——人们跟刘邦那么长时间，建功立业、出生入死，也不过就混到现在这个位置，怎么陈平一来就任命那么高的职务？于是刘邦那里常听到许多关于陈平的坏话，可总结为八个字："盗嫂受金，反复无常"。

刘邦问陈平：先生原来事魏王，后事项王，现在又跟我——先生的心眼是不是太多了一点？陈平回答：是的，我原来追随魏王，但我的计谋、我的主意魏王都不接受；我只好投奔项王，项王同样如此，言不听，计不从；而我听说您广纳人才，求贤若渴，是一个会用、敢用人才的大王，所以我才来投奔您。我陈平光着身子、一无所有、一文不名来到大王军中，如果不接受人家赠送、收一点礼金，我连吃饭的钱都没有。我现在向大王提出诸多建议，大王觉得可用，就请采纳；如果觉得我的建议、计策、谋划都没用，那么别人送给我的礼金可以完璧归还，我从此告辞。刘邦说，对不起，我错了。寡人慢待先生了，请不要介意，继续留在军中。此后，陈平竭力效忠刘邦。

4. 论功行赏 激励到位

作为古代先贤，刘邦显然与现代经济学理论风马牛不相及。但是，他却深谙此道：使用人才，首先是要信任他，尊重他，同时不可或缺物质奖励。刘邦夺取天下以后，根据各人的不同功绩，论功行赏，不但封赏了萧何、张良、韩信、彭越等一批人，还封赏了他最不喜欢的人——雍齿。

人们之所以说刘邦是精于领导艺术的典范，正是由于他做到信任人才，使用人才，充分调动其积极性，从而把天下人才，都集结在自己周围，形成优化组合，如此一来，他夺得天下也是水到渠成的事情。

——李康：《刘邦是怎样炼成的》，北京：文化艺术出版社，2010 年版。

二、共享时代的领导者与追随者

现今的互联网时代环境下，团队、部门、组织的边界被打破，这意味着人们对组织有着跨团队、跨部门甚至是跨组织的合作要求。团队、部门、组织内的层级关系有时候甚至已经失去最原始的意义，固定的领导与被领导关系变得动态化。人们开始倾向于关注领导力在团队中的实现共同目标过程，这种关注领导者与追随者动态的互动影响过程被称为共享领导力。共享时代的领导者与追随者关系发生了显著的变化。

（一）共享领导力

1. 威信共享

具体而言，共享领导力发挥的基础是威信的共享而不是独占。共享领导力关注团队中的个体实现团队性或组织性目标的过程。也就是当团队成员按照团队所处的环境与目的的需要，积极主动地将领导者的角色转换到自己身上，此时则形成共享领导力。在共享领导力中，领导者的角色不是落在一个人手中，而是在团队中适时转换的动态过程，它促进团队朝着共同目标前进。

共享领导就是团队同时进行的、持续的、相互影响的过程，伴有一系列不同的非正式领导者的出现。某种意义上说，在互联网时代，领导威信已经扁平化、共享化了。从授权的角度来看，共享领导可以被看作团队充分授权的发展，它是对过去那种期待一个拥有各项领导必备特质的正式领导者，带领大家走向成功的观念的修正。共享领导和传统的垂直管理中领导者“控制”作用相比，共享领导更强调领导者的“助推”作用。在推行团队的共享领导过程中，领导者承担下列职责：慎重确定共享领导团队的合适人选；发展团队的领导技能；暂时性填补团队所缺的领导技能；管理好团队与其他机构的事务；授予团队设置目标、解决问题等权力。

建立共享领导机制，并没有排斥领导者存在的必要性。只是领导者的责任不再是决定前进的方向和控制工作的进行，而是建立一支强而有力的团队，使团队成员拥有共同的愿景目标，大家平等参与、相互影响，共担责任并彼此合作。

在共享领导中，团队成员对整体工作的成败负有更大的责任，都参与组织的管理职能，都必须对组织的成败和管理负责，思考问题的角度也从自己领域的利益转向全局。共享领导从根本上说是背离传统管理模式，因而需要正式领导者比较安心于放弃直接控制权，下放决策权力，甘当幕后绿叶，最终形成了一个“人皆可为领导”的团队领导模式。

2. 分权、分享、分形

共享时代的领导威信有以下三个特点：

分权：让听得到一线炮火的人去做决策。如果客户的问题领导者能够去解决，领导者就现场做决策，事后再去沟通，这就是分权。

分享：领导者让一个追随者只在组织工作，得不到成长，或者是只有物质保障却无精神激励，这就是一种不负责任的表现。真正成功的共享型领导者需要把自己的成功经验和人生阅历与团队成员分享，促使其快速地由一个追随者成为新的领导者。

分形：组织结构的变革程度决定了领导者—追随者之间关系的变革程度。传统僵化的科层体制带来了复杂的汇报关系，这是不利于共享型领导者团队的建设的。未来的组织一定是“小而美”，以结构的变革唤醒每个团队成员心中的热情。分权、分享、分形实际上就是共享时代的权力“赋能模式”。管理不是高高在上、发号施令；管理环绕着整个流程，激励它，协助它，并且领导者亲身示范起带头作用，激发追随者的积极性，营造浓厚的创意氛围。

反馈：共享时代领导力的另一个特点是，领导者善于向追随者提供反馈。反馈伴随着指导，如果追随者胸怀大志，他们就会希望领导者真诚、坦率地指导和培养他们。他们希望早一点儿得到反馈并加以改进，如果等到年终考核时领导者才给出反馈，通常为时已晚。若能早点儿知道领导对自己的真实看法，他们就能采取有效措施加以改进、解决问题，最后结果就会好得多。

然而，很多领导者却出于好心，往往不会向追随者提供直率而及时的反馈。特别是在东方文化的影响下，许多领导者认为有必要和追随者保持一定的距离，而适时地提供反馈显然不是一种保持距离的方式。导致这种情况出现的另外一个原因是，领导者常常担心建设性的反馈和批评会打击追随者的士气。此外，对追随者迅速做出直言不讳的批评，可能让人觉得火药味太浓。最后一个原因是，许多领导者都害怕这样的反馈会让追随者对自己产生反感。尽管人们确实喜欢听积极的反馈，但归根结底，他们还是最想听真话。

领导者向追随者提供及时、有效的反馈并非易事，但很多领导者发现，从追随者那里获得真实反馈的难度更大。为了培养出能给领导者提供建设性意见的追随者，领导者要和追随者共同努力，同时也需要有一定的耐心和韧性。领导者对待这些反馈的方式也很重要。如果领导者据此采取行动，领导者的工作就会得到改进。同样重要的是，追随者看到领导者能积极采纳他们的建议，就会觉得自己为组织、为领导者的成功也出了力。他们将学会主动给领导者提意见，因为他们知道领导者是真的喜欢听建议，并会付诸行动。

（二）从领导到领袖

发现虽然很多人都赞同“共享领导力”这个观点，但是很难在一个组织里形成共享领导力的文化。究其原因，还是组织最高领导者没有真正完成从“普通领导者”到“领袖”的蜕变，从最高层的行为模式上没有向共享行为发生彻底的转变。真正实现共享领导，需要从以下几个方面改变。

1. 团队内成员间的关系

共享领导力改变了领导者做出决策的方式，也改变了团队成员间的关系。现在的下属们可能非常乐意跳出自己的一亩三分地，进而了解整个业务的运转情况。但是一些领导者发现这样会越来越难管理好每一个人。这些下属过去直接向领导者汇报，可以把许多问题的决策都推向领导者身上，然而现在可能不情愿为了自己的工作行为承担一定的职能责任。将所谓的权力分化之后，下属的责任也没那么清晰了。为了应对这一问题，团队领导者需要重新设计组织结构，化金字塔形的决策模式为扁平化决策，吸引更多的专业化人才到团队中来，发挥每个“分子”的作用。

2. 团队和领导者之间的关系

领导模式转变成共享领导力难以避免地会改变领导者和团队之间的关系。有些时候，领导者会因此感到迷茫，甚至对自己的领导方式产生怀疑。大多时候这种迷茫感会不经意间萦绕着领导者。

明确共享领导力带来的职责非常困难。团队也许仍希望领导者像过去那样做大多数的决策。确保在共享领导力的团队内，领导者仍然能够拍板决策。事实上这并不容易做到，领导者可能会低估团队成员让领导者做决定，依赖领导者想法的能力。传统上，有的下属看待领导者就像敬爱的双亲，非常愿意听到领导者对完成工作的评价。

共享型领导者经常要与团队每个成员单独见面，指出做得好与不好的地方是在所难免的。然而，领导者要确保一对一的会谈并不涉及团队会议讨论的内容的，必须留心什么是应该在一对一的会谈场合上说，什么是应该当着大家的面说。否则会挫败整个团队的信心。

3. 领导和下属之间的关系

在共享领导力的过程中，最高层的团队与外界的关系发生了变化，尤其是和下一两级的领导者之间。随着共享领导力影响范围向下扩展，潜移默化地影响到了整个不同层次的团队。对于率先引进共享领导力理念组织而言，领导者可能会发现，要努力解决冲突与矛盾。必须让上级领导者之间形成的默契传递到下级的组长成员之中。最典型的情况就是，当高层的团队在庆祝享受共享领导模式带来的和谐时，在下属中间却并不知道该如何来真正实施团队领导。共享型领导成功的关键不在于组织高层达成了多少默契，而在于下属们在多大程度上理解并践行了上级的理念。同时，在最高层领导团队缕析他们要处理的关系时，他们更愿意先在团队内部寻找，而不愿意和往常一样和下一两级的管理层探讨。早期关起门先自行研究清楚，这在一定程度上也是合情合理的。然而，这样的行为在共享型团队中是难以为继的，这可能会导致下属的不理解，严重影响他们的工作动机和行为。领导者就是执行领导性工作的人，无论他担任何种职务或处于哪一级别。多数组织在任何级别——无论初阶的经理，还是到高阶的总裁——都可以且应该存在领导者。一个组织通常既有管理型领导者，也有领袖型领导者，但他们具体所领导的事务和侧重点会因其在组织中的职务而异。

如果无法从字面上准确地去理解这两类领导的区别，一个领导力有效性模型可以更加直观地告诉领导者有哪些因素真正影响了领导者最终创造的绩效结果。经过调研和实证发现，以下三项绩效因素实际影响了领导者的领导工作的有效性：

首先是专业因素，重点考察专业能力和执行力；其次是追随者因素，重点考察与追随者的互动能力和沟通能力；最后是开拓精神，重点考察对未来的展望能力和推动业务发展的能力。

这三个绩效因素对各级别领导人员来说都至关重要，但对于管理型领导或是领袖型领导，这三方面的侧重点会有所不同。管理型领导者更加倾向于对专业性和事务性方面的管理，所以他们对绩效所产生的结果是非常有任务导向的。然而当一个管理型领导到领袖型领导进阶发展时，对其领导力效能的考察标准则更注重其开拓精神。这并不是说他们不需要具备专业能力或人事能力。比如首席执行官，他们不一定是具体某个操作或产品的专家，但必须在这个行业处于领先地位。

在向领袖型领导层迈进的过程中，人的性格更为重要。随着工作内容越来越复杂，一个人的认知能力和性格就可能会对其绩效产生更大的影响。他们要从更加战略的角度去洞悉在复杂的外部环境中，组织、人与产品中的相互联系，怎样能引领变革并保持人的活力，进而产生协同效应。所以引领的能力在领袖型领导的领导力体系中变得尤为重要。

（三）社交网络中的领导力

在信息共享时代，社交网络被推到了一个前所未有的重要地位。例如，富士康曾连续发生多起员工跳楼事件，员工为什么会跳楼呢？一个很重要的原因就是员工不幸福。而不幸福的原因可能是员工觉得自己的期望没有得到满足、现实与期望差距越来越大、工作枯燥、工作压力大等。但是这里面有一个很关键的因素，就是组织内部的社会网络建设问题。组织内部社会网络，通俗一点，就是说一个下属在组织内部到底和多少人建立了较好的社交关系，员工之间可以经常去交流、交换生活和工作的信息等。

如果一个组织内部社会网络建设得好，就不太可能出现员工连续跳楼的事情。这是因为，在一个好的组织社会网络里，组织内部的人际社会网络能在很大程度上满足不同下属的多层次情感需要，提高下属的抗压能力和幸福感，同时提高其对不幸事件的免疫能力。比如说，当某个员工遭受较大的压力，他很容易就能找到相投的同事，去他们那里倾诉并得到鼓励，心理压力得到疏导，焦虑得到化解，自杀的念头也更有可能打消。再有，境况不好的时候，一个人可能很难坚持下来，但如果有几个好朋友团队作战，熬过艰难的岁月就容易一些。

在共享时代，领导威信越发分散。领导者一定要重视社交网络的作用。社会网络还是下属进行知识交换整合和创新的重要途径。每个下属都怀有特殊的技能，但又不那么全面。如果有社会网络的存在，下属之间就会相互学习，不知不觉中发生知识的分享和整合，将下属的知识技能存储在社会网络中。这种社会网络建设的好处在于，它不存在人力资本投资的风险。很多组织现在不敢给下属进行大量的培训，是因为担忧培训后下属就会离职，可是不培训又会影响下属的知识创造和创新，所以面临一个困境。将来人力资本投资不是投在个人身上，而是投在人际网络上，关注组织内部人与人之间的网络建设。

总的来说，通过管理，组织要给下属更多的激励和机会让其去拓展在组织内部的人际网络。比如，更多关注下属团队建设和人际交往技能的培训：让团队技能好的人去做领导者，引导团队成员更好地开展交流与合作；以团队为基础进行工作设计、绩效考核和薪酬设计；经常举办内部社交活动，让下属之间有机会认识和建立联系；等等。当组织采用团队导向的人力资源管理体系，组织内部每个下属平均交流的人数就越多，交流的频率就越高，这种社会网络最后使得组织每一分劳动力成本的投入实现更高的利润产出。

1. 社交网络领导力的品质

不同于传统组织中的领导力品质，社交网络中的领导者还应具备四项品质。

选择性地暴露自己的弱点。

非常依赖直觉来选择时机与行为方式。收集和解读软数据的能力，帮助他们判断何时行动以及如何行动。

用“强势同理心”管理下属。具有感召力的领导的同理心，既充满热情又现实理性。具有这种同理心的领导者能够设身处地关怀下属的工作情况。

敢于特立独行。社交网络中的领导者不同于传统的领导者，必须展示自己独特的一面才能引起人们的兴致。领导者适时地展示自己一些与众不同的技能更容易获得人们的青睐。

需要注意的是，人们的四项必备品质理论并不仅强调结果。但是人们的研究聚焦于能够激励他人的领导，他们能够俘虏追随者的心智、思想甚至是灵魂。这种能力并非畅行商业世界的通行证，但任何一个经验丰富的领导者都会告诉你，感召力至关重要。事实上，倘若缺乏这种能力，领导者几乎不可能在社交网络中获得成功。

（1）暴露弱点

领导者暴露自己的弱点时，他们其实是在展示真实的自我；比如承认自己在周一早上暴躁易怒，承认自己做事杂乱无章，或是承认自己容易害羞。自我爆料的好处在于，人们在自愿投身于一件事情前，想看到自己的领导者并非完人。暴露弱点能够建立信任，有助于凝聚追随者。如果高管努力将自己塑造成无懈可击的完人，那就意味着他不需要别人帮忙，不需要追随者。这相当于发送了“我自己就可以搞定一切”的信号。

曾有心理学家做过这样一个实验：实验者给被试者呈现四种人，包括①才能出众而犯了错误的人；②才能出众而未犯错误的人；③才能平庸而犯了错误的人；④才能平庸而未犯错误的人，然后让被试者评价哪一种人最有吸引力和被喜欢的程度最高。结果是，才能出众而犯了错误的人被评价为最有吸引力。通过暴露弱点，领导者展现出他们作为普通人的一面，体现亲和力，这样不会给下属造成高高在上的感觉，反而能够展示真实的自我。

展现弱点，不仅能创建信任与合作的氛围，还能在领导者和追随者之间建立起稳固的关系。展露弱点还有一个好处，领导者可因此博得公众的同情。如果你表现得完美无缺，旁人就会不断挑你的刺，这是人之常情。名人和政治家历来深谙此道，他们常有意向公众暴露一些破绽，因为他们知道，如果不这样做，报纸就会编造更糟糕的缺点。戴安娜王妃曾公开承认自己饮食紊乱，但她死后却享有盛誉，人们甚至更愿意美化她。

总之，在社交网络中最高效的领导者懂得如何谨慎地、选择性地展露弱点。而选择自曝哪些弱点是一门精妙的艺术。有一条黄金法则：绝不能暴露会被他人视为致命弱点的缺陷，即那些从根本上有损职业形象的缺点。比如，一家大公司的新任财务总监绝不能突然承认，自己从来都搞不懂贴现。一个公共部门的领导者，绝不能把自己有触犯原则嫌疑的事件给暴露出来。领导者只应暴露非核心的一个或几个缺点。坦承非核心的缺陷，可以让人们的注意力从重大缺陷上转移。

此外还有一条广为人知的战略，就是选择一个可以被解读为优势的弱点，比如“对工作的狂热”。倘若领导们适当地展露部分缺点，他人对此就会不以为意，更不会对领导者带来大的伤害。

（2）情境感应器

有感召力的领导非常依赖直觉，他们利用直觉决定何时暴露弱点或是展现过人之处。人们称其为出色的“情景感应器”，因为他们能够像感应器一样收集并解读软数据。他们嗅觉灵敏，能敏锐捕捉事态变化的信号，听懂“言外之意”“弦外之音”。

（3）强势同理心

如今，人人呼吁领导者必须向团队成员展示关怀。领导者带着从人际关系培训项目学来的“关怀能力”关心属下，这在现实领导工作中不一定奏效。真正的领导者不需要培训项目教会他们如何关怀属下。他们不仅对被领导的人怀有强势同理心，也会密切关注下属的工作。他知道如何在不偏离工作的前提下，进入追随者的世界。利用铿锵有力且情绪化的语言，领导者能够向追随者展示出自己的关爱。

有感召力的领导者不会像许多管理学文章写的那样和善。相反，真正的领导者通过独特的方式进行管理，这可以称之为“强势同理心”。强势同理心意味着给别人需要的，而非他们自己想要的。比如做强硬决定时，具有强势同理心的领导者灵活地处理了创意型人才管理难题，会用一种下属难以拒绝的方式展示自己的关心与关爱。运用得宜的话，强势同理心可以实现两端平衡：既尊重每个人，又对任务负责。兼顾两者并非易事，组织困境求生时更是如此。在艰难时刻，领导者必须给身边人无私的关怀，还要懂得适当克制这种关怀。领导者必须内心强大，才能做到“强势同理心”。

倾向于运用强势同理心的人，往往对人对事怀有诚挚的关切。人们越是真正关心某样东西（不管它是什么），越容易展示真实的自己。真正关心某样事物的高管会真诚交流——这是领导力的先决条件；还要向他人证明自己不是装模作样，而是真的全情投入。人们不会把自己交付给只想完成差事的高管，他们要的是一个像他们一样满怀激情地关注他人及他人工作的领导者。

（4）勇于特立独行

社交网络中有感召力的领导者还具备另一项品质：善于利用自己的特点。事实上，最大化地利用自己的独特之处，是上述四项特质中最重要的一点。最高效的领导者会有意地表现自己的“与众不同”，以此与大众保持距离感。他们在吸引追随者向自己靠拢时，也依然会强调自己的独特性。

领导者有时会通过穿衣风格或外在形象来展现自己的与众不同。更多情况下，领导者会进一步通过展现想象力、忠诚度、专业性，甚至握手这样的细节来强调特点。所谓“不同”可以是任何一点，重要的是如何表现这些不同。可惜大多数人都不太敢于展现自己的独特性，还有些时候，人们可能要花很多年时间才能真正明白自己的独特之处在哪儿。在人际关系如此重要、团队形成如此迅速的当下，这是致命缺陷。

有感召力的领导运用独特性带来的距离感激励他人做出更好的表现。这并不意味着他们玩弄权谋，他们只是本能地意识到：如果领导者表现出些许冷淡，下属反而会加倍努力。毕竟，领导力比的不是受欢迎程度。

当然，特立独行也有风险。一些经理为了刻意强调距离感，过分夸大自己同他人的差别。事实上，一些领导者因此失去拥趸，这对他们是致命的。一旦距离感扩大，领导者的感知力将不复存在，他们因此会失去对下属认知与关怀的能力。20 世纪 90 年代初期，罗伯特·霍顿（Robert Horton）任英国石油（BP）经理。在任期内，他喜欢炫耀自己过人的智慧，给人留下傲慢和自我膨胀的印象。这种过分的差异化导致霍顿在任职 3 年后惨遭解雇。

2. 践行社交网络中的领导力

对于有感召力的领导力，上述四项特质缺一不可。领导者应该基于个性挖掘或培养特质，绝不能机械地照搬指南——这就是那些举几个成功领导者例子的“菜谱式”商业书籍无效的原因。没人能靠模仿某位成功者而建立起领导力。因此，未来领导者面临的最大挑战是“做自己”，当然也需要掌握更多技巧。要实现这一点，应不断深入理解本文提出的四项特质，最终形成适合自己的领导风格。

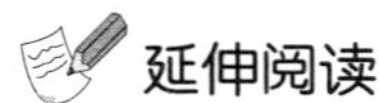

延伸阅读

如何领导明星下属——“鸡群效应”的启示

如何管理团队中的高绩效下属，或者说“明星下属”？这一直是个让领导者头痛的问题。明星下属业绩出众，在组织中有一定的影响力，甚至能够“功高震主”，但往往此类下属也具有一定的傲气，行为不拘一格，难服管教。要解决这个管理难题，需要首先从源头上思考：人们的组织到底需要明星下属吗？

普渡大学一位名叫威廉·谬尔的生物进化学家做了一个有趣的实验：鸡都是群居的，他选择了一群普通的鸡，然后让这群鸡独自繁衍到第六代。他又用生产力最强的鸡，创建了第二个鸡群，把它们放在一起叫“超级鸡”，然后在每一代里，都选择最高生产的鸡来繁衍。经过了六代后，得到了结果：第一群普通的鸡，表现都还不错，身形结实，羽翼丰满，产量较以前剧增。而第二群“超级鸡”只剩下两三只，其他都在互相竞争中被啄死。

霍夫曼教授分析，优秀的团队不是拥有一两个超过智商的顶尖人才，也不是整体智商最高的团队。反之，成功的团队都有三个特点：

第一，他们都有较高的社交灵敏度，这是由“由眼及心”的测试检测出来的，它被广泛理解为同理心测试。

第二，成功的团队给了每个人同样的时间，这样就没有任何人会成为主导，也没有任何人有机会搭便车。

第三，成功的团队里都有更多的女性追随者。

那些团队表现优异的关键，在于每个人和队友的关系，这意味着人与人之间的互动非常重要，因为在成员之间高契合度和反应灵敏的团队里，创意才会涌动并发展壮大，人们不会被某个想法困扰，不会浪费精力钻牛角尖。真正激励人的，是彼此之间建立的忠诚和信任。忠诚和信任就是一个组织的社会资本，而社会资本可以让组织稳固，也可以使组织更有活力。社会资本会随着时间增加，所以团队磨合得越久就工作得越好，因为要让人真正坦诚和坦率，就需要时间来建立信任。

几十年来，人们试图用金钱激励人们，尽管已有大量研究表明，金钱将破坏人与人之间的社会连接。现在，人们应该让人与人互相激励。几十年来，人们眼中的领导力就像救世主一样，能独立解决复杂的难题。如今人们应该重新定义领导力，领导力就是有能力去创造一种环境，让其中的每个人都能集思广益。

正如一位工程学院的院长说的：

第一，团队里不应该有明星队员，人们需要每个人，每个人都有独到的见解。

第二，人们做事只遵循一个标准：没有最好，只有更好。

第三，不应该进行干涉。干涉别人的破坏力不容忽视，当然不能意味着毫无作为。

——根据 TED 演讲《工作中的鸡群效应》编写

C H A P T E R 0 7

第七章

领导威信之法——制度为准

制度威信重要，还是领导者个人威信重要？这个问题自古有之。北宋苏轼笔下的“任人与任法”的论述，实际上正是反映了制度威信和领导者个人威信之间的矛盾。“任人而不任法，则法简而人重。任法而不任人，则法繁而人轻。法简而人重，其弊也，请谒公行而威势下移；法繁而人轻，其弊也，人得苟免，而贤不肖均。”苏轼的主张是“人法并用，轻重相持”。这也代表了中国传统对制度和威信的认识。

而在西方经济学和管理学的理论中，一个重要的前提假设（公理性假设）是：人之初，性本恶。人不仅以追求自身利益最大化为目的，而且是机会主义的，一有机会就会损人利己。在这种人性假设之下，制度威信的重要性自然要置于个人威信之上。

制度之所以重要，从根本上说，就是它可以节省交易成本。也就是说，如果有人不按制度办，违犯了法律，是会受到惩罚的，那么人们就可以对别人如何行事有一个比较可靠的预期，与他们打交道时就会比较简单，可以节省大量的时间与精力。即使出了问题，有制度可循，有法律可依就没有什么争议，处理起来比较简单方便。

本章着重探讨制度威信与领导威信的关系问题，并对当前领导实践中一些突出的、司空见惯却又存在问题的制度问题进行分析。

一、制度与领导威信

（一）制度固化领导威信

在制度设计的时候，要充分考量人性的内容，忽视人性的制度是注定要失败的。有一句管理学名言叫“顺人性做事，逆人性做人”，“顺人性做事”就意味着制度的设计一定要最大限度地限制人性中恶的成分，发扬人性中善的成分。人性不能完全靠说教来改变，只能用制度来引领，关键在于用什么制度去引导人们弃恶从善或弃善从恶。然而，制度一定是重于人性，也是重于领导威信的。经济学家强调要用制度来引导和制约人性。制度是人们的行为规则，也是一种社会激励机制，它规范人的行为，又把人的行为引导到有利于整个社会发展的方向。著名经济学家哈耶克曾经说过，一种坏的制度会使好人做坏事，而一种好的制度会使坏人做好事。制度并不是要改变人利己的本性，而是要顺从人的本性，做到让人们从利己出发，主观为我，事实上却是“我为人人”多做有益的事。

制度的作用就是尽可能明确地界定不同个人之间的利益边界（产权），规范人们的行为，尽可能地减少一些人损害另一些人利益的事情。这样，每个人都在明确的边界内最大限度地发挥创造性，追求利益最大化，整个社会的利益也就实现了最大化。制度也需要根据组织的生命周期进行适当调整。组织在发展过程中分三个层次，创业期、发展期与稳定期。而在这三个期间的管理模式最好是人性化管理、制度化管理与组织文化管理。

1. 制度威信贵在执行。汪中求在《细节决定成败》一书的前言中说道：中国绝不缺少雄韬伟略的战略家，缺少的是精益求精的执行者；绝不缺少各类管理制度，缺少的是对规章条款不折不扣的执行。当前，领导者在设计制度时存在一种倾向，那就是更加注重建立制度，讲要求，做规定，下文件，颁布一些新的政策法规，但对制度执行却有所忽视，理论研究不深入，求实对策不多，反馈评估机制不通畅，很多制度执行没有达到预期成效，这是一个不争的事实。

“徒善不足以为政，徒法不足以自行。”制度执行力产生要有坚实的基础，操作要有明确的规则，改变要有必要的条件。相比依靠动员的执行力和依靠创新的执行力而言，制度执行力具有基础性、稳定性、规范性、科学性特征。比如说，一个单位部门，有了较强的制度执行力，才不会出现“树倒猢狲散”的现象。由于制度执行力具有以上四个鲜明特征，在价值功用上它成为事业发展壮大的支柱。我国改革开放三十多年，从“摸着石头过河”的经验式到现阶段提出“科学和谐发展”的理性式，实际上要求当前改革发展要更加注重制度理性。

制度要想具备可执行性，必须具备“五个维度”。一是理性维度，包括制度出台有没有现实性、有没有科学的依据、与相关的制度是否符合等。比如，从现实性的角度看，制度不是越多越好，而是要符合实际、满足需要、切实管用，能解决实际问题。否则制度多了反而就成了“制度阻塞”。比如说，立法多并不意味着是法治。事实证明，众多的限制经济人活动的法律，可能造成坏的市场经济。二是约束维度。对制度的约束对象必须明确，即“制度内人”明确化。不同制度，“制度内人”的组成有不同的特点，比如说，一般的公共道德准则，“制度内人”是社会上所有人，而特殊的从业标准、行业规定，“制度内人”只是特定参与者。三是标准维度。标准要符合实际，能够量化的尽可能量化。四是时空维度。对制度的时间、地点、背景和环境进行明确。五是情感维度。制度建设要遵循“人本精神”，体现制度对人的情感、公平关怀。对一些特殊例外，要做出相应的规定。

（二）让制度绽放人性光芒

优秀组织的成功，既不是什么理论，也不是什么计划，更不是政府的政策，而是"人"。"人"是一切经营最根本的出发点。

哲学家克尔凯郭尔说，一种宗教如果能以后果来合理化，那么就不再是一种宗教。"同样的道理适用于信任、爱情和友谊——如果它们有合理的证明，那么它们只不过是经济学而已。人性的展现不在于使用理性达到目标，而在于使用意志挫败理性。领导力可以看作武断的、快乐的、无法合理化的献身。领导者必须要优雅、热情地扮演自己的角色。这样，他们不仅能通过创造一个现实来增加世界的美，而且能通过行动发现自己。

管理之道不在于管人，而在于"管事，理人"，而在于充分发掘每个人的潜力，在于化人力为资本，聚沙成塔，从而做大做强组织。管理与世界接轨，产品与市场同步。人们在规范管理的过程中应当做到保证管理制度能与时俱进、与世界接轨，并做到不断加以创新。"做正确的事，远比把事情做正确更为重要。"只有这样，领导者制定的制度才会充分发挥它的功效。

1. 约束追随者的行为

组织建立规章制度的目的不是为管人而管人。人性本是善良的，但往往在组织的生产经营活动中却有那么一小部分人屡次犯错，这可能是因为他们的重视程度不够所引起的，或者是对组织、对领导的不满的宣泄。这时候就需要用制度去约束他们少犯错误，甚至是不再犯错。通过制度的强加干预，有效地控制事态的进一步恶化，改善这一不利于组织发展的局面，从而提高生产效率。

2. 驾驭人性

制度的功效在于，不断加以强调是非标准而渗透组织的价值观。如果说最初对追随者的管理仅只是停留在强制性这一角色，那么通过不断渗透，不断倡导正面的、优秀的东西，抑制负面的、消极的东西，杜绝危害组织利益的事，渐渐地追随者就会变不自觉为自觉，最终形成一致性，把人性引导至善的一面。

（三）激励制度新思维

也许激励制度是最具有代表性的管理制度。什么是激励？美国管理学家贝雷尔森（Berelson）和斯坦尼尔（Steiner）给激励下了如下定义："一切内心要争取的条件、希望、愿望、动力都构成了对人的激励——它是人类活动的一种内心状态。"人的一切行动都是由某种动机引起的，动机是一种精神状态，它对人的行动起激发、推动、加强的作用。

真正的领导不以个人需求为出发点，而是以追随者的需求和组织的需求为出发点。领导人物的关键问题不是考虑：我要做什么？什么东西适合我做？领导者要考虑的是：在这种情况下必须要为大家做什么？直接的"回报"对领导者来说几乎无关紧要。他们不关注回报，根本不在乎金钱的回报。这种责任感甚至让领导者痴迷，达到对其他一切事物可以不顾。工作始终是他们的推动力，而不是个人私利的获取。或者换句话说，领导者最迫切需求的是工作任务。不少人在完成职责中把自己的获取放到了脑后，做出个人牺牲或者不拿报酬，常常让周围的人无法理解，而领导者却乐在其中。

领导者对普通的激励不感兴趣，对经常性的语言激励更是不感兴趣。领导者的积极性和动力来自任务和与任务相关的成果。他们为事业而工作，良好地完成一件任务对他们来说已经带来了足够的满足，往往甚至是最大的满足。

人一半是天使，一半是魔鬼；激励就是激发人的真善美，约束就是抑制人的假恶丑。激发正能量，抑制负能量，就是激发活力的本质。一谈起激励，人们马上就会想到金钱，尤其在这个物欲横流的社会里，金钱似乎是这个世界的主宰。果真如此吗？

在美国行为科学家弗雷德里克·赫茨伯格（Fredrick Herzberg）眼里，金钱根本不是激励要素，而是保健因素。20 世纪 50 年代末期，赫茨伯格和他的助手们在美国匹兹堡地区对 200 名工程师、会计师进行了调查。得出的结论是：传统的激励假设，如工资刺激、人际关系的改善、提供良好的工作条件等，都不会产生更大的激励；它们能消除不满意，防止产生问题，但这些传统的"激励因素"即使达到最佳程度，也不会产生积极的激励。换言之，以物质激励为内容的保健因素，消除不满意，带来满意，只能使下属不会离开公司，而不能保证下属持续地为公司做贡献。

真正的激励要素是属于工作本身或工作内容方面的成就、认同、挑战性的工作、增加的工作责任，以及成长和发展的机会。有人或许会认为学者的书斋里的研究结论不可信，不适应中国的国情，或者不适应"80 后"，而现实情况并不如此，一项针对中国组织下属激励要素的相关调查，也再次证明赫茨伯格激励理论的成立。成就、挑战性工作、认可与尊重、关系的和谐、职业提升等同样被认为是最有效的激励要素。

当然，物质激励是必要的基础，正如马云在谈到员工为什么会离职的时候说，"一是因为钱没给够，二是因为人心凉了"。一定程度的物质激励必不可少，但它有刚性，会惰化，产生沉淀；物质激励与非物质激励相结合，犹如核碰撞和核裂变，产生出巨大的能量。

不管是物质激励，还是非物质激励，都应力出一孔，导向下属的活力激发、潜力挖掘和持续地创新。物质激励：如山，如父爱，厚重，刚性；非物质激励：如水，如母爱，温暖，柔性。下属获取的物质激励来自组织，决定于组织的价值评价与价值分配体系；领导者能够给追随者带来的只有非物质激励。

1. 胡萝卜加大棒过时了吗

在激励制度中，所谓“胡萝卜加大棒”，是以往靠犟骡拉车时代遗留至今的一种比喻说法。车夫为了驱使拉车的骡子不断前进，要借助两种工具——在骡子面前吊上一根胡萝卜，并且时不时地在后面用棍棒抽打它的屁股。

然而，心理学家们指出，外在激励（譬如胡萝卜和大棒）对于改变行为的作用并不大，只有内在的行动承诺才能发挥有意义且持久的激励作用，这是因为，人们如果发现某种行为本身能给自己带来愉悦或满足，便会越发主动地投入其中。

尽管存在上述否定声音，外在激励手段若得以正确运用，仍可有效地改变人们的行为。人们只需了解哪些外在激励手段能够起作用，以及领导者应如何有效地利用这些手段来促进下属行为的改变。

2. 正反两方面的激励

外在激励有两种形式：正向激励（金钱、奖励、表扬、认可）和反向激励（批评和惩罚）。有些专家坚持认为，如果运用外在激励手段，就只有正向激励才能促成行为的改变。然而，强有力的证据表明，正反两方面的激励均可成为领导者工具箱中的利器。下面来看一些关于外在激励的常见说法，以及它们是否合理有据。

说法 1：金钱刺激无效。研究显示，经济奖励似乎对于薪酬水平低、工作性质相对简单的下属最具激励效应。通常来说，金钱更能刺激人们付出更多努力、加大工作量，而非提升工作质量。研究还表明，金钱刺激一旦达到一定水平，再增加奖金额度也无法带来业绩的进一步提升。尽管这些告诫值得考虑，但是所谓“金钱刺激无效”的说法有夸大其词之嫌。这也提醒领导者要用一种谨慎的态度看待科学理论，特别是对赫茨伯格的理论进行辩证分析。

说法 2：奖励会扼杀内在动力。有些人指出，奖励有可能减弱人们对某项工作的兴致，以致降低其努力的程度。但在某些情况下，精心选择的外在奖励方式能增强他们的内在动力。譬如“亲社会式奖励”（即向受奖者指定的慈善机构捐资）即是如此。表扬和批评意见，如能辅以如何提升业绩的信息，也能增强下属的内在动力。

说法 3：外在激励会伴生副作用。奖励可能伴生的风险在于，下属会全心关注特定的任务目标或行为，以致忽视了其他目标和因素；而批评则有可能损害下属的业绩表现，降低信任度。

个人对于正、反两方面激励的响应方式主要取决于具体情况、个人因素和激励机制。领导者可以在激励个人成就的同时，促进团队合作和协同配合，例如通过金钱或非金钱奖励，让受奖者用此奖赏那些协助自己完成任务的同事。

如果适当注意情境，就可以控制好批评的负面作用。例如，表扬通常对新下属更见效，而阅历深的老下属似乎更多的是在接受批评之后有所改进。当目标即将达成时提出批评，或者在批评的同时就如何改进工作提出建设性意见，也可以使批评的效力高于表扬。

说法 4：奖惩措施的效力不能持久。这里的担心是，领导者可能对外在激励产生依赖性。然而，众多研究显示，避免这种情况的关键点似乎在于确保外在激励与其他支撑持续行为变革的因素能够起协同作用。

3. 高效运用外在激励手段

要使外在激励的效果最大化，可遵循以下五个简单法则。

法则 1：表扬在前，奖金在后。像表扬和认可这类无形的激励无须花费成本，效力却不亚于金钱。如果采用物质奖励的办法，尽量尝试以非现金形式来进行。

法则 2：处罚不宜多，应当具有协同性、可预测性。当奖励已不足以促成行为改变时，处罚手段可能产生效力。一些组织让下属选择处罚方式，收效甚佳：这样能使下属们理解处罚的必要性，并能确保处罚的触发机制对于全体下属而言都是透明且一致的。

法则 3：激励要与具体情境挂钩。将激励手段与它所针对的行为挂钩。例如，反向激励手段（如对于不安全做法的处罚）能够更好地鼓励“预防导向”的行为（如减少事故）；而像奖金这一类的正向激励手段则更适合用来刺激“促进导向”的行为，如达成销售目标。

法则 4：公平一贯。对于激励是否公平的认知会影响激励的有效性。增强这一认知的有效手段包括：举出证据说明奖励或惩处的依据，在激励措施上对所有人一视同仁，确保触发奖励或处罚的行为处于个人的可控范围。

法则 5：把握正确时机。在激励所针对的行为发生后当即予以奖励或惩处，收效最强。此类“现场红包”的颁发如果频繁又出乎意料，则效果最好。意外的奖励通常更激动人心。

4. 内在与外在激励相结合

内在激励或许是刺激长期建设性行为的适当途径，然而人们也不应忘记，外在奖励和处罚也具有一定的作用。当内在与外在的激励手段相结合时，二者的影响力都相应地得到了增强。例如，在促成人们行为改变的早期阶段，外在激励可能特别有效，直到这种改变成为一种日常习惯。

激励手段并不是促成行为改变的唯一因素。假如缺乏令改变成功并维持下去的能力和支持性环境，人们的行为改变往往多有反复，改变程度也不会彻底。尽管如此，激励手段的运用是变革之路上至关重要的第一步。

延伸阅读

制度设计——曾国藩湘军常胜之师的秘诀

在军事史上，曾国藩的湘军不能不算是一个奇迹。湘军是所谓的“官勇”，即地方政府招募的临时性武装，并非国家的正规军，当时的国家正规军是八旗和绿营。然而曾国藩却在很短时间内，将这样一群来自草根的散兵游勇打造成那个时代最具凝聚力和战斗力的部队，乃至令“湘军精神”流传后世，成为“团队精神”的代名词。他是怎么做到的？

这得从曾国藩编练湘军时问自己的第一个问题说起。曾国藩当时并没有先探究“湘军如何能打”，而是先分析了“绿营为何不能打”。要知道，绿营是经制之兵，装备精良，训练有素，而他们的对手太平军是一批揭竿而起的农民，根本没受过什么军事训练。然而在太平军面前，绿营一触即溃，望风而逃，将大清王朝的半壁江山转眼之间就送给了太平天国。

绿营为何不能打仗？曾国藩在分析后得出一个结论：绿营存在巨大的制度缺陷。

绿营采取的是“世兵制”，即士兵由国家供养，世代为兵，各地都有绿营。一旦发生战事，就采取抽调的制度，东抽一百，西拨五十，组成一支部队，然后派将领带兵出征。这样的结果是：兵不识兵，将不识将，将不识兵，兵不识将。用曾国藩的话说，这就像砍树枝一样，东砍一条，西砍一根，然后捆到一起，形不成一个整体。既然大家互不熟悉，没有交情，那么大家都明白，遇到危险，就甭指望别人会来救自己。既然别人不会来救自己，那么打起仗来就谁也不肯冲锋在前，独履危地。相反，生死之际，所有人的本能反应都是自己先逃命。这就是绿营作战的特点，也就是曾国藩说的“近营则避匿不出，临阵则狂奔不止”“胜则相忌，败不相救”。在他看来，这样的军队，即使“诸葛复起”，也是打不了胜仗的。所以，湘军要想镇压太平天国，就必须从制度上进行彻底改变。

所以，曾国藩在湘军采取了全新的制度设计。与绿营的世兵制不同，湘军采取的是招募制，而且是层层招募制。具体来说，就是大帅招募自己手下的统领，统领招募自己手下的营官，营官招募自己手下的哨官，哨官招募自己手下的什长，什长招募自己手下的士兵。

湘军的待遇很高，所以不愁招不到兵。但只有上司招募你，你才能进入湘军，得到升官发财的机会。这样一来，士兵势必感激自己的什长，什长势必感激自己的哨官，哨官势必感激自己的营官，营官势必感激自己的统领，而统领势必感激自己的大帅。如此，从大帅到士兵，湘军就像一棵大树，“由根而生干，生枝，生叶，皆一气所贯通”，组织内部全部打通了。“是以口粮虽出自公款，而勇丁感营官挑选之恩，皆若受其私惠。平日既有恩谊相孚，临阵自能患难相顾。”由此，在湘军内部，人和人的关系也就跟绿营不一样了，不再是捆在一起的树枝，而成为一个由感情纽带凝聚起来的整体。

招募制只是曾国藩制度设计的第一个层面，更厉害的是在第二个层面。曾国藩规定，在作战过程中，任何一级军官一旦战死，那么他手下的军队便就地解散。比如，营官战死，那么整个营地就解散，全部赶回家去，一个不留；以此内推，哨长、什长都是如此。这会导致一个什么结果呢？这样一来，所有人都会做一件事情，就是一定要保住自己的长官。因为只有保住长官，你才有继续升官发财的机会。保卫长官本来是一种道德要求，但湘军通过制度使其变成了最符合追随者自己利益的行为。由此在湘军中，道德的要求和利益的追求完美地结合在了一起。王闿运在《湘军志》有言：“其将死，其军散；其将存，其军完。从湘军之制，则上下相维，喻利于义。将卒亲睦，各护其长。”这便形成了曾国藩所说的“呼吸相顾，痛痒相关，赴火同行，蹈汤同行。胜则举杯酒以让功，败则出死力以相救”的“死党”。这是湘军凝聚力和战斗力的来源，也解释了为什么湘军和绿营同处一个时代，绿营士兵打起仗来首先想自己逃命，而湘军士兵首先想保卫自己的长官。

一切皆是因为制度设计的不同。制度是什么？制度是决定和改变人行为的东西。人都是理性的，人都知道什么样的行为对自己最有利。

领导者的关键任务是能够制定出有效的制度，把追随者的自利行为引导到对组织有利的方向上去。就像曾国藩治理湘军一样，在确立基本制度后，他根本不用自己挥着战刀在后面逼追随者冲锋陷阵，追随者自然就知道往前冲。追随者的行为已经变成了自觉、自发的行为，因为这种行为对他们自己是最有利的。

——宫玉振：《曾国藩湘军精神纽带：有效的制度设计》，《商业评论》，2014（7）。

二、制度—威信的冲突与平衡

（一）制度约束威信

美国前总统布什曾说过，“人类历史上最伟大的成就不是留下了多少宏伟建筑和科技成果，而是驯服了权力，把统治者关进了笼子。我现在就站在笼子里对你们说话”。要“驯服”权力，防止领导者威信的泛滥，必须依靠制度。

1. 威信过盛的危害

斯坦利·米尔格拉姆教授（Stanley Milgram）20 世纪 60 年代在耶鲁大学做了可能是心理学历史上最著名的一个实验。这实验让人认识到了人性的盲从与脆弱。这实验或许也暗示了人类的出路——虽然之前一提再提，但这实验将之强化了。

实验是这样的——找到志愿参与者，然后跟他解释，该实验是研究处罚在学习与记忆中的作用。一个参与者的任务是记忆一系列单词，他的身上接有电极，当他出错后，另一位参与者负责按下电门，每增加一次错误，电击强度增加 15 伏，直到人类难以忍受的 450 伏。你当然愿意成为那个按电门的人。你会如愿的。在这个实验中，那个倒霉的受罚者是扮演的，他的各种痛苦表情，包括苦苦哀求，倒地挣扎，都是天才的演出。到底有多少人会按下最高 450 伏的电流呢？在实验之前，米尔格拉姆教授的学生、同事认为，只有 1%—2% 的人会如此糊涂；几十名精神科医生更评估为 1‰ 的小概率事件。结果是 63% 的人忠实地执行了惩罚命令。

与此很类似，20 世纪 70 年代，斯坦福大学有位心理学家，名字叫作津巴多，在斯坦福也进行了一个非常类似的实验。他找了两批不同的参与研究的志愿者，分别让他们扮演两种不同的角色，一批人扮演看守，另外一批人扮演囚犯。研究结果非常令人震惊，他发现仅仅只是给他们两种虚拟的，完完全全不真实的身份，就可以改变这些正常人的行为。看守会变得越来越粗鲁、越来越欺负囚犯、越来越暴力，而囚犯会变得越来越沉默，在受到压制的时候，依然会逆来顺受。

这两个试验说明了这么一个道理：在绝对威信面前，人们大多数时候都选择了服从。正是由于威信泛滥的可怕，使得制度的约束是如此的宝贵。

2. 好制度的标准与发展

好的制度的一个标准，就是它是不是明确而清晰地界定了各方的权利与责任，是不是涵盖了可能发生的各种问题，是不是有一个简单明了的处理问题的程序。而在这里，人们也可以看到，好的制度的形成一定是一个不断发展、不断修订的过程，因为最初人们不可能预见到可能发生的所有利益冲突，只有在实践中不断“出事”的过程中，才能发现原来制度的缺陷，才能不断地改进，不断地使制度趋于缜密，做到“法网恢恢，疏而不漏”。

但这时就出现了另一方面的问题：制度越发达，往往就越复杂，法律条文就越多，弄到一般人都记不住、搞不懂的程度，必须花钱聘用专家来搞清楚相关的规章制度，来处理各种利益关系。而因为制度的复杂，法律程序就复杂，往往需要好多人参与，费时费力费钱后不过是解决一个小问题。人们这时就会抱怨打官司贵，抱怨制度不合理，成本太高。但是，如果仔细分析下来，在规章制度基本合理的情况下，只要打官司的成本或者是引发组织内部成员争执的成本，低于旷日持久扯皮扯不清时各方所要花费的时间与精力成本的总和，这个社会为这个制度支付这个打官司的成本，就是合算的。

制度最初不太发达，一方面表现为它还不能覆盖许多可能发生的情况，另一方面表现为制度规定的解决问题的程序不够清晰明了，所以需要支付一些不合理的成本。而只要一个组织有一个不断改进的机制，使制度不断地发展和完善，制度成本就会降低，组织运作起来就更有效率。

反过来说，这也给人们提供了一个发展制度、改革制度、完善制度的思路：既然制度的作用在于节省扯皮的成本，制度的发展方向就是进一步降低这些成本，而不是搞出各种繁文缛节，加大大家的成本。节省了成本，就是提高了效率，经济增长就会快一些。另一方面，即增加产出的方面，制度的重要性就在于它可以提供正确的激励，使人们发挥创新能力，追求更大的新利益。比如，保护产权（包括知识产权）的制度，就可以使人们为了追求自身利益的最大化而不断创新，以获得创新的超额利润或额外收入。经济中的商业模式和科学技术，就会不断创新，生产力不断提高，经济增长和经济发展就有了持久的动力。再比如组织中的工资制度，就可以在保障组织成员基本生活的前提下发挥激励作用，如果员工能够在完成本职工作的基础上承担更多的工作职责，产出更高的绩效，那从组织方面来说就理应给予超额工资进行回报，这都是制度的力量。正是在这个意义上，现代增长理论和发展经济学已经把最近几十年来制度经济学研究的成果吸收进来，把制度改进定义为决定经济增长的第四个要素。另外三个要素是：资源、劳动和知识（有知识和技术附着的资源就演化为“资本”，受过教育的劳动者就成为“人力资本”）。

体制改革之所以可以促进增长，可以提供“红利”，就是因为它可以节省成本、提高效率、鼓励创新。我国这几十年的发展经历，为制度的作用提供了最生动的佐证。地还是原来的地，人还是原来的人，耕作技术还是原来的技术，旧体制下吃不饱饭，改了一下制度，实行家庭联产承包制，就充分解放了农民的积极性，这样的事实雄辩地说明了制度的改进之于一个组织、一个社会、一个国家都具有重要的意义。

（二）威信的制度平衡

制度的规范与领导者个人威信在一定的时刻必然会产生冲突，这时候就需要平衡。平衡，是一种工作方法，也是一种工作艺术，是领导者调适能力的具体体现。在制度的框架下，领导者更需要学会进行平衡。在实际工作中，有的领导团队团结协调、很具凝聚力和战斗力，有的团队却长期处于“亚健康”状态，甚至病入膏肓，一盘“散沙”，工作难以推进到位。究其原因，很大程度上取决于领导者能否科学适度地用好“平衡术”。而一个成功的领导者就是要善于抓住事物的本质，通盘考虑，找准工作的平衡点，把多种因素调整到最佳状态，最大限度地整合资源，为同一目标而集聚力量，实现工作效率和社会贡献的最大化。

一是团队结构的平衡。团队结构是团队的生命，团队结构的平衡是团队稳固、充满活力的根本所在。领导者是团队的“主心骨”，必须具有平衡能力，应具有广博的知识体系、阔大的心理容量和完善的人格魅力。团队成员之间要形成合理互补的平衡结构。在智能结构上，既要有创新型的思想家、条理型的企业家，也要有实践型的实干家；在专业结构上，既要有管理型的人才，也要有专业型的人才；在性格特质上，既要有活泼开拓型的，也要有冷静稳重型的；在年龄结构上，要有一定的梯次，保持老中青结合，纺锤形的动态平衡。

二是用人策略的平衡。我国著名人才学家王通讯曾说过：“凡是成就大事业者，无不是带领着一大群才性各异、秉性不同，既有才能，又有毛病的人打天下的。”“用人”的内涵：一是使用；二是提拔。在使用领导者上，要善于用其所长，避其所短，制定人才互补机制，真正“把好钢用在刀刃上”，形成能量聚合，产生整体合力。在提拔领导者上，要坚持任人唯贤，唯才是举，既要看到视野范围以内的，也要考虑到视野范围以外的。在提拔下属时，要通过民主渠道，听取集体的意见，这样既会使大家心服口服，防止团队内部产生“非议”，又能把能人遴选到其适合的岗位上来。

三是人际交往的平衡。人际交往，人之常情。但对于领导者来说，基于所处的位置和拥有权力的特殊性，则必须慎之又慎，正确摆正与亲戚、朋友、老乡、战友、同学和下属之间的关系，用前文提到过的“亲疏者和疏亲者”的原则与他们“差序交往”，保持一种适当的、平衡的亲和力，不因“裙带关系”就亲近谁，不因“对己有用”就偏爱谁。与自己交往过密的，要有意拉开距离；与自己接触比较少的，要创造机会主动接近。

四是个人情绪的平衡。人总是生活在矛盾之中，每天的是非得失总在影响着每个人的情绪。领导者同样也摆脱不了喜怒哀乐的困扰，同时领导者的心情还会在不知不觉间传递给下属和他人。如果领导者没有超然于事物之上、善于解脱自己的意识和节制自己情绪的能力，往往会产生意想不到的变故。因此，领导者必须科学调控自己的心态，有意识地平衡喜怒哀乐的情绪。不喜怒无常，让人捉摸不透；不冷若冰霜，拒人千里之外。要保持一颗健康向上、充满乐观的平常心。

五是兴趣爱好的平衡。人人都有自己的爱好，有的爱下棋、有的爱收藏、有的爱书法等，不一而足。但领导者的爱好却有一定的导向作用，容易诱发下属的趋同心理，更有甚者会投其所好，成为投机者打通“关节”的突破口。为此，领导者要慎对兴趣爱好，科学取舍，把握平衡。发扬积极向上的兴趣，抑制低级庸俗的爱好。在展露兴趣爱好时要注意场合、把握适度，防止造成负面影响。平衡是领导者有效组织开展工作的一种手段，而不是最终目的。这里所说的平衡是指实事求是的、按客观规律办事的、科学的适度的平衡，而不是为了局部的或者个人的利益而“谋求”的无原则性的平均与照顾。工作中，既要防止“左”和“右”两个极端，用发展的目光思考问题、解决问题，又要防止折中主义，做到具体问题具体分析，还要充分发挥党内、社会、舆论等途径的监督职能，防止“平衡”变味。

（三）制度让威信内化

传统领导模式是靠领导者个人的能力 + 魅力 + 魄力 + 权力来开展领导活动，其领导力是领导者直接发力，而新领导力靠“制度”来引导领导活动，其领导力是靠制度来发力。领导者的作用将发生变化，不再是直接发号施令，而是通过制定制度、规则来影响人们，使人们在一定的规则下活动，从而实现领导意图的领导方式。

1. 制度让领导职能回归

诸葛亮“鞠躬尽瘁，死而后已”的形象成为千百年来人们传颂的佳话，但从领导的角度来说，诸葛亮却未必是一个好的领导者。《三国志 · 诸葛亮传》中说：“政事无巨细，咸决于亮。”又说诸葛亮：“杖二十以上亲决。”

诸葛亮这种事必亲为的领导理念实质上是领导力不强的表现，这种靠“能人”而不是制度来管理的方法使诸葛亮羁绊于细节，从而不能将其谋划全局的本职工作做好，最终导致诸葛亮“六出祁山”却没有一统三国。因此，领导威信真正要内化为下属的行动，必须经过制度这一关的磨炼。

2. 制度让领导控制力提升

美国著名的管理专家巴达维曾说：“没有控制，领导者就无法管理，组织就不起作用，组织的日常工作如果不通过有效的控制，使它在轨道上正常运转，最好的计划和决策都会落空。”可见，控制的实施对领导者来说是一项重要工作，是提升与开发领导力的着力点。制度的关键作用在于对组织的风险进行防控。领导者个人的威信只能控制“点”，不能控制“面”，只能控制一时，不能控制一世，而制度的力量则可以做到全覆盖、无死角。

3. 制度让非权力性影响力提升

非权力性影响力是任职者主体产生的效应。与权力影响力仅凭地位和职权发号施令不同，非权力影响力是以人的品格、知识、能力和感情为基础，以综合领导素质和人格力量吸引人、感召人的影响力。

孔子说：“其身正，不令而行；其身不正，虽令不从。”群众对领导者是听其言、观其行的。因此，领导者的非权力影响力对其权力的行使起着很大的制约作用。“桃李不言，下自成蹊。”领导者良好的自身人格力量比千百次说教所起的教育作用要大得多。因此，在制度建设成功的基础上，领导者必须注重自身修养，严格要求自己，做到自重、自省、自警、自励，在工作实践中努力塑造和提高自己的政治素养、知识素养、能力素养、心理素养，展示自己的人格魅力，并以此影响、带动追随者。作为一名领导者，非权力性影响力更能够表现出其领导力的大小。

从摩西的“千夫长、百夫长、五十夫长”到诸葛亮的“事必躬亲”，人们可以看到：通过制度分权，领导者拥有更多的触角和视角，从而可以领导更为庞大的组织；通过法度和基准，领导者拥有更明确的判断标准，从而可以只是把握他的“千夫长、百夫长”；通过全面的制度建设，原本分散的成员不再是一盘散沙，而是成为一个统一、高效的组织。所以，毫无疑问一个良好的制度是提升领导者领导力的有力武器。

延伸阅读

美国梅奥诊所的特色薪酬制度

从美国新闻与世界报道（US News & World Report），到美国著名医疗机构跳跳蛙集团（Leapfrog Group），到美国健康医疗质量评分机构（Health Grades），只要是一个美国医院排名的榜单，梅奥诊所几乎都稳居前五。

毋庸置疑，尖端的医疗技术，出色的医疗效果，大量的科研投入都是确保梅奥诊所能够雄踞各大榜单的因素。可是除去这些，为什么梅奥能够那么成功？

因为梅奥的医生吃的是“大锅饭”。

顾名思义，梅奥诊所医生拿的年薪不和任何其他因素挂钩。强调一下，这个“任何”囊括了门诊量，手术量，科研产出，绩效表现，医疗质量，等等。既然完全脱钩了，也就自然不存在所谓的绩效奖金和分红。更重要的是，无论你是世界知名的医生还是一位在职业早期的年轻医生，拿到的年薪几乎是一样的。

假如说预设年薪是 50 万美元，梅奥的薪酬设计大致是这样的：第一年拿预设年薪的 60%，也就是 30 万美元，然后每年逐年等额递增，直至第六年达到目标薪水 50 万美元。一旦达到目标薪水，不论你的资历，都将持续稳定在这个数额。

业界一片哗然。因为这样的大锅饭颠覆了市场经济的规律，强行剥离了多劳多得的激励体系。更重要的是，在美国医学界论资排辈是被大家广泛默认的。自然年资高的医生应该拿更多的薪水，以彰显身份。无论是在医学院还是在医院，人们常会听到的一个单词就是“hierarchy（等级制度）”，因为这已经成了一种默认的文化。

然而，这个大胆的尝试背后的逻辑却是一针见血。

第一，医疗行业的特殊性致使常规的激励体制非但没有效果，反而导致了更多的浪费。年薪与绩效脱钩的设计有效地降低了潜在的利益关系上的冲突。

首先，梅奥的医生不会受到绩效的激励让患者去做一个可做可不做的手术，不会去重复任何一个没有必要的 CT，MRI。

其次，这还解决了一个悖论。按照常规的绩效激励体制，做得越多收入越高。但是如果医生把病人的健康维护在一个很好的状态，本来是一件好事，但在多劳多得的激励体制下，意味着医生将没有化验，没有手术可做，随之收入也将降低。年薪制却能很好地解决这一系列问题，把医生的精力从考虑工作量相对价值（Relative Value Unit）彻底地转移到病人身上。

第二，大锅饭打破的不仅仅是论资排辈的薪水格局，更是阻碍医疗协作的铜墙铁壁。无论年资，同样的薪水，让所有梅奥团队里的每一个人切实地觉得大家都是同等重要的。个人英雄主义，或是倚老卖老在梅奥行不通。这极大地减少了权力之间的距离（power distance），让各个科室更愿意在一起工作。因此，整个工作协同的环境变得更友好，沟通更顺畅，也就为构建高效的协作医疗体系打下坚实的组织文化基础。

在梅奥，每个患者都有自己的协调医生，负责全程协调专科门诊或者会诊。预约也是集约化的，一个电话可以搞定不同科室的预约，而无须分别致电。这种处处强调协同，创造协同环境的理念，带来的结果是振奋的。

而这些结果，往往不在榜单上表现出来，也不为人熟知。

回到“大锅饭”这个话题，如果真的需要执行到位，有两个痛点需要解决。

第一，大锅饭的薪水能不能吸引医生留下？

第二，大锅饭没有绩效考核也不和医疗质量挂钩，会不会养懒汉？

梅奥管理层的回答是掷地有声的“能”和“不会”。虽然年薪是一样的，也不会有分红和奖金。但梅奥的薪水制定是紧跟市场的平均价值的，也就是说大锅饭的水平拿到市场上也是有相当竞争力的。

如果梅奥的运营状况良好，每年也会适当整体提高年薪的水平。所以纯粹从收入的角度，大锅饭不会成为绝大多数优秀人才离开的原因。相反，由于没有工作量以及创收的压力，医生有足够的自由把时间花在需要治疗的病人身上，从而取得的满足感和成就感是薪水没有办法取代的。数字也印证了管理层的自信，梅奥诊所约 2% 的人员流失率在医疗行业是极低的。

再看养懒汉和医疗质量这个问题。首先梅奥的观点很明确，额外地通过物质金钱激励体系去提升质量，这是荒诞的，是对医学和医生职业的一种亵渎。其次，梅奥诊所再次巧妙地利用组织文化和行为学的理念——同伴压力（peer pressure）去解决这个痛点。美国医生社群中有一种与生俱来的竞争意识，上医学院，完成住院医师培训，能够进入梅奥的都是佼佼者。谁都不愿意成为弱者，就是这种同伴之间的压力，足以约束个人的行为。所以教条式的介入并没有必要。如果，真的有个别医生与梅奥的价值观不符，那通常情况下迫于这种同伴压力，医生会选择知趣地主动离开。

梅奥创始人威廉姆·梅奥在 1932 年说过：“梅奥从不是一个利润分享的组织”，也就是说除了合理的回报，梅奥从一开始就没有将奖金和分红提上议事日程，所有的盈余都被用于投资未来。当然这也不是说，梅奥的成功就是一个偶然或是说完全不可复制，事实上克利夫兰诊所和凯泽永久集团都采用了类似的年薪制，并且这两家在医疗效果、质量以及费用控制上的表现也为人称道。

——《揭秘美国最佳医院》,《医学界》, 2016（8）。

CHAPTER 08

第八章

领导威信之的——绩效为根

衡量领导威信是否发挥作用，其关键就在于能否帮助追随者及组织提升绩效。不管领导者的形象如何出众，领导艺术如何高超，设置的制度如何完备，追随者如何众多，如果不能让组织达成卓越的绩效，那领导者身上这些美妙的点缀都会如过眼云烟，烟消云散。因此，领导者威信的落脚点和终极目的，必须牢牢集中在追随者及组织绩效的改善上。可以说，卓越的绩效是领导威信合法性的关键来源。

本章着重论述了成为高绩效领导者最为重要的“三部曲”，并依据领导力最新理论，指出了提升领导绩效的途径。

一、高绩效领导者自我修炼三部曲

（一）凝聚组织价值观

当前的组织实践对领导力也提出了更高的要求：知识员工的作用越来越大，给人力资源管理带来挑战；组织形态的变化和工作方式的转变，威胁到员工满意度和归属感；组织外部的竞争、经济和劳动力市场的全球化，增加了成员的焦虑、紧张和不确定感，难怪有人评论，“现在是历史上最强调领导力，却也最缺乏领导力的时代”。

在这样的背景下，西方出现了一些新的领导理论，比如服务型领导、宗教型领导、魅力型领导等。其中，美国的领导学专家豪斯（House）于20世纪90年代中期提出的基于价值观的领导理论更为适合中国组织的文化环境。这种理论认为：领导和其下属的关系是以共同价值为基础的。持有明确而崇高的价值观的领导者，向组织注入价值观，与跟随者的价值观和情感发生共鸣，把组织理念内化到个人内心，并以此为基础孕育组织文化，通过愿景表达和管理实践，达到上下一致，激励下属完成工作并提升组织绩效。

通过一系列的实证研究，豪斯和其他学者进一步发现，价值观领导对组织业绩有显著的正向作用，在实践价值观领导的组织中，3年内组织利润率提高了15%—25%。这些研究在设计上控制了组织规模、环境变化和获利能力等影响业绩的因素。在中国环境中，许多研究得出的结论也是非常肯定的。比如，有研究就表明，经理的价值观比其领导行为对下属的影响力更大。当经理的价值观是"自我超越型"的时候，即使他展现出不利于下属组织承诺和信任的交易型领导行为，如强调任务、独裁决策，也依然能够获得下属的理解和认可。而当经理的价值观是"自我中心型"的时候，即使他经过精心思考展现出变革型领导行为，比如展望愿景、沟通使命，对提升下属士气和信任的作用也很有限，甚至因为"言行不一"而产生副作用。

其实，价值观领导并非一个全新的领导方式。在中国，从古语中的"上下同欲者胜"到大家耳熟能详的"思想政治工作"，都是价值观领导方式的体现。在西方，麦肯锡公司从成功组织提炼出的7S模型中，战略、结构、系统三个硬性要素，风格、技能、人员三个软性要素，也是要以组织核心价值观为中心，形成一个互相匹配的系统。

价值观领导有四个步骤。

第一环节：个人价值观修炼。

要用价值观影响组织成员，领导者首先要具备明确而崇高、有驱动能力的价值观，并通过以身作则的行为把这种价值观传递下去。“明确”的价值观才能有意识地向组织注入并影响组织；“崇高”的价值观才能赢得下属的认可和信任，长期激励下属；“有驱动能力”的价值观，有“超越个人小我”“关注长远”的特点。拥有这样价值观的领导者，大都有一种源于内心的安全感，愿意和合作伙伴双赢，做事走正道，能看到大画面和未来，能关注下属的潜力而非不足，让下属有信心并且乐于追随他们。

第二环节：价值观外化至行为和人际互动，并注入组织。

事实上，无论领导者是否有意识地反省自己的价值观，它都会体现在领导者待人接物、制定执行决策的过程中。所以，实施价值观领导，需要把修身过程中提升的自我价值观反映在日常的管理行为和人际互动中。

这方面，玫琳凯的创始人艾施女士是个很好的例子。她基于自己的价值观，把黄金法则（你希望别人怎样待你，你也要怎样待别人，也就是中国传统的“己所不欲勿施于人”）带入公司的管理和个人领导行为。“人们的每项管理决策，都根据这项黄金法则来制定。”她认为自己有使命把爱心和对人的尊重、信任注入组织。艾施女士要求公司的经理“在对待所接触的每一个人时，都应当觉得对方在提醒你：‘让我觉得自己是重要的’”。

她赢得了下属的敬重和追随。追随者说在她眼中，损益表里的“P”和“L”，不是通常意义的“profit”（利润）和“lost”（亏损），而是“PEOPLE”（人）和“LOVE”（爱）。这样的价值观通过她个人的行为散播开去，玫琳凯在美国和中国都入选最佳雇主也就不奇怪了。玫琳凯的案例进入哈佛的原因，就是艾施建立了一个基于价值观的组织并取得卓越绩效。她“善于认可和欣赏周边的每个人，以玫琳凯的方式关心他人，努力工作，坚韧不拔，具有大家庭感和乐施精神”。这样创造出了团结、轻松、有凝聚力的公司文化，取得了优秀的业绩。艾施自己总结说，由于“树立了这些价值观，追随者乐意在团队中工作、贡献，以公司使命——丰富女性人生为荣，把个人事业与公司发展结为整体，哪怕是对于那些超出本职的任务，也乐于承担”。

第三环节：把价值观外化到组织层面。

组织核心价值观是对组织领导价值观的“组织化改写”，而组织的愿景又同其价值观息息相关。

管理学大家 Reilly 和 Pfeffer 深入研究了一些典范型组织，如西南航空、思科等，之后出版了一本《隐藏的价值》。他们提出，伟大的公司不在于拥有最顶尖的人才，而在于如何构建一个良好的组织，使普通人也能达成非凡的成绩，即“让平凡的人干出不平凡的业绩”。在他们总结的经验中，第一条就是“以价值观和文化为本”，而“只有价值观本身是不够的，还需要两条：首先，高层管理者必须真正相信这些价值观；其次，组织的价值观和管理实践必须很好地匹配”。以人力资源管理实践为例，这些成功公司都在六个环节上与价值观有良好的吻合：价值观、文化和战略的衔接；招募适合公司文化的人才；投资于人；共享信息；基于团队的工作体系；相应的回报体系。

第四环节：把价值观注入组织文化，影响内外部人员。

这是价值观领导的最高境界，让组织承载优质价值观，独立于领导人而存在，并影响更多的内外部人士。当价值观领导达到这一境界时，价值观彻底地内化于组织文化中了，不管领导者的去留如何，都会长久地对组织绩效产生影响。惠普公司创始人之一帕卡德去世时，其同伴休利特评价说：“对于公司，他在身后留下的最大贡献是一套源自他个人信念的道德标准，这套理念从 1938 年提出后就一直引导着公司。它包括对个人的深切尊敬，对质量和可靠性的追求，对社会责任的承担，还包括公司存在是为了改善人民的福祉、促进人类进步、做出技术贡献的理念。”

这些理念经过数次修改，并在实践中制定了许多具体规划和办法，最终形成了广为人知的“HPWAY（惠普之道）”。惠普之道帮助惠普从车库创业时的538美元资产，成长为2006年营业额917亿美元的全球最大IT公司，并且融入了组织运作的各个环节。在创始人故去多年之后，惠普之道依然发挥着重大的影响力。同时，惠普为整个IT界培养了大量的经理人才，他们去其他公司后，也带入了惠普之道的精神，其影响远远超出了惠普公司的边界，有人认为“HP WAY defines a model for American businesses”（惠普之道为美国商业树立了一个典范）。这是价值观型领导的一个绝佳案例。

有意思的是，价值观过程的四个步骤同我国传统文化提倡的“修身、齐家、治国、平天下”能够一一对应，有很高的共通性。张瑞敏在为《基于价值观的领导》一书所写的序言中，也提到了给海尔注入创新的价值观“并非易事，首先需要领导个人具有这样的价值观，更要得到全体员工的认同”。张瑞敏把得到认同的过程分成“播种、共享、基因”三个阶段。在海尔创业初期，“由质量事故的责任人亲手砸毁76台不合格冰箱，采用这种震撼力的做法，把‘注重质量’这粒种子培植到员工心中”；之后，在员工们自发为提高质量做了很多小革新后，海尔以发明者的名字为成果进行命名，“使得这种价值观成为共享的氛围”；之后，又设计市场链的管理模式，“把员工的价值体现在市场上为用户创造的价值中，使得他们主动进行创新，把创新的价值观体现在每个员工的成长基因中”。

（二）“智”“情”双全

对于想取得高绩效的领导者来说，是智商重要还是情商重要？可能许多人会不假思索地回答：是情商！但事实上，对于当今时代的领导力而言，不能把智商和情商割裂开来看。

如果智商的权重在过去是算术级数，那么网络时代智商的权重就是几何级数，智者更智，愚者更愚。没有杰出智商的领导者，很有可能在当今时代连行业的门槛都摸不着。早在二十多年前（1994 年），52 位智力研究学者联名在《华尔街日报》上发表了《主流科学之智力观》（*Mainstream Science on Intelligence*），共计 25 条观点。这些观点到现在为止基本没有过时。

第一，智商与许多重要的教育、职业、经济和社会指标高度相关，其程度可能超过其他任一可度量的人类特征。无论智商测验测的是什么，其实用意义和社会意义重大。

第二，高智商是一个优势，因为实际上所有活动都需要一些推理和决策。

第三，高智商的实用性优势随着生活场景的复杂性而增加。

第四，智力差异当然不是影响教育培训效果和复杂工作业绩的唯一因素……但智力往往是最重要的因素。

第五，某些个性特征、特殊天赋对于很多工作是重要的，但这些因素没有智力那样跨越不同任务和场景的通用性。

第六，遗传的作用在 40%—80% 之间……这说明遗传对智商差异的影响大于环境。

1. 情商比智商更重要？

情商决定成败吗？心理学研究发现，只要把握住智力和关键性格因素，情感智力基本不影响学习成绩和工作绩效。很多试图证明情商比智商更能决定成败的研究，其前提都排除了智商差异。

例如，在管理层中间，智力一般不会太低，因为职位本身就给管理者的智商设定了门槛，而差别主要体现在其他方面。当然，18 条情商素质平均比较高的领导者自然业绩比较好。这就好比在 NBA 球员中间研究各项指标，结果发现身高不是影响篮球水平的主要因素，而是身高以外的众多因素更能够影响篮球水平。实际上，这样的研究等于把身高的差异控制住了，就永远不能发现身高的真正作用。

通过对领导人的长期观察可以发现，没有一个情商高而智商平庸的领导人成功过。甚至有心理学家认为，情商太高反而不利于领导，一个对他人情感过于看重的人，难免顾虑重重。事实上古今中外许多卓越领导者都证明了这一条道理，比如第二次世界大战时期的英国首相丘吉尔、美国南北战争时期卓越的林肯总统，以及带领南非人民走出种族隔离的曼德拉，都不能称得上是拥有超高情商的领导者，反而是他们超高的洞见和坚韧不拔的意志给他们带来了巨大的影响力。

智商是“情商”的基础，“情商”是智商的应用。智商高，不见得情商高；情商高，则智商肯定也低不到哪里去。

2. 情商的意义

当然，情商的重要性肯定是不可替代的。情商涉及的五大要素可以分为两组：①自我认知、自我调控和自我激励，是与个人相关的素质；②同理心和社交技能，是与他人互动的能力素质。好的领导首先需要从第①组的三方面进行自我探索，这都是领导力特质的核心所在。

所谓自我认知，是指个人对自身情绪、长处、弱点、需求和内心驱动力的深刻洞察。有高度自知之明的人，处事既不过分苛责，也不抱不切实际的幻想，而是对人对己都秉持一种诚实的态度。有自知之明的人很清楚自身情感对自己、对他人，以及对他们的工作表现会产生怎样的影响。比如有高度自我认知水平的人会知道，在时间紧迫的情况下，自己的表现一定会大失水准。因此他会仔细规划自己的时间，提前做好工作。同时，情商的自我认知还包括了对自身情绪的感知和控制。有的人非常善于察言观色，洞察他人的心思，这往往被认为是高情商的表现。但事实上，如果这样的人不能很好地感知并控制自己的情绪，则并不能称得上是高情商者。

社交技巧和同理心是情商要素的第二组能力。当一个人的能力很强、表现很出色时，他往往很难体谅他人。但是同理心弱、不会与他人沟通的领导者，必然丧失一条很重要的输入途径。不过社交技巧和同理心也是可以培养的。现在的组织竞争往往需要实现双赢或多赢，而实现的基础是一定要理解对方诉求，才能找到一个双方都可以接受的方案。认真倾听是实现互相理解的第一步。在听懂对方的话之后，作为倾听者可能并不认同对方所说的内容，这时就需要克制自己反驳的情绪，冷静地问问自己："沟通的目的是什么？想要的结果是什么？"如果领导者在沟通中始终以结果为导向，就能避免陷入纠结，高效地得到真正重要的东西。

提升同理心是一种很重要的修炼。它不仅是意识到别人在想什么，而且是深深地理解别人为什么这样想。同理心可以很好地帮助领导者处理纠纷。比如航空公司经常要处理因航班延误引发的乘客投诉事件。这时航空公司经理应该如何安慰乘客？他解决问题的关键，是让乘客知道，航空公司能够知道乘客现在的心情，能够理解乘客的焦虑。当经理把这种态度传递给乘客，问题就解决一半了。

自我调控能让人们免于成为自身情感的俘虏。但是戈尔曼发现，自我调控的能力没有在商界得到足够重视。丹尼尔·戈尔曼写道："善于控制自己情绪的人有时被看成冷血动物。他们三思而后行的做法在有些人看来是缺乏激情。而那些脾气火暴的人却往往被看作典型的领导者——他们的情绪发作被人视为领袖魅力和威信的标志。然而，这些人在晋升高位后，却常常栽在自己的情绪冲动上。"

自我激励则是高绩效领导者的共同特质。他们似乎有使不完的劲儿，总是孜孜不倦地力求尽善尽美。这些精力旺盛的人通常不安于现状，他们会执着追问，事情为什么非得这样做而不能那样做，也会积极地去探索新的工作方法。

（三）真我本色

1. 为什么“双面人”难以致远？

现实领导工作中，许多领导者对“真我”的概念嗤之以鼻，在许多人心中，领导者必须长袖善舞，做一个左右逢源的“双面人”才能称得上是一个聪明的领导。甚至有人举出不少反例，认为组织中往往是一些心术不正、善于伪装的“双面人”才能取得成功。

为什么具有双面性格的人往往能在工作的初期表现优异呢？

这是因为，除去黑暗面之外，这些“双面人”显然还有光明的一面。一项研究发现，拥有双面性格特质的人更外向，对新事物抱有更开放的态度，更加好奇，自尊心更强。另外有研究表明，精神变态与具有权术主义倾向的人能够利用诱惑和威胁的手段吓退潜在竞争对手，获得上级的青睐。这也解释了为什么拥有这些性格特质的人通常都是优秀的演员，并能在短期的工作关系中如鱼得水。

虽然双面性格有积极的一面，但他们的成功是以牺牲集体利益为代价的。以政治的眼光来看，大环境越肮脏、越污秽，这些具有寄生性格的人活得就越滋润。所以才有人感叹，“好人当不了领导，领导不是好人”，这其实都与制度和环境存在密切的关系。

双面性格的人在长期的职业生涯中一定会产生不小的问题。有研究显示，双面性格与职场上的消极行为（偷窃、旷工、失误、破坏等）有重要联系。从 1951—2011 年，所有出版的相关科学研究都得出了相似的分析结果，即权谋主义、自恋癖与精神变态均与消极工作行为呈正相关，权术主义、精神变态与实际工作表现呈负相关。“庞氏骗局、互联网诈骗、贪污、内部交易、腐败、渎职”都可以归因于领导者的双面性格的特质。

但是常言道，“过犹不及”。研究表明，适度的权术主义倾向预示着较高的团队责任感，这也许是因为奉行权术主义的人在政治上精明，擅长交际，总能力争上游。但是长此以往一定会导致问题，特别是当自己根本没有意识到的时候。也就是说，双面特质是人们个性中的有毒资产，领导者可以将它们变为一种职业武器，但随着一步步成功，双面特质的领导者会在成功面前丧失自我。

2. 从真我领导到无我领导

有一项关于领导者品质的长期调研显示，人们最想从一个领导者身上看到的品质是“真诚”。在不同国家、文化、种族、性别、教育程度、年龄等维度上，这个结果都是一致的。在文学作品中也是如此，例如《堂吉诃德》中最重要的一句话是：“我知道我是谁。”而如何在生活中坚持真诚如一的原则，是领导者们面临的最大挑战之一。要过一种平衡的生活，必须把生活的各方面都考虑进去，包括工作、家庭以及朋友，只有这样领导者才能在任何一种环境下都保持不变。

然而，研究表明，要想获得职业发展，领导者必须走出“保持真我”的舒适区，不断突破自身边界，尝试不同领导风格和行为方式，既保持真实自我，也能适应组织需要。可以说，更高层次的领导者要从“真我”走向“无我”。

领导者如果总是向内寻找答案，很容易加深已形成的世界观和脱离现实的自我认知。如果不去尝试新的领导方式并建立外部视角，就会受制于惯常的思维和行为方式。培养领导者思维，首先要行动起来：投入新的项目和活动、和各种人交往并尝试新的任务管理方法。以灵活的态度看待“真实自我”，是找到“适应性本真”领导风格的前提。

领导者在笃定心中的“真我”之后，也要借鉴不同领导风格。学习过程大多包含模仿行为。学习的前提是认识到绝对的“原创”并不存在。领导者获得成长的一个重要条件，是意识到“本真”并非一种内在状态，而是对不同领导方式兼收并蓄、建立自身风格的过程。领导者不应只模仿某个人，而应借鉴多种不同风格。机械地模仿某个人的行为方式，与有选择地借鉴多种行为方式并按自己的需要组合起来、不断调整完善，是存在本质区别的。

有学者曾研究过投资银行咨询师从专业人员到做管理人员的转型。发现大部分人在新岗位上都会不自信，但能够适时变换自己风格的“变色龙型”追随者会有意模仿成功资深领导者的行事风格和技巧，这让他们的上司愿意私下传授经验、解释隐性规则。因此，“变色龙”能更快形成“适应性本真”的工作风格，而“忠于自我”型追随者还停留在专业至上阶段。

持续努力自我完善。除绩效目标外，领导者还应设立自我完善目标，不断探索自我的不同侧面。自我认知是一个渐进过程，无法一蹴而就，因此尝试转换身份并不是背叛自我。领导者不应固守已形成的自我认知，而应积极拥抱变化，以开放心态塑造自己的领导风格。人们当然都希望在新岗位上取得优异成绩：制定正确战略、果断执行，并做出组织需要的成果。但如果只关注这些，人们就会害怕风险，而自我完善恰恰需要冒险。

领导者成长的唯一方法，就是不断突破自身边界。斯坦福大学心理学家卡罗尔·德韦克（Carol Dweck）的一系列实验证明，过于关注自身外在形象会妨碍人们完成新任务。绩效目标会驱动人们向他人展示、向自己证明自身优势，如智力和社交技能等。相反，自我完善目标会驱动人们开发新的优势。当专注业务表现时，领导者会展示自己最优秀的一面；而专注自我完善时，领导者能把对本真的诉求和强烈的成长意愿融合起来。即使是行为举止和沟通方式的微小改变，也可能让领导能力发生质的飞跃。虽然对于新事物的尝试，会让人感到不适，但是从中获得的宝贵经验，会帮助领导者塑造理想的自我。

延伸阅读

西点军校如何培养领导力

西点军校对领导力的训练，主要通过六个方面进行，包括：军事训练、体能训练、智力训练、道德、精神和社交方面的训练。六个领域的指导方向是能力、素质、品格。领军人物的训练，它强调的一个是素质，一个是品格，素质里面主要是知识和技能，品格里面主要是精神层面、道德层面和价值观。整个培育过程中，要有精神上的信仰。学员可以是无神论者，这都没有什么关系，但西点会鼓励你在道德领域里，按照西点的理念去寻找自己的信仰。

西点军校前校长戴夫·帕尔默曾经说过一句话来强调西点军校领导力培训体系的强大作用："随便给我一个人，只要不是精神分裂症，我都可以把他培养成为世界上最伟大的领导者。"帕尔默认为，西点军校的人文环境，以及西点军校强有力的领导力培训体系，可以把一个普通人，通过情境的安排和设计，培养、培育成为伟大的领导者。

西点军校的学员在四年毕业之后，一般要去军队服役。服役之后，可以选择在部队继续当兵——对这些毕业生而言，目标就是做将军；或者，可以离开军队去组织。而很多著名跨国公司，比如：惠普、IBM 和通用电气，通常会在学员即将毕业时，提前去西点物色人才。

西点军校出来的学员，通常在商界获得成功的概率很高。正是因为这个原因，很多人说西点军校是美国最大的商学院。西点军校的学员，没有学过金融，也没有学过财务会计这类技术性很强的课程，为什么他们会受到优秀组织的如此重视？并且，这些人通常在后来进入商界后，提升很快，很多人会迅速成为商业领军人物，奥秘到底是什么？

原因在于，西点军校毕业生有顽强的毅力和明确的目标，到组织以后，能很快补充所需的技术性知识，把要做的事情做好。“比如说，你要求他到财务部报到，他能很快适应财务部门的工作，因为他的学习能力很强，并且具有顽强的意志，可能很短的时间内就能补充学习好财务知识——这可能也就是人们所讲的精神转化为巨大的力量。”因此，西点出来的人到组织里面上手很快，提升也很快。而迅速跟上组织的节奏，融入组织文化，则更多归功于西点军校一直强调的团队协作训练体系。

在西点军校，经常通过很多团队活动来培养学员的领导力。在西点，运动中学校会安排不同学生体验做领导。而在学员运动的时候，旁边会有两个系领导在观察，看在运动中哪个“领导”没起作用，哪个运动中“领导”是起作用了。他们再对这些观察到的情况进行点评，然后让大家思考，反思在团队活动中领导的作用。

这种团队合作的精神其实很多地方都在强调，但西点军校是通过实际行动来加强这种效果的。通过环境和情境的设计，所有要涉及培育的领军人物品格的过程，学员都需要经历。从风险与压力的承受、到心理和身体上的支撑、再到意志力的锻炼等，学员都需要一一经历、体会。而正是这种锻炼，使得西点人四年之后会出现很大的变化。在学员进入西点军校的第一年的第一天和之后的前六个礼拜，西点会告诉你，不管你是谁，哪怕你自认为是一个大天才，或者是一个特别知名组织的优秀下属，或者某个著名高校的积极分子，你都要把你之前所有的东西忘却。

在西点训练，第一年强调的是执行力，执行所有的事情。第二年开始培养领导力，学员可以管理 3—10 个学生，第三年管理 30—300 个学生，第四年可以管理 4000 个学生。有人认为这种安排的目的就是强调领导力。根据西点的信条：如果没有当过追随者就当不好领导。“因此，经过这番训练，当你当领导的时候，你大概知道你追随者怎么想的，你大概知道应该怎么去担当领导。”

——［美］克兰德尔:《西点军校的领导力》，北京:电子工业出版社，2012 年版。

二、提升领导绩效的关键

做高绩效的领导者，除了要完成自我提升的“三部曲”之外，也要注意调整自身的领导风格，化“硬威信”为“软威信”，做更好的“教练”和“导师”，而非高高在上的领导者。

（一）开发教练式领导力

1. 训练追随者

领导的威信集中体现在与追随者的互动之中。领导者可以询问自己这么一个问题:自己是否像教练一样训练过自己的追随者？如果没有训练过追随者，那领导者是不合格的。训练源于关心，领导者关心追随者的前途、长处、缺陷、职业方向。然后进行有针对性的训练，提升追随者的业务能力，会发现追随者的绩效越来越出色，领导者的工作也更加轻松。一个教练型领导人能够在发现某个追随者的激励因素的基础上，找到独特的方式与追随者沟通，帮助他获得成功。教练型领导人就是这样逐渐地改变着整个组织。

教练工作要想见成效，需要追随者的全力以赴。教练使得追随者能够发挥出他们的潜力，使得他们能够达到自己、团队和组织所设定的目标。只有当运营组织的人获得了成功，组织才能获得成功。组织若想更加令人振奋，就应要求追随者更加全力以赴。

教练能够使追随者从一味顺从、随波逐流、从不挑战威信，变成全力以赴，甚至还能够与众不同甚至独具创新。只有当与个人的目标相吻合，全力以赴才有可能出现。如果上述两种目标相吻合，那么美好前景将会向领导者招手；而如果上述两种目标相抵触，那么这时则需要教练将两者有机融合在一起。教练将把组织的需求和期望告诉追随者，并说服他全力以赴。

2. 建立信任

信任是教练关系的核心所在。要想建立信任感，作为教练的领导者必须向追随者表明：他已将他最重要的利益铭记在心。他的言行都以实现追随者的这一利益为目标。一旦双方相互加深理解，就能够创建一种互惠互利的关系。领导者能够帮助追随者实现其个人目标，而追随者也能帮助领导者实现整个组织的目标。

教练愿意公开接受批评，是赢取团队尊重的最好方式。在体育界，优秀的教练从来不会因为失败而公开指责球员或者助手，相反，他们总是自己面对批评和责难。但在球队的内部，教练还是会指责犯了过错的球员，当然也会大加赞扬表现优异的球员。

组织中作为教练的领导者同样如此。他们应当支持自己的追随者，并且尽力向追随者提供他们所需的支持和资源，以帮助他们高效完成本职工作。提倡代表追随者利益，是一个能够实实在在获得追随者尊敬的好方法。

3. 设定期望值

追随者必须知道组织对于他们的期望值是什么，而这就需要作为教练的领导者明确告知。领导者必须确信部门的目标与整个组织的目标相一致，必须确信团队的所有成员明了自己的工作内容。许多领导者要求他们的追随者自己设定绩效目标。这种行为无可非议，但其中的关键是领导者必须确保团队和追随者共同努力实现这些目标。简单同意追随者设定的绩效目标是远远不够的，领导者必须就此和追随者进行不懈的沟通。

作为设定绩效目标沟通工作的一部分，领导者必须获得追随者百分之百的认同。就此而言，领导者必须了然于胸和明察秋毫。要确保目标和任务已经记录在案，并且要和追随者签订合同，写清追随者的工作任务和完成时间。“及时”和“最后期限”是关键所在。最后期限增添了一种紧迫感，能够驱使领导者继续跟进和尽职到底。

4. 无时不在的教学

好的领导者必定是个好的老师、教练，能够无时无刻地对追随者进行教导和辅导。教学是教练的基础：教练的工作是提供信息，保证追随者确实在学习。教学有多种形式。它可以借助具体的载体：仪器的操作手册，或报告书写指南；教学也可以隐含在教练讲述的一则寓言或一个故事中；重要的是教练以追随者能接受和理解的方式来传达指示。教练必须努力发掘能够激起并保持追随者兴趣的方式，以便让追随者能真正地学习。

许多高效的教练同时也非常擅长讲故事，这可不是巧合。相比趾高气扬地发号施令和枯燥无味的填鸭式教育，讲故事的方式能够更生动地传授重要的人生启示。正因为如此，教练脑海中都有一个故事库，用故事来激发各种情形所需的情感：鼓舞、敬仰、欣喜，或是悲伤。重要的是所有这些故事必须包含一个简明扼要的主题。

5. 解决问题

不管是在商界还是政界，好的教练具备类似篮球教练的能力。他们会让团队紧紧围绕目标，朝着正确的方向前进。当团队遇到阻碍时，教练会设法克服或避开困难。具体来说，教练会向团队中的每个成员了解情况，询问需要什么帮助：是更多时间、资源，还是人员协助。教练也会积极肯定成员对项目的贡献，并不断给予鼓励。类似地，如果追随者之间发生了冲突，应该由教练出面调解。一般而言，教练不能把自己的解决方法强加给他们。但可以探寻问题的根源，思考如何让双方重归于好。理想的状况下，应该由冲突双方共同提出解决方法，但需要由教练来安排他们坐下来讨论。

除此之外，教练型领导者必须切记，他们不能坐等问题出现。作为“走动式管理”的楷模，他们随时关注并掌握团队的动态。教练不仅要保持士气，而且要鼓舞士气。当教练察觉到有不对劲的地方时，他们会立即寻找产生问题的原因。优秀的教练会放下手头所有的事，迅速投入危机处理中。快速行动有三个好处：它能立即产生安抚效果；避免问题由小变大；同时表明教练非常重视追随者利益。

6. 明确纪律

不是每个人都会对教练的建议做出反应。套用比喻说法，大棒有时比胡萝卜更管用。纪律意味着追随者必须遵守规则，不管是质量控制规则还是行为规则。因此，明确纪律是维持标准和确保行为结果的另一种有效形式。在体育界，这一点表现得最为淋漓尽致。即使当明星球员训练不努力，或者没有表现出对球队的全力以赴时，教练同样会将其放在替补席上。在工作场所，对于不与同事分享信息、开会迟到和经常完不成工作的追随者而言，作为教练的领导者同样应当给予批评。教练应当警告这些追随者，如果他们不能改正这些陋习的话，那么将自负没有补贴、没有奖金以及失去晋升机会的后果。

但是，纪律并不总是意味着惩罚。它可以表现为面对逆境时仍然坚持某一价值观。教练应当通过自己的行动而不是自己的言语展示纪律。当追随者目睹教练做出某项困难决策，特别是当此项决定牵涉到个人不方便之处时，追随者会对指导者肃然起敬。高效的纪律最终会产生自律，也就是追随者会对自己和自己的行为负责。

（二）导师，不只是威信

优秀的领导者不仅要做教练，也要做导师。导师有多重含义：集朋友、同事和指导老师于一身。之所以说导师是朋友，是因为他将追随者的诸多利益铭记在心；之所以说导师是同事，是因为无论追随者喜欢与否，他都会给追随者提出建议，而追随者也必须听取他的建议；之所以说导师是指导老师，是因为他着眼于未来，他所提供的智慧不仅有利于指导追随者的当前工作，更为重要的是能够满足追随者未来的需要。

1. 导师善于辅导

追随者都渴望指导。正如孩子们是通过父母学习生活价值观一样，追随者们也是通过自己的上级获知工作场所的价值观。例如，导师也许建议某位追随者准时上班，以此向其他同事展示他的全力以赴。同样地，导师也可以建议某位追随者，当同事发表意见时，他应当注意聆听。

导师工作是领导力的组成部分。导师的辅导并不需要事先规划，非正式的辅导工作随时随地都可以发生。导师要给出积极的或消极的反馈意见，但是需要指出的是，辅导最好以提供积极的反馈作为每次沟通的开始，以达成全力以赴地改善作为每次沟通的结束。

在当今高压的经济环境下，许多平庸的领导者没有时间指导和培养追随者，因为这样的工作见效慢，而且乏味枯燥。他们不知道在第一轮辅导过后，接下来的辅导工作基本不需要额外的时间。那些忽略这种风格的领导人与一种强有力的管理工具擦肩而过。这种风格对组织气氛和绩效有着强大的正面作用。

必须承认，辅导型风格对组织业绩的影响并不是立竿见影的，因为它专注于人才发展，而不是立即的工作成果。即便如此，辅导型风格也会提高组织的业绩表现。因为辅导型领导会与追随者持续不断地进行沟通，而沟通有利于改进组织气氛的各个方面。如果追随者感到上司关心他的工作，他就会大胆地进行尝试，因为领导会及时地给予建设性的反馈。同样，频繁的沟通让追随者更清楚领导对他们的期望，也知道如何将自己工作融入组织的目标和战略中，从而提高了组织气氛的明确性。

辅导型领导风格适用于多种情境，但只有在追随者欣然接受辅导的情况下才最有效。让追随者发现自己的不足之处并希望对此进行改进的时候，这种风格将起到最大的作用。总之，只有当追随者心甘情愿地接受辅导时，这种风格才能发挥其最大功效。

与此相反，当追随者处于种种原因拒绝学习或进行变革时，领导采用这种风格无异于对牛弹琴。此外，如果领导缺乏辅导能力，采用这种风格往往会适得其反。实际上，很多领导者都不善于辅导追随者，尤其不懂得如何利用持续不断的反馈激励追随者，消除他们的畏惧和冷漠。有些组织已经意识到这种风格的正面影响，并尝试使这种风格成为组织的核心竞争力之一。但很多组织还未有效地利用这种领导风格。

2. 认可成就

纪律的背面就是认可。对于工作出色的追随者必须给予认可。认可具有以下效用：能够让追随者知道他工作很出色；能够提高追随者的自信心，鼓励追随者继续取得更大成就；能够让其他追随者知道这名追随者工作出色，并且受到组织的赏识。

将认可和奖励这一概念区分开来至关重要。认可意味着承认某位追随者工作很出色；而奖励则是由认可产生的利益。换言之，追随者由于工作出色而被组织认可，并随之获得奖金或者礼物奖励。许多组织按照绩效发放工资，对于完成绩效目标的实施奖金奖励。而在发放工资和奖金之前，领导者要对追随者的绩效进行评估这一做法将人力开发与薪酬画上了等号，使得教练的人才开发作用不甚清晰。但人才开发和薪酬实际上是相互独立的。薪酬和工作绩效息息相关，而人才开发则和追随者个人的成长和提高密切相连。因此，优秀的作为教练的领导者必须学会将自己的“薪酬仲裁者”角色和“才能开发者”角色区分开来——这并不是一件轻松的工作！

而如果领导者对追随者漠不关心，那么领导者极可能是只知命令安排不知培养训练的“强势导师”，追随者对领导者不会有丝毫的感激之情，在长久的工作之后领导者会发现工作越来越难以开展，领导者甚至会听到交头接耳的议论、阳奉阴违的应答或者公然的抗拒。因此训练是对追随者最大的关心，也是提升绩效的最好方法之一。

（三）结果导向的思考力

不管是教练型领导还是导师型领导，最为重要的依旧是达成结果。管理大师德鲁克对“成果”的强调则更加不遗余力。三个石匠的故事为很多人熟知：有人在一个工地看到三个石匠，就分别问他们在做什么。第一个石匠回答：“我在养家糊口。”第二个石匠边敲边回答：“我在做全国最好的石匠活。”第三个石匠仰望天空，目光炯炯有神，说道：“我在建造一座大教堂。”德鲁克认为，第三个石匠是真正的领导者——他知道自己的目标和成果是什么。“最麻烦的就是第二个石匠。”麻烦之处在于，组织应该鼓励下属设定高的专业标准，但这种做法也会带来危险，下属容易把专业工作本身当成目的，而忽略真正的成果和对公司成功的贡献。因此德鲁克以一种嘲讽的口气说道：“很多工匠或专业人士，常常自以为有成就，其实他们只不过在磨亮石头或帮忙打杂罢了。”他强调，只有真正承担起对组织负有贡献的责任，并且能够实质地影响组织的经营能力及达成的成果，才能称之为合格的领导者。

优秀的领导者会及时向追随者阐述组织愿景，提升自己的情商并时刻保持真我的本色。但是，这些都不是领导者的终极目标，领导者的卓越之处在于帮助追随者提升能力，并达成优秀的组织绩效，也就是产生符合人们预期甚至超出人们期望的结果。结果的产生不是自然而然的，既需要有良好的管理机制做支撑，更需要有强有力的领导威信做保障。具体来说要做到以下几点。

1. 关注数据和事实

数据和事实，是一切管理之根本，也是领导者更新或变革的重要依据，组织推行管理不是为了管理而管理，而是为解决组织中的某些具体问题。真正成功的领导者都是习惯以问题为导向进行思维，而不是以逻辑为基础进行思维。同时在分析问题的时候要注意具体问题需要具体分析，任何一种管理模式都不是固定不变的，也不是一成不变的，组织不同，管理模式就有些不同，即使是同一家组织，不同时期，其管理推行的内容也不会相同，所以管理策划都需要重视基础数据，现在很多组织在管理推进时，都注重对组织管理内容的诊断，这是好的事情，但是其结果往往同体系的策划相隔阂，致使组织变成了为了管理而管理。

2. 结构化的管理体系策划

结构化的管理体系策划是决定组织管理推进成功与否的关键环节，也是为解决组织的不同重要程度瓶颈的改革方案，任何组织在同一时间都不可能把所有的问题进行解决，而只能解决那些严重阻碍组织发展的要素，所以结构化的管理体系策划就从本质上实现了这个功能，这是一种管理方案的好与不好的重要凭据，根据组织管理问题的不同程度采用不同的推行方案和推行计划，从根本上提出解决问题的整体方案，所以必须严格关注这个结构化的管理体系策划。

3. 推进计划的形成

推行计划是在目标确定的基础上形成的，这种所谓的确定的目标就是在尊重组织数据和事实的基础上，实现组织管理体系结构化的推行，它包括了组织在推行过程所采用的方法，所需要的资源和支持，以及几个关键的里程碑，这些都必须定位到具体的岗位，没有具体到岗位的工作计划是不具有实操性的。

4. 推行计划的执行

执行是一切项目有结果的保证，所以必须尊重和保护执行力，再好的管理模式也是需要人去建立、维护与执行的，没有执行力的工作计划，就像是没有凝聚力的军队，想取得战争的成功是不现实的，组织必须利用各种资源来保证执行力，在执行的过程，必须公开、公平和透明，一种流程化的保证体系是必需的。

5. 推行计划的检查

检查是核实工作目标和工作计划之间符合性的活动，根据阶段成果内容的不同设定阶段评审，阶段性的或里程碑性的质询和检查是必需的，这些都是保证执行力的重要手段，目前多数组织在推行计划执行过程中，都显得非常苍白无力，没有好的方法去实现该功能，所以很多组织在管理推进时，出现的失败也就不难理解了，尤其在组织管理与业务发生冲突时，这种计划就变成了一种摆设。

6. 对执行结果的业绩跟踪与评估

不论哪种管理模式的引进，其实都是组织内部思想的一种变革，既然是变革，就肯定会有牺牲和阻力，所以想组织管理推进成功，就必须要体现公平、公开和公正，规则面前人人平等，任何人都没有特权，因此业绩跟踪和评估是组织推行成功的一个重要措施，功是功，过是过，不可以相互抵消和牵扯，业绩评估是相对的平等，这个世界上是没有绝对的东西的。

延伸阅读

伟大篮球教练约翰·伍登的领导力

伍登是美国篮球史上以运动员和教练员双重身份入选奈史密斯篮球荣誉纪念馆的唯一一人。这位老人在执教加州大学洛杉矶分校棕熊队的 27

年中拿到了 10 个 NCAA 冠军，包括空前绝后的 7 连冠（1967—1973 年），同时他所执教的球队还曾获得 88 场的连胜纪录。伍登曾六次赢得大学最佳教练员称号。他所获得的荣誉数不胜数。他培养出的巨星弟子包括阿卜杜尔－贾巴尔以及比尔－沃顿等。2010 年 6 月 4 日，99 岁的伍登因病去世。他的成功法则和团队建造理念，在全世界范围内，给千百万人的生命带来积极的影响，不愧是世界上最伟大的“生命教练”。

“这里，我要把勤奋的概念扩大，其中包括计划。没有计划指引的勤奋是徒劳无功的，因此，努力工作一定要和计划结合起来，这样才是勤奋。

“在加州大学洛杉矶分校担任篮球队教练时，我认为：要想取得胜利，就得勤奋——其中就包括良好的计划。在每次训练之前，我都要和同事花上两个小时进行计划。训练时间是精确到分钟的。每一个方面都要精心设计，其中包括练习使用的篮球要放在哪里——我可不想让队员因为四处找球而浪费时间。

“我觉得：作为一名老师，我的优点在于计划和组织工作做得比较好。通过精心安排每一次训练，人们能够在较短的时间内完成更多的内容。有些教练每次的训练时间为三个小时，而我每次只有一个半小时到两个小时，因为人们不会浪费时间。

“比如，我不会把篮球队分成几个小组，然后像其他教练那样分别对每个小组训话。我也很少为了说明一个观点而打断追随者的训练。我从来不喜欢在对几个球员讲话时，有其他球员在一旁围观。如果确实需要同某个或某些球员单独谈话，我会安排在其他球员观看训练或者进行训练时。

“在我执教生涯的早期，我从传奇式的篮球教练约翰·布恩（John Bunn）那里学到了一个重要的原则。在《篮球方法》（*Basketball Methods*）一书中，他写道：本该在三十秒内说完的话，不要花三十分钟来讲完。布恩非常博学，才华横溢，还是一位出色的演说家，可惜他没有将自己所说的付诸实践。他总是在不需要很多解释的细枝末节上花费了太多的时间。我努力从他的错误中汲取教训，因此很少召集全队开会，即使开会也不会持续很长时间。

“几乎从一开始，我在时间方面就对球员们要求很严。无论在过去还是现在，我都认为准时是十分重要的。但在我执教的早期，当训练情况不太理想时，我会延长球队的训练时间。结果适得其反。后来我懂得了：当球员的身体疲劳时，他们的大脑通常也会很疲劳。延长训练时间并不会使他们更加勤奋，这一点我很久以后才意识到。

“我还发现，如果训练不按时结束，球员们就会在训练时有所保留。意识到这一点之后，我就坚持准时下课。无论人们训练一个半小时还是两个小时，我的球员们都知道什么时候会结束，我也一直是这样做的。这样一来，他们在训练时就不会有所保留了。在计划的时间内，他们会更加努力。因此，在较短的时间里，人们总能做得更多。如果人们要做到最好，努力工作是很重要的。同时，这种努力也应该有目的性，这一点同样重要。”

——戴琳：《伍登教练成功金字塔》，北京：中国电影出版社，2008 年版。

CHAPTER 09

第九章

领导威信之变——通达为上

毛泽东同志曾说过，“政治路线确定以后，干部就是决定的因素”，可见领导者在推进目标实现的过程中具有重要作用，一个好领导必须能够根据追随者的特点、环境资源支持等情况的不同，实施不同的领导风格。这样才能有效推进组织目标的实现，同时能够让追随者在被领导的过程中得到成长。在领导者推进目标实现，与追随者互动的过程中，还有一个因素是不能忽略的，那就是组织内外部环境的影响，也称为“情境”。

当今时代的领导威信时时刻刻受到组织内外部环境的影响，这就需要来自理论方面的支撑。来自西方的领导权变理论认为，每个组织的内在要素和外在环境条件都各不相同，因而在管理活动中不存在适用于任何情景的原则和方法。成功管理的关键在于对组织内外状况的充分了解和有效的应变策略。

本章着重描述了变革时代的领导威信是如何推动组织发展的，同时论述了变革中的创新思维的重要性。

一、变革时代的领导威信

理解情境首先要理解人性和人心。历史上对人性的假设有许多种。经济人又称“理性经济人”，这种人性假设吸收了享乐主义哲学与英国经济学家亚当·斯密关于劳动交换的经济理论，认为人的本性是追求自我利益最大化，即将经济利益的追求和获得作为人生第一要务，工作的目的就是获得经济报酬。而为了追求自我最大化的利益，大多数人希望以懒惰、逃避工作、推脱责任的形式获得报酬，只有少数人能克制自己的感情冲动而成为领导者，领导者的领导方式是“胡萝卜加大棒”，具体管理措施就是计划、组织、经营、指导、监督、控制等。

社会人假设以梅奥的人际关系理论为理论基础，认为人的本性是追求融洽的人际关系，包括友谊、归属感、凝聚力、被尊重感等，对经济利益的追逐处于次要地位，因此领导者的领导方式应该是注重工作中“人”的因素，倾听工人的意见、让追随者参与管理、促使非正式组织与正式组织的目标一致，奖励时也应以集体奖励为主，这样才能更有效地激励工人、提高生产率，而计划、指挥、监督、控制应放在次要地位。

复杂人假设认为不同的人由于生活条件、经历、发展阶段、思想观念不同，所以其需要不同；同一个人处于不同的生活条件、发展阶段、经历，其需要也不同；同一个人在同一时间存在多种需要与动机，形成非常复杂的动态系统，很难把握。因此，管理没有一种普遍有效的领导方式，领导者应信奉权变理论，根据具体情况灵活采用领导方式和管理措施，并且除一种领导方式外，要同时具备多种辅助领导方式，组织形式也可以灵活变化。

由于变革的重要性逐渐增加，因此弄清不同的人性假设是十分重要的。更多的变革需要更多的领导，而了解领导的特质有助于领导人才的培养。

21 世纪的组织不断地面对变革，领导者应随时有枕戈待旦及谦冲为怀的心态，而不应只在变革开始才显出热忱。组织应强调团队精神，并能够在短时间内建立一个变革为主导的部门团队。组织的每一个层级都应有愿景，并且持续更新及传达愿景。下属的职能应被加强，以便面对新的挑战。

（一）环境权变中的威信

管理学上有这样一个进化论：1.0 时代是科学管理：人就是机器，管的是你的人手操作，要非常熟练才可以最快速地生产你的产品，最低成本去使用别人的资源，这对应的是“经济人”假设。2.0 时代是资源管理：管理的人的头脑，每一个人都要被激励，这对应的是“社会人”假设。3.0 时代是一种以人为中心的赋能型的管理：以人为中心做到心中有人，视人为人才是真正进化管理的计划，这对应的是“复杂人”假设。

在管理 3.0 时代，领导者必须时刻把握环境变化，以组织成员个人发展为核心，努力推动组织变革和组织发展。

第一，传统领导理论认为，一个下属要么胜任工作，要么不胜任工作。然而情境领导模型扬弃了这种“非此即彼”的二元认识论的陈旧思维模式。

管理 3.0 时代，“环境权变”成为主题词。在权变理论的基础之上，组织行为学家保罗·赫塞（Paul Hersey）和管理学家肯·布兰查德（Ken Blanchard）在 20 世纪 60 年代提出了情境领导模型。情境领导的核心就是，领导的行为要根据追随者在某一工作任务准备度上的变化而实施弹性的领导。即领导行为要因人、因时、因地、因事而改变风格。

情境领导模型提供了一种帮助领导者确定恰当领导方式的方法，但是并非能取得一劳永逸的效果。即使把领导情景简化为单一的下属准备度，下属本身也处于不断变化之中。领导者应该对下属的潜力有积极的假设，并帮助他们成长，而且随着下属准备度的改变，应该随之改变领导风格。

情境领导理论将一个下属在不同工作任务中的表现分为四种可能性（即四种准备度）。

第二，针对下属的准备度的波动，领导者可以使用四种领导风格来影响追随者。这就为各级主管如何有效辅导下属、如何有效激励下属、如何打造团队提供了操作性较强的解决方案。比如对“有能力有意愿”的下属采用“授权式”领导风格，对“有能力没意愿”的下属采用“参与式”领导风格，对“有意愿没能力”的下属采用“推销式”领导风格，对“没能力没意愿”的下属则采用“告知式”领导风格。

第三，实施情境领导，领导的有效行为（工作行为或关系行为）能够促进执行力。即执行力的关键在领导而不是下属。这就为很多组织对如何改进追随者执行力不足提供了解决方案。

有句俗语说：见人说人话，见鬼说鬼话。以前看到这句话认为是贬义，说明这人圆滑。但是结合“情境领导者”这一概念，也许可以重新认识这句话的内涵和外延，同时体会到：“因材施教”不仅适合于老师教学生，更适合于领导带追随者，如果人们“见人”的时候说的是“鬼话”，只会降低你的领导水平和人际交往质量，更重要的是会制约业绩目标的达成，因此，情境领导给予了“因材施教”的对应模型，“知道”之后的“做到”才能真正产生效果。领导情境理论体现在用人方面就是“用人如器”，比如唐太宗主张人尽其才、量才录用。他说：“智者取其谋，愚者取其力，勇者取其威，怯者取其慎，无智、愚、勇、怯，兼而用之。故良匠无弃材，明主无弃士。不以一恶忘其善，勿以小瑕掩其功。”他还说：“人之行能，不能兼备，朕常弃其所短，取其所长。”进一步阐述了“用人所长”使人才“各得其所”。这其实正是依靠下属的技能和成熟度的不同给予不同的领导风格。

（二）威信推动组织变革

现实中，为什么很多组织变革没有成效？很大程度上是因为领导者应对的不仅是环境，而更是适应下属。领导方式不是一成不变的，反而应该随着客观环境的变化来调整领导风格。但很多时候，一些领导者不愿意改变自己，问题是，时代在不断发展，如果领导者把过去拥抱得太紧，就无法面对和决策未来。

大环境变了，领导者也必须要变，而且卓越的领导者还要主动地变、因时而变、先时而变。当前领导工作不断面临的变革环境，而科技、市场竞争的国际化以及劳动力的分布，则是这些变革的驱动力量。这些力量已摧毁 20 世纪中叶以来的稳定性，并急剧提升变革速度，使得领导者必须同时具备渐进变革的能力。

在当今时代领导者必须让追随者在“感受到变革的必要性”与“不被变革的痛苦压垮”之间保持微妙的平衡，因此领导力是一种“刀尖上的艺术”。为了帮助追随者保持一种有效的紧迫感，领导者必须关注四项根本性的任务。坚持完成这四项任务，使领导者既能激励追随者又不会使其丧失主动性。

首先，领导者必须创造出一种“包容性环境”。在组织变革的初期，领导者要创造各种条件，让不同小组讨论各自面临的挑战，提出各种问题并进行辩论，然后弄清相互冲突的观点和价值观。随着时间的推移，在追随者变得成熟后，更多的问题就可以逐步展开。组织变革初期时是否能够在下属中进行充分的讨论，甚至能够决定组织变革的最终成果。比如战国时期的商鞅，在变法之前首先做的就是让群臣对自己的变法政策进行讨论，虽然很难达成一致，但仍旧达到了宣传政策、凝聚共识的目的。

其次，领导者有责任对追随者提供指导、保护，以及进行岗位培训、管理冲突和制定准则。领导者应当通过确定组织面临的挑战，以及弄清关键问题来指导追随者；应当通过控制变革的节奏，来保护追随者；应当通过阐明业务现状和核心价值观，帮助追随者熟悉新的角色和职责。他们还应当想办法暴露矛盾，并把解决矛盾作为追随者创新和学习的动力。另外，领导者应当帮助组织维持那些必须遵守的规则，同时也要质疑和挑战那些需要改变的规则。

再次，领导者必须保持威严和冷静，调整追随者的痛苦情绪也许是领导者最困难的工作。“领导艺术”要求领导者深刻理解变革之痛——因重大调整而引起的恐惧与牺牲，它同时也要求领导者把这种情感体会传递到追随者心中，并引发其共鸣。领导者在情感上必须具备容忍不确定性、挫折和痛苦的能力。他必须提出尖锐问题，同时自己又不会变得过于焦虑。他必须展示出信心，相信自己和追随者能够完成摆在面前的任务。

最后，领导者要通过各种不同的方式给下属以认可。比如，在薪酬体系设计中，实施正式的认可奖励计划，而不是单一的货币激励。比如，美国西南航空的认可奖励包括心中英雄计划、总裁奖和“成功的精神”奖，联邦快递的认可奖励包括开拓奖、最佳行动奖、金鹰奖、超级明星奖等。这些公司的经理和高管团队都会出席这些庆祝仪式并亲自给下属颁奖，向下属和优胜者传递特殊的意义。得到认可奖励的下属首先感受到的是自己的行为和价值得到了组织的认可，从而产生强大的激励效果。

相反，有些组织的薪酬计划过于单一和货币化，会导致下属过于注重货币比较，而这种比较的结果就是：几乎所有的下属都会认为和自己的业绩相比，公司给的薪酬太低了。这样一来，下属的幸福感不增反降。作为具备战略性眼光的领导者，需要把下属的工作动力源从单纯的物质激励上升到认可激励，这实际上也是下属成长的需要。

同样地，让下属成为组织内部精英团队的一员，也是一种很大的认可；组织品牌建设也会让下属有被认可的感觉，这是因为，如果组织得到社会认可，组织中的每个下属也会有一种被认可的感觉。组织可以通过履行其社会责任、关注慈善事业、争取国家荣誉等方式来赢得社会的认可。最终，组织应该成为下属追求和实现自身幸福的平台，未来的组织要在尊重每个人理性追求自我幸福最大化的前提下，做出管理制度设计。组织越是重视的事情，越是期待下属去做的行为，越应该在制度上保障下属做这些事情和行为能够增加他们的幸福感。当组织中人人为了自己的幸福最大化去做事情的时候，组织的发展目标会实现得更快，这其实是经济学中的市场选择原理在管理当中的应用。

（三）“变革型学习”与组织发展

组织发展指的是变革推动者的帮助下，为提高一个组织解决问题的能力及变革能力而做的长期努力。现代领导力的最为显著的特点之一，就是领导者不仅要懂得自己部门复杂的组织模式，还必须了解其他部门同样复杂的模式。举例来说，以往认为政府的官员只需懂政治，不需要懂经济，而企业中的经理们只需要懂得商业管理，而无须涉及政治。这样的情况在今天一去不复返了，当今的商界领袖必须明白政治体系如何运行，而政界领导必须清楚经济体系如何运转。

领导的核心都与应对变革有关。近年来领导变得如此重要，就是因为现在的商业世界竞争更加激烈、更加变化无常。要在这种新的环境中生存下去并有效地进行竞争，重大变革就变得越来越有必要，而更多的变革总是需要更多的领导力。

组织变革之父科特指出，组织变革在一定程度上会面临着很大阻力。主要可分为个人阻力和组织阻力。个人阻力主要包括：行为上的习惯，对未知的恐惧，对经济收入的预期，选择性的信息获取。组织阻力主要指：组织结构惯性，既有权力关系的变化，又有资源的重新分配和人际关系的调整。在实践中进行大规模变革的时候，一个组织面临的最核心的问题绝不是战略、组织结构甚至是组织文化的变革，而是如何处理利益分配，如何通过变革去影响组织成员行为的改变。

要想实现变革后组织行为的改变，哥伦比亚大学教授梅兹罗（Jack

Mezirow）在 20 世纪 90 年代提出的变革型学习理论可以提供相关借鉴。变革学习理论对认识领导力的发展成长，尤其是领导者在逆境和磨难中的学习，有着极为丰富的意义。基于梅兹罗的理论，人类学习主要有三种形式，其中的“变革型学习”是形成卓越领导力的催化剂。

首先，领导力的“淬炼”，必然伴随着变革型学习过程。这个过程表现为领导者思想意识的深层结构经历从渐进的量变到激荡的质变过程，在量变阶段往往经历工具型学习，而质变则是由变革型学习引起的。领导者在达到一定的高度后就会止步不前，因为过去的经历和现有的认知体系让领导者停留在了职业的舒适区。这种认知和判断在一定时期内是正确、符合现状且切实可行的；然而现实和外部情境又可能会经历轻微甚至颠覆性的变化。只有通过变革型学习来帮助领导者突破现有的认知体系，才可以助力其走向一个新的高度。

其次，领导力的“淬砺”过程及伴随的变革型学习，是由思想意识深层结构的转变而诱发的：领导力从低级阶段到高级阶段的发展与变革型学习密切相关。变革型学习实际上就是一个“顿悟”的过程，通过学习来打通思维的“任督二脉”，促使领导者抛弃已有的错误习惯，形成新的行事风格。

再次，领导者的变革型学习往往是由于其对那些不再有效的假设和信仰提出质疑而引发的，而这些假设恰恰是构成个人态度、信念、行为的基础。

个人以往的工作与生活经历决定了现有的态度、信念和行为，沉淀下来便逐步形成了相对固定的思想意识深层结构。这个深层结构是人们行为的基础，有些时候能够帮助人们取得成功；但有些时候，这些固有的思维、行为习惯，让人们在新的情境或者困境面前茫然若失、束手无策，甚至铸成错误。

变革型学习即意味着要能够发现原有假设的局限性，甚至质疑和抛弃原有的假设，建立或采用与时代和环境相适应的新假设。

最后，领导力的“淬砺”及其伴随的变革型学习，离不开领导者接纳、探索和实践那些具有包容性、开放性、发展性价值观的能力。

延伸阅读

不一样的“背水一战”

管理的权变理论听起来似乎比较复杂，但是用古代历史上最熟悉的两个故事来说明管理的难处和微妙处，追随者印象会更深刻一些。

第一个故事也许追随者都听说过。诸葛亮派马谡去守街亭，马谡要把军营扎在山上，副将王平说，对方断了咱们水源怎么办，马谡熟读兵书，说“置之死地而后生”，将士们正好借机以一当十，奋勇杀敌。结果是自寻死路、自取灭亡。

那么，“置之死地而后生”是错的吗？这句话是从项羽的巨鹿之战来的。四十万秦军包围赵国，项羽带着三五万人，“置之死地而后生”，破釜沉舟，把锅砸了，把船烧了，只带了三天的干粮，九战九胜，大破秦军。战斗结束后，各国将领“膝行而前，莫敢仰视”，从此项羽就奠定西楚霸王的威名。

同样的一个战术，为什么对于马谡是自取灭亡，对于项羽却是置之死地而后生？人不一样，环境不一样，情境不一样……其中最重要的变量是攻守形式不一样。项羽是攻，马谡是守；战争的性质也不一样，三国是狗咬狗，项羽是反抗暴秦；人也不一样，马谡是个文职官员，项羽是久经沙场的赳赳武夫；军队不一样，项羽带的是江东父子兵，马谡带的是老弱病残的偏师。所有的变量都不一样，导致了结果的巨大区别。

可惜兵书不会给领导者讲这些使用条件的区别，领导者只能自己迅速抓住主要使用条件，而且更为挑战的是，这个使用条件成熟程度，领导者只能自己去判断，没任何人能帮领导者。没有长期的实践、长期的经验，领导者根本无法判断。

所以兵书上是有很多类似的自相矛盾的地方。例如，一方面叫领导者“穷寇勿追，归师勿遏”，另一方面又告诉领导者“宜将剩勇追穷寇”；一方面叫领导者“坐山观虎斗”，另一方面又告诫领导者，不能“观其坐打，步人后尘”。领导者如果不去抓住主要使用条件的区别，没有判断条件是否成熟的能力，领导者根本没法上场打仗。

——肖知兴：《纸上谈兵说管理》，北京：中信出版社，2012 年版。

二、变革中的创新思维

传统的领导威信往往和英雄领袖联系到一起，然而，英雄式的领导观念强调的是集权，它把过多的光环和权力聚焦到一个人身上，从而不言而喻地剥夺了其他人的权力。约翰·科特（John Kotter）曾经跟踪哈佛大学商学院 74 级 115 名学生的发展轨迹并写了一本书，有人问他，这些人是否具有团队精神，科特回答道：“我想这么说比较合适，他们想组建团队，带领团队创造辉煌，而不是甘心做团队的一个普通成员，接受别人的领导。”“想组建团队却没有团队精神”，这可能是许多传统的领导者无法逾越的一道鸿沟。创新型组织的领导人与英雄式领导人的做法大相径庭：他们在有效激励追随者方面做了大量的工作，但毫不张扬，功成弗居，甘做绿叶。他们是“幕后领导人”。致力于制度和流程的建设，注重创新文化的形成，以无形的方式激励追随者，营造团队精神，这些措施反过来也促进了创新，继而推动了组织战略的发展。

善于变革者与高创造力相关，却不一定伴随较高的智力。中国的变革先锋马云就常说自己愚钝，这种说法并不只是谦卑的表现，而是对自身优势和劣势的清晰认知。马云没有上过一流大学，可是他却极富创造力。像乔布斯那样具有典型高创造力的人，不拘小节，具有极强的审美敏感，有独立性和充沛的精力，但在形成亲密友谊或深厚情感等社会适应力方面却容易遇到困难，这也解释了为什么许多员工把乔布斯形容为“魔鬼”却依然对他紧紧跟随。而那些高智商者有条理，善于分析数据，强调逻辑，却在组织变革中过度强调可行性、正确性，则很难真正实现组织创新。

（一）创新思维与威信塑造

在这个变动的时代，不断学习与创新是现代领导者必备的生存工具。人们发现许多领导者在领导创新时跌跌撞撞，不知所措，不但无法有效激发团队中每个人的才能，也无法创造利于创新的团队氛围。

在九十年代提出破坏式创新理论，被誉为当代创新大师的哈佛大学商学院教授克里斯滕森（Clayton Christensen）发现，在他所研究的大型组织中，不能推出破坏性创新的主因，是高阶主管善于执行，但却拙于发现与创新。

创新并非遥不可及，这和一般工作程序一样，必须经历计划、管理、教导、学习。现代管理学大师德鲁克在谈创新组织时说到，创新组织就是领导人把创新精神制度化并形成工作习惯。具体而言，一个变革当中的组织要想实现创新，可以从以下几个方面尝试。

1. 招聘能争论的人才

创新的关键是人才。在创新组织内，如果没有多样化的人才队伍，种种“不着边际”的观点创新就不会发生。创新人才不仅只是头脑风暴（Brainstorm），他们还能阐明自己的观点。他们进行激烈且有意义的争辩，通过这样激烈的争辩甚至是冲突来达到求同存异的效果，借此发展出大量不同的想法，进而摩擦出创新的火花。所以，回到管理实务上，当创新领导者在招募人才时，可以选择聘用能进行有建设性争辩的人才，活化组织内的思考能力。

2. 保持充满弹性的思维

创新的灵活性指的是一种探索性的学习，结合了科学与艺术所创造出来的思维模式。没有所谓的绝对是非，从错误中学习。领导者需要在态度上刻意保持模棱两可，不去定夺也不做指导，让下属无限发挥创造力。

3. 创造更有包容力的决策方式

创新组织研究显示："创新人才就是不妥协，他们不让任何一个人或者团队做主，即使是老板和专家也不行。相反，他们创造了一种更加有耐心和包容力的决策方式。"古今中外，创新型人才大多都是"怪才""偏才"，对于这样的人才领导者必须要有清楚的认知和包容能力，尽可能的激发创新人才的思维，同时又不至于让组织的人际关系失去控制。

4. 创新领导者都有深邃的思想

英国管理思想家查尔斯·汉迪曾经说过，"我发现原来自己所学到的东西，有那么多是来自我在生活中所遇到的事情，而非正规的学习课程。但是要想从中学到东西，仅仅经历过这些事情不够，还必须要对自己的经历加以思考。在人们繁忙的生活中，有太多时候根本没有思考的余地"。

影响别人的方式有很多。可以采用强制的手段，通过制定相关的制度来强迫别人服从，这是传统上的领导；也可以通过职位所赋予的权力，采用命令的手段让别人去执行，这是行政式的领导；还可用以身作则的方式，用自己的行为引导别人，这是行为上的领导。

这些都属于管理技巧，但不是具有创新精神的领导力。领导者真正影响别人的能力，来自思想。形式上的领导是短暂的，行为上的领导是小范围的，只有思想上的领导，才是长久的、广泛的、深入的、刻骨铭心的。

所谓思想，乃客观存在反映在人的意识中，经过思维活动而产生的结果。不同的人对同样客观存在的反映是不一样的，因此形成了在同样的环境下，不同的人有不同的思想。于是，人的差异，最根本地在于思想的差异。大凡有领导才能的人，他们对客观存在的反应比一般人更深刻，他们能从司空见惯的事物中发现出新的东西，能从一般的活动实践中归纳出新的规律，能用生活化的语言表达出深刻的道理，从而能影响别人。他们也因此成为领导者。思想不是理论，理论是系统的，思想可以是格言警句，可以是个人感悟，思想具有原创性。

国内成功的组织领导人，无不具有深邃的思想。这些思想，往往给人以耳目一新的感觉，具有振聋发聩、发人深思的效果。华为技术有限公司的任正非，他的很多思想不仅影响了华为的下属，更为社会大众所普遍接受。任正非以“昨天的英雄，今天不努力，明天就是狗熊”的思想鼓励下属不断努力、不断进取，永远不能放松；他以“火车从北京到广州沿着轨道走，而不翻车，这就是自由”来表达自由的相对性，强调制度的必要性；他以“小改进，大奖励，大建议，只鼓励”来引导下属从不断改进本职工作做起，提倡务实、做实的作风。

一般人看到这些话，大多会有眼前一亮的感觉。对啊！这正是思想的作用：用通俗易懂的语言，表达出一个深刻的道理。也许这个道理人们都知道，但通过这些领导者表达出来，就有了新的意义，就更能够影响别人。这就是领导者的魅力所在。

毫无疑问，领导者的思想必须是正确思想，才能被别人接受；领导者只有用正确的思想去影响别人，才符合人类的行为准则。那么，正确思想来自哪里？用毛泽东的话说，来自生产实践。领导者一定是勇于实践、善于实践的人。他们不断从实践中总结、反思、提炼，通过自己的思维加工，把感性的认识上升到理性的认识。可以说，思想是人们实践经验的总结和升华，是思想者长期“吾日三省吾身”的结晶。

（二）管理“不确定性”

变革时代最大的特点就是“不确定性”。人类一直在和不确定性做斗争，以及适应和习惯不确定性。不管是积极乐观还是消极悲观，不确定性总体会带给人们心理的冲击。人类的发展在心理层面形成了一种对未来不确定因素的排斥和恐惧，也让领导者在面对不确定性时总是有很多无形的障碍存在。

1. 对未知和不确定性的恐惧

对于人类头脑的研究已经表明，人们会本能地喜欢确定的模式，而抗拒不确定的状态。人类的发展可以被描述为一个不断将世界确定化的过程。和古代的人类相比，现在的人类的生存环境不再动荡，不可知或者随时充满了风险。因此，人们会感觉到安全、稳定和舒适。也许恰恰是这样的现代状态，让人们对于不确定性更加敏感，更加容易受到伤害。现代社会，人们会担心宏观经济的走势、股市的起落或者某些区域的动乱和不稳定事件的发生；也会担心天气，航班的准点，和同事的关系，任务的按时达成，业务的进展，等等。对不确定性的恐惧似乎是每一个人内心挥之不去的阴影。而这在很大程度上变成了一种明显的障碍，会不喜欢不确定因素、采取拒绝探索或者对不确定因素视而不见的状态。成功的领导者应该首先自己对未来有坚定的信心，对理想有坚定的信仰，同时致力于不断消除下属心中的不确定性，为其提供一个充满安全感的环境。

2. 已有知识经验的束缚

人类的发展已经进入了一个专业时代，人们的周围充斥着各种各样的知识、理论和见解。利用知识 / 技术来解决现实中的问题会带给人们确定的感觉。如人们可以将太阳能转变为电能，可以制造出靠电驱动的汽车。这些知识技术的发展让人们感受到了一种确定的感觉，也享受到了知识和技术带给人们的充分的便利。这样的习惯，让人们相信知识就是力量，而人类拥有知识的惯性有可能导致人们希望用现有的知识来解决未知的问题。

在这样的情况下，往往知识会演变成为人们探索未知和应对不确定性的障碍。在《未知——将不确定性转化为机会》一书中，作者提到了两个明显的例子，一个是在对艾滋病的治疗中，科学界的主体思路是发展疫苗，当大家的思维被局限在发展疫苗的角度时，可能人们根本就不去寻找那些非疫苗的治疗方法，而这样的方法有可能恰恰是有效的。另外一个例子是2008年的美国次贷危机，当时许多美国证监会的高级官员、众多的经济学家和投资专家都在次贷危机爆发前对经济的运行充满信心，甚至无视发生在经济最根本层面的房贷信用的泛滥。而很多人也相信专家的观点，最终导致了一个系统性的经济崩溃。

3. 意识形态的固化

当人类的认知汇集后，就会形成意识的固化形态，如人们的信仰、人们的理论体系和知识体系。意识形态也是人们对世界认知确定化的表现。但意识形态是相对固化的，它会支配人们的日常思维和行动。如果一个人相信这个世界有上帝的存在，让他改变为相信世界没有上帝似乎是不可能的；反之亦然。显然，思维和意识形态的固化一方面可以帮助人们抵御不确定性带来的挑战和威胁，但反过来，这样的状态非常有可能阻碍人们对于未知领域的探索。

4. 领导者如何管理不确定性

当人们了解了不确定性以及为什么人们会害怕不确定性时，人们也看到了在世界上，有一些杰出的领导者，恰恰表达出对于“不确定性”的适应性和能够有效管理“不确定性”的杰出能力。

第一，努力探索和迎接不确定因素。

很多领导者是敢于探索和迎接不确定因素的。在任正非的很多讲话中，都感觉到了他对于总体经济环境和行业发展的不确定性因素的思考。电信行业发展快、行业波动大的特点让任正非持续地思考应对的策略。他提出让华为“深淘滩，低作堰，不称霸”，就是要确保增强核心竞争力的投入，并节制对利润的贪欲；“坚持力出一孔，要集中优势资源投入在主航道，敢于去争取更大的机会和拉开更大的差距”等，这些都体现了他对于未来不确定市场的确定的看法。通过这些坚定的判断和持续的坚持，领导者往往可以带领自己的团队和组织迎接不确定的未来。从华为现在的成功中看到这种坚持和对不确定性的适应能力。

第二，领导者敢于打破知识、理念、身份的束缚。

在认知知识和专业的力量的同时，人们也意识到知识、理念和由此形成的身份认知都有可能成为人们对于未来不确定世界的认知障碍。与之相对，真正具备管理不确定性的领导者恰恰可以轻易摆脱知识、理念和身份对自己的束缚，这样的人表现出敏捷和灵活的思维模式，也能够快速适应多变的环境要求。

第三，发展负面能力（沉默、忍耐、怀疑和谦卑）。

提到成功之道，人们往往会想到知识、技能等“正面能力”，但事实上，与知识、技能和胜任力这些“正面能力”对应的，是一种体现出“沉默、忍耐、怀疑和谦卑”的“负面能力”。而英国的学者罗伯特·费伦茨和彼得·辛普森认为“公司的领导人应该面对当下的未知领域并开发创造性思维，以至到达自己无知的边缘，从而建立和保持自己的竞争优势，并确保公司在激烈的竞争和市场作用力的影响下能够蓬勃发展，而客户的需求也能得到满足”。

变革时代的领导者，因为可以将自己推到无知的边缘，就会衍生出沉默和谦卑的状态。很多成功的领导者，在极其成功的状态下，以及在极其困难，甚至是面临失败的情况下，都表达出了充分的谦卑和忍耐。

而这样的“负面能力”也和柯林斯在2001年首次提出的第五级领导者概念是高度吻合的。第五级领导（Level 5 领导者 ship）的理论思想认为第五级领导是谦逊的个性（Personal Humility）与强烈的专业意志（Professional Will）的矛盾混合。他们是顽固的、无情的，然而，他们又是谦逊的。他们对自己的公司充满热情，雄心勃勃，但是又绝不允许丝毫个人的自负成为公司发展的桎梏。

总结起来，具备“管理不确定性”的自变领导者如同水一样，他们柔软而坚定，低调而谦逊，能因势利导，会根据环境而改变，或为水滴，或为河流，也可以变成大海和坚冰。

（三）创新思维的提升途径

赢得领导威信需要创造性，需要领导活动的创造性。领导威信的创造性有三个主要的方面，第一，领导者人格的创造性；第二，领导者活动的创造性；第三，领导者促进追随者的创造性。

1. 提升领导者人格的创造性

领导者的人格是一种独特的人格，与其他类型的人格，比如知识分子的相对崇尚独立自由的人格相比，它有自身的特点。领导者的人格由知、情、意这三个因素构成的。所谓知，就是通常讲的知识，在这个方面所需要的能力就是智商；所谓情，就是对人际关系、情感的高度关注，它所需要的能力就是在智商基础上的情商；所谓意，主要包括两个基本内容，一是领导者对领导活动的本质、结构、特点、发展规律的自我意识；二是领导对工作、破解难题坚持到底的意志力。

领导者人格的这三个方面——知、情、意，并不总是统一的，相反，它们是相互矛盾、相互冲突的，只有卓越的领导者才能在这三者之间寻求最佳的平衡点，在知识的理性、情感的感性和意志的韧性之间游刃有余，展示自己过人的领导魅力。领导者如果要具有领导威信，首先就需要能够把相互矛盾、相互冲突的知、情、意有机地统一于自己的人格。只有在这样一个以情感和情商为核心，统帅知识和智商、统帅意识和意志人格的结构中，领导者才可能具有足够的人格影响力，才能够吸引广大的追随者听从领导者的决策，听从领导者的安排。领导者人格的三个因素有机地结合，构建了一种创造性的领导人格，这种领导人格在任何领导活动中都是不可或缺的。人们在许多领袖人物身上都可以看到这种像磁石一样的人格吸引力、人格魅力。就塑造领导威信来说，建构好自身的领导者人格，使得自己的人格具有创造性，这是领导者赢得领导威信的第一步，也是非常关键的一步。

2. 提升领导活动的创造性

领导者的活动要具有创造性。在这个方面，人们倾向于认为领导活动创造性的集中体现就是创造性地化解矛盾的能力，而化解矛盾主要需要领导者两方面的技巧。

一方面，领导者要创造性地转化矛盾。所谓转化矛盾，也就是使矛盾的双方，通过沟通、协调、引导，达到一种理想的、人们所期望的状态。

所谓的转，在领导活动中，矛盾的双方经常对峙在一起。在这个方面，许多领导者往往有一个错误的观念，那就是在解决矛盾、转化矛盾的时候，往往采取一种正面冲撞的态度，企图通过正面的接触去解决问题。不能否认这种正面接触的办法也是一种办法，但是，在面临复杂局面，应对困难挑战的时候，它往往不是一种合适的办法。比方说基层领导者在处理维稳事件的过程中，就经常要面对严重对立的矛盾双方。在这样一种情况下，领导者要想具有创造性的领导活动，就需要使得矛盾的双方“转”起来，而不是使得矛盾的双方“撞”起来。正如《孙子兵法》所言，“上兵伐交”，只知道正面冲突的领导者绝不是一个聪明的领导者。

所谓化，也就是矛盾冲突的双方开始逐渐消弭、融合，达成共识，以及它转化之后不断扩大自身影响的过程。转可以说是从静态的方面看矛盾双方转化的，化是从动态的方面来看矛盾转化的，将这样两个方面结合起来人们就可以看到，所谓转化矛盾首先要使矛盾的双方在结构上实现转化，然后从动态上有一个不断扩展自身的影响力、不断扩大领导威信范围的过程。创造性的领导活动既不可能忽视矛盾、回避矛盾，也不可能消灭矛盾，而只能是切入矛盾之中，创造性地去化解矛盾。领导者化解矛盾是需要智慧的，需要跳出问题看问题。另外，许多失败的领导者在化解矛盾的问题时候，采取的是一种回避、拖延、害怕的态度，没有担当精神，这些态度也是不应该的。

矛盾双方的转化可以用人们日常生活中所讲的这样两句话来概括，一句叫作“退一步海阔天空”，一句是“让一让天长地久”，也就是说使得矛盾双方转起来的空间和时间是相当宽裕的，也就是说在小转折中有大艺术，这是领导者在进行创造性领导活动中施展领导艺术的广阔空间。

另一方面，领导者要注意借势和借力。在借势方面，需要领导者对事物发展、事态发展的基本苗头、基本趋势有一种敏锐的把握和洞察。日常生活中人们也经常可以看到这样的例子，“登高而招，臂非加长也而见者远；顺风而呼，声非加疾也，而闻者彰”，比方说鹰只有借助上升的热气流，才能展翅飞翔，这就需要领导者在进行临时活动，特别是创造性领导活动的时候，要对事物发展的苗头、趋势有一种敏锐的和深刻的把握，这就是所谓借势。

如果说借势是借助客观、外在事态本身的趋势，借力则是借助自己所领导的广大追随者本身的力量，借势和借力是分别来自于两个不同方面的趋势和力量。借力就是把一些零散的、看似弱小的追随者及其力量组织起来，也就是说，问题不在追随者是否强势，而在于领导者是否能够把追随者身上的潜能发挥到最大。如果能够动员和组织追随者身上的一切能量，让平凡的人干成不平凡的事业，这就是领导者最大的成功之一。毛泽东领导积贫积弱的中国农民，让星星之火的工农红军成燎原之势，取得革命的胜利，这就是最鲜明的证据。

领导者的创造性活动需要两个“借”，而在这两个借中，借势是前提，领导者只有借来了势，才能从领导者和追随者中借来力，只有借势借得好、借得巧、借得妙，才能够从追随者、领导者那里借来真正的支持、真正的力量。所以，创造性的领导活动既不能凭空产生什么东西，也不能无缘无故地消灭什么东西，归根结底，它只能是一种转化事物存在的状态。

3. 促进追随者的创新

领导者领导活动的创造性最根本的一点，不是领导者自身，也不是领导活动本身是否富有创造性、富有多大程度的创造性，而是领导者要善于、勇于促进广大追随者的创新。在目前的社会条件下，如何促进广大追随者的创造性呢？按照马斯洛的划分，人类的基本需求可以划分为五个基本层次：第一个层次是生理需要；第二个层次是安全需要；第三个层次是交往需要；第四个层次是认同与归属的需要；第五个层次是自我实现与自我完善的需要。这五个层次的需要又可以划分为两种基本类型，生理和安全的需要是物质方面的需要，认同与归属的需要、自我发展和完善的需要是精神的需要。领导者要想促进追随者的创新性，一定要在满足其物质方面的基础上，激发追随者的高层次的需求，通过让追随者意识到所承担任务的重要意义，激发下属的高层次需要，建立互相信任的氛围，促使下属为了组织、团队和部门的利益而牺牲自己的利益，并达到超过原来期望的结果，这就是激发追随者创新动能的精髓所在。

延伸阅读

宝洁公司的领导力创新

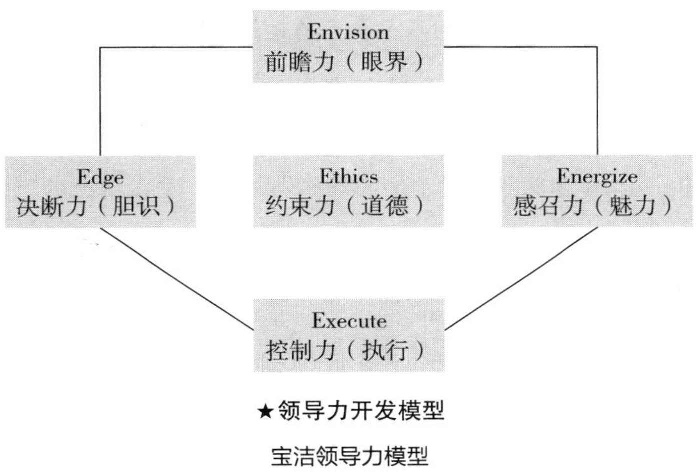

★领导力开发模型

宝洁领导力模型

宝洁组织（P&G）成立于1837年，是全球领先的日用消费品制造商，曾多次被美国《财富》杂志评为最受尊敬的组织。宝洁组织一向推崇领导者要具有领导才能，在招聘新雇员时会重点考察申请者是否具有领导潜质；在工作中强调领导的作用，认为一切事情的成功与否最关键的因素就是领导。

宝洁领导力模型简称为5E领导力模型，此模型是宝洁组织在大约三十年前，通过对几百名不同部门、不同层级的优秀经理领导行为的分析，总结提炼而成的，并依据此模型对后来的领导者进行领导力培养。

宝洁组织认为领导力的要件可以概括为5个E，它们是Envision（高瞻远瞩）、Engage（全情投入）、Energize（鼓舞士气）、Enable（授人以渔）、

Execute（卓越执行）。

表述为：5E领导力模型

Envision更多是指一个领导者构筑愿景的能力，给整个组织指明方向，从而激发团队内心的激情；

Engage则是从人和资源两个角度，能够很好地将利益攸关者——下属、同事、客户、甚至老板，纳入自己的愿景达成支持梯队；

Energize则是鼓舞团队的热情和士气，使团队始终保持在高昂的工作状态；

Enable是构建团队整体的能力，培训与教授，重在授人以渔；

Execute则是要率先垂范，亲身投入完美执行的推动，结果导向。

宝洁的领导力模型看上去很简单，但仔细想想，却几乎包括了领导行为的全部。它是一个领导者的责任模型，也是一个角色认知的模型。在这个模型中，领导是一种行为，而不是职务。它清楚地告诉领导者最该做好的三件事：设定目标、鼓舞士气、提供帮助。用一句最简单的话来讲就是：要让追随者有目标、有干劲、有能力。

——周禹：《宝洁：日化帝国百年传奇》，北京：机械工业出版社，2014年版。

CHAPTER 10

第十章

领导威信之道——中西合璧

第九章论述了环境是领导威信发生作用的重要变量。那么，环境中最深刻、最能影响人的行为的因素又是什么呢？答案是文化。“不知文化不足以论领导”，任何领导行为都是根植于社会文化的基础之上的，不了解这一点，就难以理解领导实践过程中的种种现象。

在经济全球化、文化大融合的今天，对领导威信背后的中西方文化因素进行甄别和理解就显得尤为必要。

举例来说，为什么“以结果为导向”这一管理定律在西方很容易受到承认并能得到有效应用，但在中国的管理和领导实践中，要么就不重视结果，要么就完全以结果为唯一标准？从文化上解释，西方文化重效果判断，中国重动机的好坏判断。西方人判断事物的好坏是以效果为标准的。因此对西方人而言，什么动机与出发点并不重要，重要的是效果好不好。中国人不太重视效果判断，而是用一套道德或意识形态标准看效果，即所谓“干不干是态度问题，干得好不好是水平问题”“没有功劳有苦劳，没有苦劳有疲劳”。这种价值判断上的差别导致了工具理性的差别。西方人以效果为判断好坏的准则，故人们就追求达到目的的手段，而且是最佳有效的手段。结果使西方的工具理性十分发达，如科学、法律、市场制度、组织形式、劳动分工、程序、策略、战术等。工具理性的发达是西方经济发达的根本原因。中国人是先判断人世间的出发点、动机的好坏（如良心标准、主义标准、动机标准等）然后再看效果，价值理性占据了主导地位，人们自然把精力与时间放在证明自己是好人之上，而不是放在达到效果的手段体系上，结果这种泛道德标准导致了人们对发展与改善达到效果的手段失去兴趣与努力，结果科技与市场制度、法律制度、管理方法等工具理性的东西得不到发展，因而生产率低下。

明白了中西方文化差异，自然就会对新时代领导威信的树立有着更深刻的理解。本章着重探讨了中西方文化背景下领导威信产生影响的途径，并对全球化时代中西方领导威信的“殊途同归”做出了展望。

一、中国式领导的威信之道

中国式的领导威信表现形式是与华夏文明的历史性格息息相关的。不管是儒家“修身、齐家、治国、平天下”的入世情怀，还是道家“人法地，地法天，天法道，道法自然”的出世智慧，都集中体现在了中国式领导威信的表现形式上。

（一）修己安人

1. 修己

何谓修己？儒家思想建立在仁爱的基础之上，孔子在《论语·阳货》一篇中就专门阐述了仁的具体含义。孔子曰：“能行五者于天下，为仁矣。”孔子接着解释五者——“恭、宽、信、敏、惠。恭则不悔，宽则得众，信则人任焉，敏则有功，惠则足以使人。”这就是儒家所主张领导者修己的五项基本要求，也被称为“五德”。作为一位领导只有具备了五德才能修身庄重，办事勤敏，对待追随者才能宽厚，守信用，施恩惠。在修己的五项基本要求中，孔子尤为重视“信”。因为“信”包含着两个层面的含义：一是民众对领导的信任；二是领导者自身的信实。只有这两个方面合二为一才能真正实现管理的目标。古代许多领导者都是在修己方面下了很大的功夫，甚至到了苛刻的地步。比如晚清中兴名臣曾国藩在临死之时，居然把生平最大的遗憾认定为“学业无所成，德行无可许”，而对自己建立的功勋只字未提，对自己要求的严格可见一斑。还有许多像曾国藩一样的古代士大夫，都是怀着这种“内圣外王”的心态来履行自己的领导义务的。

2. 安人

何谓安人？安人是儒家管理的终极目标，其最高表现形式就是“齐家治国平天下”。具体又表现在四个方面——安亲、安友、安君、安百姓。那么这四个方面又分别用什么方法来实现“安”呢？安亲用孝和悌，孔子主张用“孝悌”来协调家庭关系。只有孝才能上安父母长辈，唯有悌才能和谐兄弟姊妹。对于中国人而言，家庭的和睦是一切事业的根本点与出发点。安友用义和信，儒家思想认为，独学而无友，则会孤陋而寡闻。朋友交往只有义信相待，才能彼此真诚。安君用忠和敬，孔子在《论语·宪问》中说：“勿欺也而犯之。”“勿欺”就是敬，“犯之”就是忠，当君王有不对的举措就应该大胆进谏，敢于直言才是真正的敬与忠。安百姓用仁爱。对于安百姓的做法《论语·子张》中有具体的描述——“立之斯立，道之斯行，绥之斯来，动之斯和。”“立之斯立”就是让民众自立，用“道之以政，齐之以刑”的法制作为强制性管理方案，用“道之以德，齐之以礼”的德治作为内在的约束。“道之斯行”是用礼乐诗书教化民众。“绥之斯来”是在精神和物质两个方面安抚民众。“动之斯和”是指有了上述三个方面的支撑之后的“使民”，是百姓能在自己统领的国度中安居乐业，为整个国家的发展而心甘情愿地劳作。

3. 修己与安人的关系

修己与安人二者之间有着什么样的关系呢？它们看似两个独立的部分，一个对内一个对外，但其实质却是一个统一的过程。修己是儒家管理的出发点，安人是儒家管理的目标。然而只有修己才能最终安人，领导者也只有通过安人才能彰显修己的价值与意义，所谓“学而优则仕”就是这个道理。《论语·宪问》中有孔子和子路的一段对话：“子路问君子。子曰：‘修己以敬。’曰：‘如斯而已乎？’曰：‘修己以安人。’曰：‘如斯而已乎？’曰：‘修己以安百姓。’”可见在儒家管理理论中修己与安人是相互支持，互为因果的。

儒家管理理念与西方的管理思想有一个本质性的区别——西方管理学界认为，管理的本身是一项技能或者是一样工具，在管理的过程中，它就是一种方法论的实践，一切管理理论的出发点都在追随者身上。无论是科学管理之父的泰勒，还是现代管理学之父德鲁克，他们所推崇的学术皆是如此。然而儒家认为，虽然管理的目标是“安人”，但是这一切都需要从领导者自身开始，因为领导者的道德、学识、能力都直接影响到管理目标的现实，这就是“修己”，所以儒家对管理思想的阐释，其重点就放在了领导者如何提升自我修为的方面。

（二）立威施恩

在一些华人管理学者看来，具“严明的纪律与威信、父亲般的仁慈及道德廉洁性”的家长式领导，是华人组织领导的普遍形式。家长式领导的完整的理论是台湾学者郑伯埙首先提出的。郑伯埙通过文化分析，更细致地界定家长式领导包含三种重要成分：威权、仁慈及德行领导。

郑伯埙提出了家长式领导二元理论，即家长式领导包含两方面的行为类型：立威与施恩。而之后，他在研究军队基层领导行为效能时发现，品德是领导的一个重要方面。凌文辁等人提出的CPM理论中也强调了德行是华人领导的必备特质。据此，他们又提出，家长式领导除了立威与施恩两个维度外还应该包括德行这样一个维度，即家长式领导的三元理论。简言之，家长式领导可定义为：在一种人治的氛围下，显现出严明的纪律与威信、父亲般的仁慈及道德的廉洁性的领导方式。可以看出，家长式领导包含三个维度，即威信领导、仁慈领导、德行领导。

（1）威信领导

首先是威信领导。在立威方面，家长式领导表现出四种典型行为，包括专权作风、贬损下属能力、形象整饰与教诲行为，相对应下属会表现出顺从行为、服从行为、敬畏行为与羞愧行为。仔细看这些行为表现，似乎更像一个传统家庭当中的父母亲与儿女之间的关系。在一个家庭里父亲的威信是非常重要的，会直接影响儿女们的表现。在家庭里，每当儿女做一件事，做好的时候，父亲往往不会说什么，甚至还会故意挑一些过程或结果中不太尽如人意的地方。而当儿女做坏的时候，那则是先斥责再教诲，甚至是当众羞辱。这种行为模式似乎从家庭中也延伸到了中国社会的组织里。其原因可能要追溯到中国两千多年的儒家思想。在儒家的五伦当中，父子关系仅次于君臣关系，而父亲的威信远远大于家庭其他成员，是家庭的核心，拥有绝对的权力。父亲在中国家庭的威信来源于儒家所强调的父子关系，本质即"孝"，孝就是屈从于父亲的意志。在中国的组织里，领导扮演着类似于父亲的角色，下属则扮演类似儿女的角色，领导必须有父亲般的威严，而下属必须有儿女般的忠诚、服从，不能有丝毫的反抗。

（2）仁慈领导

其次是仁慈领导。在这方面，家长式领导会表现出个别照顾与维护面子，体现为视追随者为家人，尽可能保障追随者工作，在追随者急难时加以帮助，整体照顾以及鼓励辅导，等等。而下属相应表现出感恩与图报行为。但是这其实是有问题的，因为领导们的仁慈并非一视同仁的。曾经有一位组织高管在讲座上说，在组织的新人中，往往那些凡事都要争、一开始就谈条件的人得到的最少，而一开始体现出忠心、无所要求的人，领导反而给的最多。为什么？因为领导觉得这样的人才是“自己人”。这位高管十分强调“自己人”这三个字。显然，对于“自己人”，领导会表现出更多的仁慈，体现为更多的个别照顾。从理论角度来说就是组织行为学里面的“领导者—成员交换理论”，也就是由于时间压力，领导者与追随者中的少部分人建立了特殊关系，这些个体成为“圈内人士”，他们受到信任，得到领导者更多的关照；其他追随者称为圈外人士，他们占用领导的时间少，获得满意的奖励机会也少。这样一来就会造成不公平和不公正，结果就是那些非自己人或者说是圈外人士的工作满意度降低，从而导致工作的积极性和绩效的降低。

（3）德行领导

最后是德行领导。作为中华文化主流与基石的儒家文化极为强调个人的道德修养，正所谓修身、齐家、治国、平天下，对自身道德的修炼是对传统中国人最基本的要求。就如同我国在“依法治国”的同时还强调“以德治国”。事实上，中国传统上是一个人治社会，缺乏法制的约束，这就必然提高对领导的道德期望，靠他们自身的道德修养来约束他们的行为。就如前文论述的，中国人潜意识里有一种思想，认为作为领导，无论他的才华有多么出众，如果德行不佳还是不足以服众的；唯有保持一定的品行操守，追随者才会真正佩服他，并且以其为楷模加以模仿学习；即使水平一般但拥有良好的令人称赞的德行，追随者们也会尊重他。

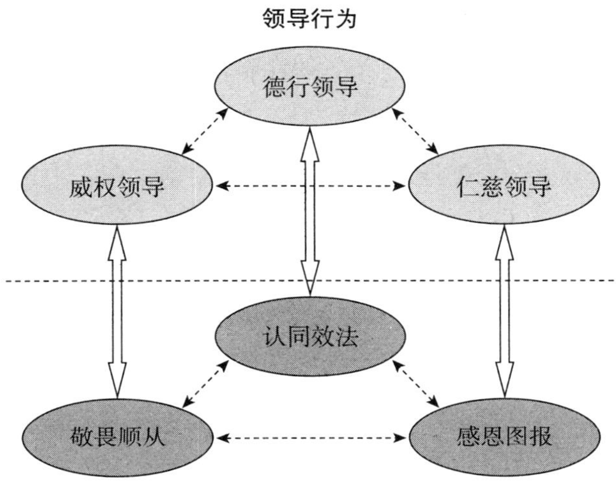

（三）阴阳和谐

对理想状态下的领导力表述，没有比中国古代的阴阳观更好的方法了。中国人把大自然看作阴阳二元性相互作用的结果，它们是相辅相成又彼此对立的关系，如天与地、日与夜、水与火、动与静、雄与雌。两者中任何一方都不能高于另一方，各有所用，缺一不可。一方的积极变化会让另一方变得更加活跃。人们熟悉的阴阳符号就是最好的体现，一黑一白两条鱼形状彼此旋绕，循环一体，形成一个连续、完整的圆。它们互为相反，但互相依赖，不可分割。

阴阳观用于领导力方面时，它的重要性不言而喻。领导人对配对的技术组合并不陌生。西方领导行为理论也提出了，成功的领导者是任务导向和人际导向都非常高的人。然而事实上，真正能做到“以工作为主，以人为本”的领导者在实际中是凤毛麟角的，许多领导者常常认为自己是“平衡”型领导人，但极少数领导人能够把完全相反的方法整体结合在一起。他们解决两者之间的对立时，常用的方法就是表示支持一方而反对另一方，具体表现为要么过度重视组织中的工作，完全以任务为导向，要么过于注重组织之中的人，成为一个好好先生。实际上领导力失衡也可以称为二元性功能失调，一方发展壮大占据主导地位而阻碍了另一方的发展。

中国传统上成功的领导者，一定是能够平衡阴阳，中正平和的大家。对于孔武有力，能在万军之中取上将首级的将领，人们期望他同时又能够礼贤下士，带兵如子；对于能言善辩，文采出众的秀才，人们又期望他同时又兼具经邦为民，攘外安内的器识；对于老成持重，低调谦虚的宰相，人们又期待他能厉行变革，革除旧弊。总而言之，传统的中国文化期待的是一个“中庸”的能够平衡阴阳的领导者，而不是某一方面有突出特长的偏才，这与西方文化是很不相同的。

（四）道法自然

虽然说东方文化强调等级、尊卑和服从，但是中国式领导威信的最高智慧并非如此。从老子《道德经》中则可以读出许多真正影响中国式领导威信观的深远智慧，其中“道法自然”可以称为领导威信的巅峰。

《道德经》以“以人为本”“顺其自然”作为领导思想的基本出发点，勾画了领导者应具备的人格魅力、领导魄力、领导品质、平和心态，展现了“无为而治”“图难于易”“抱一为式”等实现高效领导行为及效果的有效途径，提出了诚信爱民、和谐共赢是处理人际关系的法则，道出了“柔胜刚”“不居功”“去巧智”“少政令”“少私欲”等领导力提升方法与保持的秘诀。

1. 柔胜刚

柔性管理对现代的领导者来说，并不陌生，因为它是相对刚性管理而言的。但两千多年前的老子就认识到其重要性。老子说：“天下之至柔，驰骋天下之至坚。”即是说，天下最柔弱的东西，能够驾驭天下最坚硬的东西。所以说“强大处下，柔弱处上”“守柔曰强”。为什么柔会产生如此大的效用呢？“天下莫柔弱于水。而攻坚强者莫之能胜，以其无以易之。弱之胜强，柔之胜刚，天下莫不知，莫能行。”这里，老子以水为喻，说天下最柔弱的东西，莫过于水；而论攻坚击强，也没有什么可以胜过水，在这两方面，均没有什么可以替代水的。正所谓“水善利万物而不争”，“水德”的核心就在于“善下”，“江海能成百谷王者，以其善下矣”，老子将水看成是领导的最高境界。可见，领导力提升方法柔性的灵活使其在某些方面比刚性更加有效。

2. 功成弗居

老子认为，领导者不把事情的成功归功于自己，这样有利于领导力的保持，把事业做大做强。如他说：“大道氾兮，其可左右。万物恃之以生而不辞，功成不名有。衣养万物而不为主，常无欲可名于小。万物归焉而不为主，可名为大。”因为“夫唯不争”，“其终不自为大”故能成其大。道德经的核心观点之一就是“知其雄，守其雌”，明知可为而不为，谦虚为怀，急流勇退，这些领导智慧都是极其实用的。

3. 去巧智

老子认为，领导者应该“拙诚”而非“巧智”，巧智对领导工作会造成不好的影响。“慧智出，有大伪”，“绝圣弃智，民利百倍；绝仁弃义，民复孝慈；绝巧弃利，盗贼无有”。第一句话意思是说智巧聪明出现，就会有严重的虚伪。第二句话意思是说去除聪明与才智，人民自然就会得到百倍的好处；去除仁德与义行，人民自然恢复孝慈；去除机巧与利益，盗贼自然消失。所以“以智治国，国之贼；不以智治国，国之福”。老子对于巧智的认知极其深刻，作为高层次的领导者，一定不是依靠巧智而身居高位。领导者成功的秘诀恰恰在于“拙诚”“质朴”，用笨的办法做聪明事，用笨的方式赢得聪明的追随者服从。不管是古代刘备的三顾茅庐、近代曾国藩的“扎硬寨，打呆仗”，都是“去巧智”的典型案例。

4. 少政令

“希言自然。故飘风不终朝，骤雨不终日，孰为此者？天地。天地尚不能久，而况于人乎？”这是说，领导者所发号的政令，要少而适中。狂风持续不了一个早晨，暴雨持续不了一个整天，谁使之如此？是天地。天地尚且不能维持狂风暴雨的持久，更何况人呢！所以，“多言数穷，不如守中”。即要求领导者不要天天发号政令，弄得自己精力耗竭而又效果不好，而要政令适中，这一方面保持了政令的威严与震慑，另一方面也有充分的精力来保证政令的贯彻执行。很多人误读老子，认为《道德经》里的学说离实践太遥远。其实，老子许多的洞见都是来源于实践的，当前政令过多、政令不畅、政出多门、政策打架的现象不正验证老子学说的远见吗？

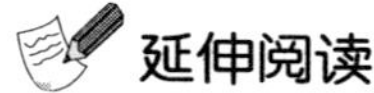

延伸阅读

中国式“齐家”中的领导力启示

修身、齐家、治国、平天下，这个逻辑出自《礼记·大学》：“古之欲明明德于天下者，先治其国；欲治其国者，先齐其家；欲齐其家者，先修其身；欲修其身者，先正其心；欲正其心者，先诚其意；欲诚其意者，先致其知，致知在格物。物格而后知至，知至而后意诚，意诚而后心正，心正而后身修，身修而后家齐，家齐而后国治，国治而后天下平。”

这里面没有提到组织，没有提到领导力，但道理完全适用于在组织里当领导。领导力不只是一套技能，更是一种自我修炼，就是古人讲的“修身”。而修身的效果好不好，就看能不能“齐家”。所以，在家庭中的地位能够体现一个人的领导力。如果粗略地把领导力的境界分小、中、大三等，那么，小领导力可以用来管家里养的宠物，中领导力可以用来管孩子，大领导力可以用来管配偶。

大领导力可以用来“领导”配偶，这里指的不是自上而下的领导，而是一种非职权性的影响力。实际上，在配偶的心目中保持威信是一种极大的挑战，甚至大于在追随者中保持威信。所以俗话说：身边无风景，枕边无伟人。人们都知道圣雄甘地的伟大，但也许在甘地夫人看来，他无非是一个在外面倡导非暴力、在家里对自己实施暴力的小老头儿而已。

圣雄甘地的领导力如何？如果说他的领导力不怎么样，为什么他能改变世界？如果说他领导力很棒，为什么他虐妻而不能齐家？我只能说，圣雄甘地很伟大，他的领导力很强大，但还没有强大到能够领导自己的妻子。

领导配偶为什么这么难呢？原因在于三个冲突和一个混沌。三个冲突：第一，法律地位与社会角色冲突；第二，自我独立的心理与相互依存的关系冲突；第三，利益相关方的冲突。一个混沌：组织结构混沌。

先说法律地位与社会角色。在多数当代文化里，法律规定夫妻双方地位平等。但多数当代文化仍然保持着传统的夫妻角色期待：男主外女主内，男尊女卑。即使在女性地位相对较高的北欧，这些传统理念依然存在。如果丈夫的领导力大于妻子还好；如果丈夫的领导力低于妻子，就会出现这样的情景：一个领导力较低的人，强迫自己领导一个领导力较高的人。如果妻子也认同男尊女卑的传统理念，她也会产生认知不协调：应该让我依靠的人为什么靠不住？

再说自我独立与相互依存。夫妻之间的关系是人类关系中最亲密的一种，亲密到不分彼此的程度。这就造成双方的弱点一览无遗，互相干涉，无微不至。

最后说说利益相关方的冲突。夫妻双方都以自己为中心，让对方随叫随到，解决所有问题。不仅有夫妻利益之争，双方还往往各为自己父母兄弟姐妹争利益。

家庭是个组织，但组织结构大多混沌。极少数夫妻能够把权力分配协商出结果，可能是夫为主、妻为辅，也可能妻为主、夫为辅。这些都好，最怕的就是夫妻都以为自己是领导，谁也不服谁。一个分不清上下属的组织，对领导力的挑战肯定非常大。

齐家绝对是大领导力的体现。关于尧传帝位给舜的版本之一是这样的：尧将两个女儿嫁给舜，以考察他的品行和能力。舜不但使二女与全家和睦相处，还化解了父母兄弟之间的冲突。如果真是这样的话，舜就是大领导力的典范。

——李峰：《齐家中的领导力》，《发现》，2013（7）。

二、西方式领导的威信之道

与中国式领导者重视通过个人修为、领导艺术来提升自己的威信不同，西方的领导者更加倾向于展示自身的魅力，通过共启愿景来达到凝聚人心、赢得追随的目的。

（一）魅力至上

西方的领导学认为领导者要树立威信必须首先要具备魅力，而不是德行，这也是“魅力型领导”理论风靡欧美的一个原因。魅力型领导者通过个人魅力，使追随者为实现目标心甘情愿地付出努力，对追随者行为产生巨大影响。领导者凭借个人的非凡品质和人格感召力，激发追随者追随的愿望，以至于渴望被领导，这正是魅力型领导的力量源泉。魅力型领导的提出者豪斯认为，魅力型领导者通过个人才能和魅力使追随者无条件服从并模仿领导者，对领导者充分尊重并忠于领导者，由此自觉接受组织目标，为实现目标而努力。

领导魅力来源于领导者和追随者的个人素质特征，从领导者行为和追随者反应来定义魅力。追随者通过对领导者行为的认知而产生魅力型领导，因而提出了魅力型领导归因理论。

根据西方领导学者豪斯提出的魅力型领导三大特征，可总结出魅力型领导的几个特征：

第一，充满自信。魅力型领导者对自己的能力和判断力有十足的自信，可激发追随者为实现组织目标而努力工作的热情。即使在危机情况下，追随者也能够充分发挥自身的长处，积极主动地应对。

第二，通过愿景描述激励追随者。魅力型领导者通过对美好愿景的清晰描述，能够号召追随者，并唤起追随者的激情和献身精神，义无反顾地服从并忠于领导者，愿意为实现目标心甘情愿地付出超常努力。

第三，敢于冒险和创新。魅力型领导者的行为往往是非常规的，与组织、行业或社会现有的规范并不一致，甚至发生冲突。他们敢于并善于打破传统，进行革新，改变现状。

第四，对周围环境有较高的敏感性。魅力型领导者对组织内部和外部环境的变化非常敏感，能够客观地评估现有资源环境和限制条件，具备高度的洞察力。

（二）共启愿景

在吉姆·柯林斯的《基业长青》一书中，作者指出，那些真正能够留名千古的宏伟基业都有一个共同点：有令人振奋并可以帮助下属做重要决定的“愿景”。愿景式领导也成了西方领导威信的重中之重。

愿景就是组织对自身长远发展和终极目标的规划和描述。缺乏理想与愿景指引的组织会在风险和挑战面前畏缩不前，它们对自己所从事的事业不可能拥有坚定的、持久的信心，也不可能在复杂的情况下，从大局、长远出发，果断决策，从容应对。优秀的领导者会与下属分享组织的愿景，如果可能，还会让下属参与愿景的规划。这一点与中国文化很不一样。中国传统文化认为，愿景和目标的制订只是最高领导者的事情，因为“谋不可众”，但西方文化更注重决策过程中下级的参与，即使这种决策是涉及愿景和目标这样的大决策。如果能让下属充分理解领导者对组织长期发展方向的思路，让与自己一同工作的所有人拥有相同的努力目标，那么，这家组织就会拥有无穷的原动力。

领导力并非纯粹工具意义上的管理手段，而是必然蕴含着目标与价值。领导力的内在源泉和外在导向都在于愿景，正是愿景目标及其所派生出来的价值观，让领导力不仅体现为一种人际影响方式，更具备了深远和广泛的正向影响价值。愿景是领导力的核心决定要素。没有了愿景，领导力不仅会迷失方向，更会枯竭。

愿景虽然发乎个体内在的坚定信念，但这种信念的长期乃至终生追求，必定要融入特定社会文化传统之中。从根本上说，人作为社会的存在，要对他人产生正向且可持续的影响，就必须超越纯粹个体化的、短期的目标追求，用一种深植于特定社会文化传统的带有终极性、社会性、可信性、可行性的共同目标，来吸引和激发人们。只有这种意义上的共同目标，才是真正能起到领导力的源泉和导向作用的愿景目标，也只有那些真正超越了自我，执着追求这种愿景目标的人，才能对他人产生正向且可持续的影响力。

对于一个人的愿景和领导力的形成来说，既不必“怨天”，也不能“尤人”，更不可用“命运”来搪塞，而一定要从自我的主动学习和刻意训练上去努力。一个人有无愿景和领导力，关键在于同样的外部条件下，是否具有自我塑造和自我修养的内在主动性；而这种内在主动性的养成，在很大程度上又同一个人是否能将个体目标追求融入社会文化传统之中，从而建立起具有更大意义背景的愿景有关。

纯粹个体化的目标追求，由于个体的意志无力和视野局限，很容易被外界左右而迷失，也容易走向狭隘化和极端化；无论哪种情况，自我坚持都困难，更遑论影响他人。只有将个体目标追求融入社会文化传统之中，在那里找到心灵的导师和目标的意义，进而以丰富的人类精神资源构建起自己更为坚实的精神家园，才能真正做到超越自我，建立起具有终极性、社会性、可信性和可行性的愿景。更直观地说，愿景就是用人类共有的精神资源，既为自己，也为别人，建设开发的精神家园，让自己和更多人有了心灵归宿。

事实上对于任何文化中的人，愿景都是必不可少的激励因素。例如在中国，人们早已习惯于将安顿自己的身体作为头等大事，因此，买房最为迫切。为安顿身体而买房固然重要，但为安顿精神而建设“家园”同样不容忽视。现实或虚拟的“朋友圈”还不能等同于精神家园。精神家园里需要的是“志同道合者”，而这里的“志”意指“心之所之”，即个体的心灵归宿，“道”则是共同的精神追求。“志”与“道”合起来，指的就是具有终极性和社会性的愿景目标追求。从根本上说，正是那些拥有精神家园，修养出一种精神气质的个体，才能够产生发乎于内的影响力。那种源于愿景目标、导向共同价值的领导力，本质上是一种精神力量。难以想象，一个在精神世界中无家可归的人，能够拥有这种精神力量？

要建立愿景目标、拥有精神力量，就必须走进组织成员共有的精神世界，熟悉其内心的追求和想法，最后为组织成员找到心仪的地方，着手规划创建一个精神家园。一个人虽然不能选择出生的家庭和家乡，却完全可以选择和建设自己的精神家园，而选择和建设精神家园的过程，实际上就是一个经典阅读、自我反思、形成愿景，并不断实践的过程。

在愿景设立方面，中西文化都是相通的。孔子“十有五而志于学”，王阳明十二岁明确了“成圣”的愿景。孔子和王阳明都不是在确立纯粹个体化的目标追求，而是将个体目标融入中国社会文化传统之中，在“上学下达”式的主动学习和自我修养过程中，形成超越自我的共享愿景，进而由内而外地产生出正向且可持续的影响力。这也许就是儒家所倡导的“内圣外王”的真谛所在。其中，“内圣”并不完全是一种个体化的目标定位，而是借助“学”的过程，将自我融入社会文化传统之中，真正确立“求道”“成圣”这样的共享愿景；只有形成了这种共享愿景，才有可能由内而外地影响他人，这便是所谓的“外王”。这里的“王”绝不是要成为“帝王”的意思，而强调的是一种由内而外影响他人的精神力量。这也正是儒家所信奉的领导力模式，即“道之以德，齐之以礼，有耻且格”。或许正因为如此，孔子才说自己的最大特点是“好学”，也就是要接续中国的社会文化传统，将自我融入传统之中，以形成内在影响力的源泉——愿景；王阳明在十二岁时所确立的“成圣”目标，也是针对“学习”而言的，他的学习不是单纯为了科举、做官，而是要确立更远大、更具有超越性的愿景，那也是融入在当时社会背景下的儒家“道统”之中的。

对于西方领导力而言，不能没有愿景这个源泉，而要愿景能源远流长，就必须融入社会文化传统之中。在全球化背景下，社会文化传统是开放、多元的；要使愿景真正融入这个开放、多元的社会文化传统之中，离开了经典阅读，别无他途。这也许正是那些致力于培养领袖人才的世界名校，无一例外地注重经典阅读和研修的主旨所在。

（三）激发变革

在21世纪，组织要获得成功，最关键的要素是有效的领导力。古老金字塔式组织架构已经难负重任。在 20 世纪，当制造业公司雇用大量工人时，这个金字塔式架构尚能运转，管理雇用的下属被当作严格的事务性工作。在这个体系中，下属到公司上班，完成他们的工作，领取工资回家。在领导者和下属之间存在身体和情感上的距离。领导者坐在远离生产工地的办公室里，将下属视为劳动成本，而不是有血有肉的个体的人。

未来的领导人必须愿意进行自我变革，向被他们领导的人学习从而自身得到发展。在服务型经济社会里，领导者不只希望让下属带着他们的双手来工作，还希望带着他们的心灵和思想。这也是下属所希望的：甩开膀子大干，帮助组织成长。

变革型领导力到底有何独到之处？

第一，致力于一种新的生活方式。忙碌是好事，但无须用尽分秒，领导者需要有盈余时间、“留白”空间。他们应有能力抓住信息，得出自己的见解。

第二，以身作则、担当导师并帮助培养一个新的群体。变革型领导模式就是让人们在一起做事，而不是为别人做事。领导者需要以身作则倡导这个概念。如果下属不再需要通过竭力争取就能获得尊重，他们则可以集中精力帮助公司成长。变革型领导力是没法装出来的。

第三，建立新的变革文化，接受新的成功标准。在“大数据”的世界里，组织可以测量一切，但人们往往不会去测量文化，认为文化很模糊，不能拿在手中。这是错误的观念。变革型领导者应该将文化融入绩效管理体系中，让文化通过制度的方式散发出来。

第四，激发求知欲。并不是很多人喜欢变革，但没有变革就没有发展。变革型领导者必须能够创建一个能够以变革为中心、提供新的服务的组织。他们需要不断地审视公司还能够额外做些什么来造福所有的利益相关者。

第五，与不是朋友的人建立新的关系。如果一个领导者只听从志同道合的人，则是十分危险的。变革型领导者能够与拥有不同乃至相反观点的人们打成一片，这样才能洞察一切。

变革型领导者能够理解持久变化所提出的要求。事务型领导者注重短期目标，变革型领导者为组织的长远利益而做出决策，而不是花费心思考虑如何获得和维持手中权力。他们专注于为组织乃至社会做出有益的事情。

（四）甘做仆人

西方式的领导也并不是一味宏大强势，近年来流行的“仆人式领导”理念正从另外一个角度重塑西方的领导力。《第五项修炼》一书的作者彼得·圣吉则认为，未来新组织的领导者需要的是一种新的领导力，在如此快速变动且呈现出动态复杂的环境中，领导者要能改变其追随者对工作的价值观与重要感，必须鼓励下属超越私利，从组织的整体利益着想，同时对下属有深远的影响力，并能将价值观及信念转移至实际工作上，以让组织成员能持续不断地学习及适应变革。人们称这种领导者为“转变型的领导者”，他们不同于传统的“执行型领导者”。

在人们传统的观念里，总认为领导者是拥有特殊才能的人，他们设定组织的方向、制定组织的重大决策、激励组织成员、处理公司突发的重大危机等，他们变成组织成员心目中的英雄，因此也更加强了他们对短期问题的重视，变成处理危机的高手。然而彼得·圣吉认为：在学习型组织里的领导者并非如此，他不但是个设计者，也是教师、教练，更还要扮演仆人。担任这些角色必须学习一些新的技能及新的工具，建立一种能够让组织成员持续不断扩张其能力并构想其愿景的组织，也就是有责任让成员不断地“学习”。而这种新的领导力的建立，人们必须先重新定义领导者仆人的角色。

领导者必须扮演仆人这个角色，就是我国长期倡导的公务员要成为人民公仆的内涵，这时的“仆人”指的是一种待人处事的态度，这种态度对“学习型组织”具有关键作用。领导者的首要任务是要关心组织中的人，因为他们是组织中核心与精神之所在。仆人心态是一种自然的情感，一种发自内心愿意服务他人的意愿。这种仆人的角色主要表现在两方面：一方面是为所领导的人服务，另一方面是为组织的目标、使命服务。智能的领导者顺应自然的运作法则，从服务之中，体认到内心的丰足，从无私帮助别人之中，变得更有成就。“学习型组织”组织潮流呼唤领导者进入全新的工作角色——仆人。

1. 以服务取代领导的哲学

畅销书《仆人》的作者杭特借助一个中年组织领导人的经历，写出埋藏在《圣经》中一种叫作仆人式领导（Servant ship）的真理。他强调，当一个领导人愿意像仆人般服侍他的追随者时，并决心满足其心理的基本需求如爱、自尊及自我实现，且在影响力所及处负责打造有助于下属生命成长之健全环境，与他们建立关爱、尊重、信任、接纳及承诺的关系，就能获得领导人的威信及影响力，还能以此激励他们发挥个人最大的潜能，全心投入心力、才能及创造力，为达成共同目标奋战不懈。《仆人》一书中对下列关键词汇的定义发人深省：

领导（Leadership）：一种技能，用来影响别人，让他们全心投入，为达成共同目标奋战不懈：“技能”是一种能力，透过学习而得；领导，也是领导别人，是人人可学，人人可得的。

权力（power）：一种能力，利用你的地位，罔顾别人的意愿，强迫他们照着你的决心行事。

威信（authority）：一种技能，运用影响力，让别人心甘情愿地照着你的决心行事。

由以上定义可见，威信式的领导是建立在满足对方的基本需求上，想成为一个成功的领导者就得先做出根植于爱的牺牲奉献，而与爱紧密相关的性格如忍耐、恩慈、谦卑、尊重、无私、宽恕、诚实及守信却不是与生俱来的，也显然不只是一种感觉，而是关乎行为的选择。因此，个人只要设法透过意志引导行为，也就是下定决心不断地挑战自我、全力以赴地改进性格，绝对能将仆人式领导行为内化为习惯及本性。然而，威信的根源来自牺牲奉献，具体的例证如下：

耶稣基督：我若从地上被举起来，就要吸引万人来归我。

印度圣雄甘地：不费一兵一卒，没有使用暴力，更没有行使威权，他的成功全靠个人的影响力。

马丁·路德·金：不用诉诸武力，他就可以推动黑人民权法案（1964年民权法案通过）。

特里萨修女：以牺牲奉献的精神赢取举世推崇的影响力。

或许有人认为仆人式的领导似乎矮化了领导人的地位，但事实上，根据马斯洛的看法，当人开始关爱别人及为他人着想之际，早已放下自身的需求与欲望，从自我的限制里释放出来，这灵性层次的成长就足以使人喜乐及满足于付出。

2. 仆人式领导的推手

"仆人领导力"（Servant ship）事实上是MIT管理学院中的格林里夫（Robert Greenleaf）于20世纪70年代提出来的，他曾是在AT&T（美国电话电报公司）工作三十多年的主管，其间格林里夫对在大机构中工作有感而发，他认为组织无疑是越来越重要，但组织却也越来越不能满足人的需要，无论是下属还是顾客的需要。格林里夫“仆人领导力”的观念源自一本《东方之旅》（*Journey to the East*）的书，内容描述一群人筹划一次神秘的东方旅行，而灵魂人物乃是大家的仆人李奥（Leo），他听从主人们的吩咐，打点琐事，常穿梭在不同主人间扮演协调沟通的角色，渐渐地，大家习惯于听从他的安排，直到有一天，李奥突然失踪，众人便陷入了空前的恐慌。此时大家才深深体会到，事实上，李奥早已成为攸关全局的重要人物，没有他的带领，众人无法成事。

从“领导力”的定义来看，其精髓不在于其职位高低，权力大小，而是一种态度与使命的承诺。因而，格林里夫强调如下的领导信条：“要建设一个好的社会，也就是有公益及关怀，强者与弱者无限的彼此服侍，就是建立仆人领导的机制，让最像仆人的人做领袖。”他说：领导的工作交由真正的仆人去做。成为领袖不是因为拥有某种权力，而是看其可为其他人做出多少贡献。有别于威信式的领导，格林里夫认为仆人式领导有以下六项行为特质：

倾听：倾听可博取众议，发挥同理心，注意自己的态度，跳开自己的主见。

说服：英文的 persuasion 来自拉丁文“persuasio”，per 为借口，sursio 为温柔，是让人心服口，而不是勉强为之。

无为：适时闪避可以避开一些琐事，分清轻重缓急，使自己持盈保泰。

接纳：学习接受不完美，想如何使对方更好。

自我认识：有感受力，能辨识环境需求，但也要了解其限度。

助人：工作的主要目的是帮人解决困难，帮助人成长，使人更强、更健全、更自动自发、更自主。

从仆人式领导的理念，中西方管理文化其实都是相通的，未来必定会走上一条殊途同归的道路。

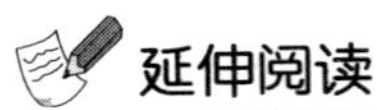

延伸阅读

美式管理背后的清教徒价值观支撑

清教徒是创业精神的代言人、崇尚商业和工业活动、对一切充满了信心，他们善于创造和创新，不断地开拓和征服。这些文化核心的活力、社会流动性、竞争力和创新力，其源头就是来自清教徒的纪律及精神特质，这些特质构成了美国的管理文化。

清教主义价值观之一：人间天国

笼统地说，美国的建国行为表现为一种对社会未来坚定不移的乐观精神——这在当时世界各国中独一无二——并坚信难题之所以出现是为了得到解决。最具代表性的代言人之一是本杰明·富兰克林，他从未怀疑美国永远是朝阳。富兰克林还精辟地用一句话定义了美国："新大陆不看领导者是谁，只看领导者有什么本事。"

又一个世纪后，1923—1929 年时任美国总统的柯立芝告诉人们："美国不承认任何贵族，除了工作的人。"他还相信"工作证是进入贵族阶层的唯一通行证"，但是"人只有开始敬神之后才开始成长"。对于柯立芝来说，"建工厂就是建教堂""在工厂工作就是在教堂祈祷"。

清教主义价值观之二：机械天赋，亲力亲为

自己动手、亲力亲为，美国社会一开始就不同于那些建国更久、等级制度更森严的欧洲国家。这个特点并非仅仅涉及契约佣工清教徒造就美国式管理和工匠阶层。

随着 19 世纪初机床的出现，对手工艺的热情转变成了对批量生产及其带来的问题和机遇的迷恋。然而美国人在骨子里还保留着些许工匠气质。他们喜欢修修补补，就像 18 世纪托马斯·杰弗逊那样。这位美国第三任总统写信给朋友说："我一门心思做农活、造钉子，政治完全从我脑海中消失了。"

20 世纪初，美国人之所以迷恋上了汽车，其中一个原因正是可以在星期六早上给汽车修修补补。直到 20 世纪 60 年代，哪家组织的总裁如果亲手疏通了水管，就一定会把这件事写进组织记事中，表明自己是个"真正的美国人"。

21 世纪的两位年轻人拉里·佩奇和塞吉·布林，创立的谷歌的座右铭是"不作恶"。两人个性和价值观与超人有很多相似之处，受"清教徒式理想主义"的鼓舞，希望让世界变得更好。有些媒体报道说，谷歌实际上就是一家"满是传教士的组织"。

清教主义价值观之三：超强的组织能力

优秀组织一定分层级，尽管分层级的组织不一定是优秀组织。美国两个俗语"亲力亲为（hands on）"和"尽力而为（can do）"，就源自这种生活方式。"集成决策"的含义是：计划者和执行者包含同一群人，这样计划和执行才能连贯起来；认真借鉴前人经验（不管是失败的还是成功的经验），把犯错的可能性降至最小；只要条件许可，就做试点；任何重要提议，都要构思好实施细节，才决定是否通过；做好两手准备，以应对决策的某些原始假定不正确的情况。采用这种模式，决策往往慢得令人痛苦，不过执行反而很快。集成决策模式之所以出现，是因为清教社会从上至下都"亲力亲为"，强调责任到人。如果有个高于一切的核心"秘诀"，解释美国组织乃至整个美国社会从 1630 年直到 20 世纪 60 年代的成功，那就是决策的制定和实施模式。

——［美］肯尼斯霍博：《清教徒的礼物》，北京：东方出版社，2013 年版。

三、殊途同归：中西合璧型领导者的威信修炼

通过研究，中国和西方对于领导力的认识和需求在本质上并无太大区别。身体力行、共启愿景与挑战现状，是中西方评判领导力的三个核心标准。而诸如“仆人型领导”也与我国的人民公仆、上善若水的概念相近。另外对于领军人物（领袖）和普通领导者的认知，两种文化也有相似之处。领军人物影响他人的核心能力与一般领导者不同。“领导者影响他人靠的是威信，而不是依靠个人的品行和对问题的看法。但是作为领军者，影响大家则是通过自己的行为举止、个人判断和专业知识让对方真正受到影响。”因此，作为领军人物一定要身体力行，真正做到“智、信、仁、勇、严”。

无论在东方还是西方，“以身作则”都是衡量领导自身影响力的重要标准。“以身作则不是事必躬亲，而是一定要用自己的行为去身体力行，在关键的时候走在前面，是跟我上，而不是给我上。”

领导者不是要领导一群人走向无目标的境界，因为领导者面对的毕竟是组织，首先必须制造客户。因此，是否能找到组织的真正目标，建立共同的愿景，是评判领导力的一个重要标准。此外，领军人物必须勇于挑战现状。“组织每天都要遇到问题，环境无时无刻不在变化。如果人们能在变化中，以变化的心态对待变化，人们可以做得很好。但如果在变化过程中，人们固守原来的一套理念，特别是机械地把西方或其他国家的理念搬进中国，这将是一个很大的问题。”从这点上来讲，挑战现状对一个领导者来讲尤为重要。

（一）全球化重塑领导威信

技术所带来的便利，移动化以及大数据的产生，对中西方领导者的决策产生了很多影响。一方面更多的大数据给决策者更多量化的客观角度；

另一方面大量数据以及数据分析可以采取的不同角度有可能造成决策者的数据依赖和战略选择困难。未来的领导人需要更好地适应这样的决策环境。

同时还要看到，价值链发生了整合，分享经济的出现，不同的竞争模式的出现，给组织的竞争环境带来巨大的冲击。比如组织面临的商业模式的改变，在传统的能源行业，整个产品的流动与业务流程的设计，从产品的生产到运输到销售渠道，已经建立了较成熟的商业模式，这些商业模式经过多年的运营优化，能够达到很好的自动化。技术变革冲击了每个业务的流程、环节、IT 系统和人才管理。对于组织领导者的要求，从频率到强度都在不断地增高。

除此之外，组织的外部环境也更多地受到非经济因素的影响。比如政府的领导者要面对地缘政治、宏观经济、社会动荡、文化 / 种族冲突甚至气候变化……都会对组织战略产生巨大的影响。随着全球一体化的发展，这种影响也日渐加深对于外部宏观环境高度关注，并做出相应战略调整，这是对领导者能力的更高要求。

1. 全球化定义

根据其最广为流传的定义，全球化是一个“(社会) 关系和交易的空间结构转型”。当人们从组织的角度来具体审视全球化时，这个定义有着三个关键因素：它意味着空间维度的变化，换言之，地理的改变；空间变化直接影响了一个组织的运转方式；重组是相互作用的，因为它影响了人与人之间、业务单元以及细分业务的相互作用。

虽然全球化被认为是扩展到世界的其他地方，但海外扩张与全球化还是大相径庭的。全球化有三个特点：一是组织至少横跨三个不同的地理区域 (美国、欧洲、亚太地区、非洲)；二是横跨这些领域，在组织信息、人力资源和沟通流程等方面有着高水平的连通性；三是拥有能够促进一体化、相互作用并产生协同效应的全球性管理框架。一个全球性的组织或组织也正是因为如此，才能大于其部分的总和。

2. 全球化文化

文化是一个常用的词，但并不总是被充分地理解。韦莱韬悦把它定义为存在于公司内并影响做法的共同信仰（明确的或不言明的）。在这个意义上，“全球化文化”是一个了解并支持组织国际化发展，视国际组织为目标的文化。它是下属和领导共有的信仰，与信奉多元化环境、不断变化、整合收购、懂得新市场、新环境和灵活的行动是一致的。

“全球化文化”注重想法和意见上的多样化，支持与众不同的行为或流动带来的风险。

研究证明，通过不同竞争手段，成功的组织都有不同的组织文化，但和他们各自的策略目标一致。把组织文化和理想案例相比较，人们能够测量组织文化支持组织战略的程度，即文化和战略的匹配度。所以，在面对国家文化区别之前——这对于国际化也是至关重要的，组织必须首先衡量自己的组织文化是否和侧重于国际增长的战略相匹配。

3. 全球化时代领导者的素质

未来全球化时代需要怎样的组织领导人？以我国为例，经历了近三十年的高速成长，组织和组织领导人已经走到了一个转折点上。组织运作的内外环境发生了急剧的变化。这些变化，使得组织越来越难以依赖“包打天下”式的“个人英雄”来领导组织取得持续成功。从全球成功的组织和企业家的经验来看，我国的组织需要新一代的领导人。

那么这些面向未来的新一代的组织领导人应该具备怎样的素质呢？

（1）创业阶段

持续自我修炼：一种愿意而且能够深刻审视自我、不断反省、吸取经验教训，并采取行动完善和提升自我的行为特征；迸发创业干劲：具有强烈的内心驱动力来提升组织的绩效，实现甚至超越具有挑战性的雄伟目标的行为特征。

谋求共赢互利：通过高明的战略影响能力来影响利益相关者，在实现目标的同时达到共赢互利局面的行为特征。

（2）增长阶段

总揽战略全局：对影响组织全局的重大问题进行深刻分析、判断并预见的思维和决策的行为特征。

施展变革领导：通过指明新的方向，并积极推动变革以应对环境的变化和内外挑战的行为特征。

推动社会发展：通过组织或行业自律等行为，体现社会责任感，坚守自己的信念和原则，以确保组织可持续发展的行为特征。

（3）未来阶段

提升创新能力：在组织内部积极营造创新氛围，提升创新能力，拥抱并领导创新的行为特征。

探寻他山之石：广泛收集信息和全球最佳实践，以支持有效决策的行为特征。

培育组织能力：为组织长远的发展培养关键人才、提升组织能力的行为特征。

我国许多领导者拥有相当多的“创业阶段”的领导素质，其中一些佼佼者还拥有很多“增长阶段”的领导素质，但要面向未来，以取得更大的可持续的成功，这些领导者还要放眼世界，需要培养“未来阶段”的领导素质：

他们需要培养全球视野，通过更为系统和正规的方式在组织内部和外部收集有效信息和最佳实践，并进行更加深入而周密的战略性思考；同时把确定的方向和愿景以更有效的方式向其他领导者和下属沟通，以确保战略的实施；

他们需要更加关注如何平衡进攻与防守、内部与外部、长期与短期，积极致力于组织能力的建设。通过对人才的有效培养、流程和制度的持续改善、组织文化的打造，使组织能够随需应变，从而获得可持续发展；

他们需要更加关注对客户需要的理解，特别是通过对客户未意识到的需要的发掘，开发创新的盈利模式、产品和服务，来满足客户的需要；同时他们需要通过培养下属的创新能力，营造创新的氛围，推动创新文化的建设，以提升整个组织的创新能力。

（二）互联网 + 时代的领导威信

伴随互联网信息技术的持续发展，民众的生活方式产生了翻天覆地的变化。人们的生活以及社交领域呈现出几何式的扩大，并且人们在进行同一件事情时所花费的时间变得更少，微信、微博等社交平台让人们之间的联系更为便利快捷，极大地提升了时间以及空间的利用效率。当然这种变化也体现在组织等各种机构中，在组织的实际管理与运营过程中表现得尤为明显。领导者、追随者之间的关系不再是绝对的支配与被支配关系。基于这种实际情况，传统的领导管理手段已经不能适应组织的发展，必须做出相应的调整与改革。

职员和领导之间关系显著改变。组织中追随者与领导之间的关系发生了显著的变化，追随者的身份实现了由“打工者”向“合作者”“参与者”的转变。这就要求领导改变之前强硬独裁的管理态度，以更加人性化的手段完成对追随者的管理，并为追随者提供更好的发展资源。

组织结构从传统迈入动态网状自组织化。相较于以往金字塔形的组织管理模式，现在已经转变为同一层级的网状结构，每一个基层员工都是网络当中的一个节点，可以通过自身的行为方式影响到周围的人，传统组织结构当中的中层管理人员的职能作用被弱化。上至高层领导，下至组织职员，想要传达的信息已经不再像以往那样烦琐，互动效率前所未有的高效。

互联网对现时代的影响之大，正在日益彰显。其作用可从三个方面来认识：

第一，人——天涯咫尺。中国有句古话“远在天边，近在眼前”。世界那么大，不少人远隔千里，遥相思念。如今有了网络，千里相思已不再是问题。对于组织管理来说更是如此，视频会议、网络会议等形式让世界各地的员工都可以随时随地连接。

第二，事——互通互联。这个世界上每天都在发生各种事件。如果没有网络，这些事件都是独立而互不相干的，也无法得到广泛有效的传播。而如今借助于网络，任何一个事件都有可能产生“蝴蝶效应”一样的巨大影响。无论是青岛“天价虾”事件，还是“世界那么大，我想去看看”的最牛辞职信，都得益于网络传播，从而由一个原本意义上的小事成为传遍天下的重要事件。

第三，物——踪迹可寻。在互联网基础上打造的物联网，使许多本来难觅踪影的物品有迹可循。快递包裹可实时追踪，驰骋天涯的汽车亦可即刻定位。

由于互联网的诸多特点，使得人们的工作形态也在发生变化。借助于互联网日新月异的技术手段，今天，那些可以在任何自己喜欢的地方和时间工作的人们，正描绘出新时代的工作样态。在美国，不在特地场所工作的人们，已经占到整个美国工作人口的三分之一，并且每年以百分之十的速度增长着，工作形态正在从千军万马转为“蚂蚁雄兵”。在许多组织中，地处四面八方的下属不必刻意遵循朝九晚五的工作时间，坐着不同的交通工具，赶到一个屋顶下，坐在一起工作。而那些仍然在传统工作场所下共同作业的下属，即便坐在一个办公楼里，也更多是利用网络来传递信息，进行沟通，或制作各种文件。

在网络条件下，工作正在变得越来越随性而不必正襟危坐，人与人的对话更多变成了人机对话，各种信息在网络上游走，各种关系在网络中建立，各种生意在网络上的社群中谈成。网络技术导致沟通出现彻底的转变，人们进行沟通的自主权和选择权大大增强。沟通的转变和对网络的需求，共同创造了一种新的组织结构乃至社会结构。在基于网络组织的工作状态下，威权型领导的作用正在退化，在一个相应的组织中，原来领导者因为所处高位，各种相关信息都比下属知道得多、知道得早，在此基础上形成一种信息优势，并进而成为威权型领导者的重要优势。而今，这种依赖信息优势的威信和影响力正在退去。借助于网络，今天的一个普通下属，对于某个问题完全可能比领导懂得更多，知道得更早，甚至理解得更透彻，因而也可能更好地提出相关对策，从而在组织中获得创意和创新方面的优势。

互联网时代这种日益彰显的随性而有创意的工作形态，对组织领导者提出了更高要求。一方面，组织领导者要更好地拥抱互联网，更好地理解互联网，勇于接受互联网“去中心化”的特点，从新的角度尽快提升自己在网络条件下的领导能力；另一方面，要积极转变领导方式，尽快从威权型领导转化为愿景型领导，更多地用组织发展愿景和组织良好生态来激励和凝聚互联网环境下成长起来的一代年轻人，适度容忍年轻人某些有违传统工作方式的做法，体现出更好的包容性，注重用各种形式激发下属创新热情，从而为组织创建更好的绩效。

互联网时代，商业的本质虽然没有变，但在方式上却带来了颠覆式的改变，领导力也不例外，如何运用互联互通的网络思维来提升领导力，是当下组织领导者必须要做的一个重要课题。互联网的自由特性让不少的领导者遇到了很多的挑战，去中心化时代，人人都有自己的声音，世界不再只是领导者的威信时代，所有的决策都来源于大众，群众的力量变得越来越重要。古人曰：水能载舟，亦能覆舟，即使存在权利，它也是流动的，因为能力远比权利重要；汇聚智囊团认为在互联网时代，传统管理模式已经慢慢地不奏效了，创新是必经之路，对组织来讲是机遇也是挑战，没有成功的组织，只有时代的组织，作为互联网时代的领导者，利用互联网思维提升领导力。互联网时代，传统组织的领导力正在面临怎样的动摇？领导力该怎样革新？这是一个挑战眼球的现实问题。

1. 舆论挑战权力

互联网时代，很多的挑战是领导者不能避免的，最直接的一个挑战，是舆论挑战领导者的权力。原因在于，信息不发达的时代，舆论都在影响和控制之中。如今，信息化产业高速发展，特别是微博、微信等新媒体工具被广泛使用后，发生了一个事件，成千上万的网民会参与进来，发表评论进而转发传播，信息不受时空限制，形成舆论压力。所以，微小的力量如果聚集起来就会形成巨大的威力。很多时候，当一个理念聚集起来的时候，小沙粒就会变成沙尘暴。

过去，媒体只是一个宣传工具，出现某些事件，还可能会遭到封杀。但在信息时代，媒体不再是传统观念中的宣传工具，而是一种信息传播的载体。现在，很多事件几乎是由舆论先反映出来的，比如：新一届深圳市市委书记到任之前，微博就已经传开来，之后才是官方公布。信息时代，如果你不能引导舆论，那你就会被舆论引导，甚至会被舆论推倒。而很多的领导者大多缺乏这种引导意识。因此，领导者必须具备一项新能力，就叫“舆论引导艺术”。

2. 个人挑战组织

工业化时代，个人跟组织的关系好比是水滴和大海，黏度相当高且具有约束力。对于人才，领导者从组织的角度出发，考虑的往往会是，人得其事，事得其才，人尽其才，才尽其用。但在互联网时代，个人能力的发展有了更大的空间和机会，更多地追求个性的自由和张扬，对组织的依附度和忠诚度呈下降趋势，用各种各样的方式让组织陷入极其被动的情况之中。比如：网络兼职的出现，一些个体知识劳动者，他不再依附于任何一个组织，可能同时为几家组织提供服务，对于这样的现象，组织对个人是加强约束还是顺应趋势？

其实，在这样的时代浪潮下，领导者应该因势而谋。尤其对职场的中坚力量“80后”“90后”来说，他们更为关注个人目标，对组织不再是简单的依附和绝对服从，在招聘的时候，应该把下属的个人职业生涯纳入考虑范围。换个思维，不是从组织的角度考虑，而是从人才的角度来思考，顺应网络时代的人性特点进行领导变革。

人们发现，很多知名的企业家已经在顺势而为。比如海尔，张瑞敏倡导的人单合一，组织无边界、管理无领导、供应链无尺度、下属自主经营；再如华为，任正非提出的“放弃中央集权式管理，让听得见炮声的人呼唤炮火”；还有，小米公司的合伙人组织、扁平化管理等，其实都是互联网的组织管理思维，实现的是从他管理到自管理。

3. 创新挑战秩序

在传统的管理模式下，组织靠的是制度、流程、规范化来约束下属。很多组织，单是人事管理制度就包含了众多细分制度，比如招聘制度、培训制度、晋升制度等。然而，现在完全不同了，组织的发展支点是创新，创新开始挑战现有的规则。

一是将制度变成契约。为什么网络游戏能让玩家痴迷，甚至达到“游戏虐我千万遍，我待游戏如初恋”的境界？因为领导者不是用制度去锁死他，组织和玩家之间存在的是一种契约关系，他乐于在这里付出。在互联网时代，领导者要学会和下属“玩游戏”，让领导工作游戏化。

二是激励方式创新。这一点可向宝洁公司学习。一个是轮岗制度，即当下属达到一定的工作年限后，他可以选择到不同的部门或者不同的区域继续工作，跨部门轮岗甚至跨国轮岗；另一个是弹性制度，给予下属工作方式的选择权，可以自由选择上班时间、自由选择在家工作一整天等。这种激励方式，其实是对下属的充分赋权，让他们实现个人选择。

4. 平民挑战威信

这里的威信，主要说的是知识和技术上的威信。关于一些专业的技术，以前都看重专家的威信，现在专业的东西也可以由网民发起。人们看到，2015 年 2 月底，柴静关于雾霾的调查视频《穹顶之下》，还有她的专访，被上传到了人民网上，同时优酷也发布该视频，根据数据统计，这一视频上线 24 小时的播放量就达到 1.1 亿次。“柴静看见”和人民网的相关微博，也达到了前所未有的转载数和评论量。其中，“柴静看见”转发量 56 万，评论量近 10 万，点赞数 22 万；人民网的微博转发、评论和点赞总数也达到了 30 多万，瞬间掀起了巨大的热潮，以至于官方不得不出面控制。

为什么出现这样的现象？因为知识和威信颠倒。那人们的领导者怎么办呢？

有两个努力的方向：一个是让普通下属参与进来。因为很多时候，专业的视角会忽略大众的眼光。另一个是领导者以平民的身份进入群众当中，用平民的语言跟群众对话。2014 年，李克强跟互联网大佬们进行“头脑风暴”时，就爆出了许多流行的网络语，“有权不能任性”的言论得到网民一致点赞。

其实就是这样。过去是领导教育群众，先沟通再学习，可这样领导就会比较被动。但现在，领导应该走在前面，比追随者走得更靠前才行。

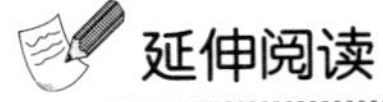

延伸阅读

全球化进程中的华为领导者：任正非的领导力

华为这家中国组织巨头，在国际舞台上大放异彩，取得了骄人成绩，人们不禁要问：华为商业成功背后的哲学和驱动力是什么？很多人会说，是因为任正非为华为绘制了成功蓝图。现在华为实行轮值经理制度，由三位董事会成员轮流担任轮值经理，每届任期 6 个月。即便如此，华为创始人对华为发展节奏和方向仍有巨大的影响。

1. 以目标为导向，志存高远

毫无疑问，任正非领导力的核心在于他非常清楚华为的目标——成就客户梦想，任正非也确实身体力行，满怀激情地追寻这一梦想，因此，华为也就成为任正非天生的使命。他总是想方设法为客户创造价值，通过一个个故事，不断向追随者传递一个理念：华为追随者应致力于实现组织使命，即提供通信技术实现连接。

2. 灵活应变，愿景驱动

任正非充满激情，努力将组织目标转化成组织愿景，将华为发展成为国际领先组织。在实现组织愿景的过程中，他不断证明了自己的战略规划能力，根据组织面临的挑战适当调整愿景。他的管理有一点至关重要：虽然他推崇灵活应变的理念，但是从来不会偏离组织的目标和价值观。这种领导能力源自他积极主动的态度。他总是关注未来，很少停留在过去。谈及华为创始人的优点，人们总会说：任正非总是展望十年后华为会变成什么样子。任正非能用批判的眼光审视过去的成功，同时识别未来十年将面临的挑战，因此任正非在很多国人眼中是一位颇具影响力的商业领袖。

3. 激发追随者斗志

要打造一支甘于艰苦奋斗的追随者队伍，就需要激发追随者斗志。任正非能够激发他人斗志，这也是他一直被称道的人格特质。任正非特别爱讲故事，他经常通过一个个故事，慷慨激昂地向追随者传递他的理念。在华为早期（第一阶段），任正非经常给追随者讲故事。他相信，二十年后，世界通信市场三分天下，华为必有其一。当时，华为仅有两百名追随者，很多人都觉得他是痴人说梦。尽管如此，多年来，任正非一直秉承这一信念并在各种场合向追随者传递。这个故事常常被人津津乐道，华为成立第五年的时候，任正非在厨房和厨师给追随者做饭，中间他突然冲出厨房，大声宣布：二十年后，世界通信市场三分天下华为有其一！

4. 保持谦卑，艰苦奋斗

任正非在引领华为追求梦想时，他非常清楚自己的不足，他从不认为自己无所不知。在谈到他所具备的才能和特质时，他总是强调：他的知识并不是最丰富的。很显然，他拥有远大抱负和很强的执行力，但同时保有谦卑的心态。尽管他的这种领导风格激励了很多人，引领组织度过了转型期，但他还是经常讲：自己能力有限，在团结追随者这方面可能不如很多人认为的那样好。他总是避免被扣上"传奇领袖"的帽子，而是强调没有艰苦奋斗，就没有华为的成功。

5. 指令式管理风格

在中国，领导体制往往具有自上而下、等级分明的特点，华为大致上也沿袭了这种风格。但与这种十分强调"控制"的管理风格相比，任正非的领导风格呈现出不同特点。一方面，任正非大小决策必须亲力亲为，这也许与他曾经在军队服役有关。他严肃，有着强大的意志力，时刻把握决策权，在华为发展之初，他的意志力体现在坚持把奋斗和生存当作组织的首要战略。当时华为的口号是："胜则举杯相庆，败则拼死相救。"华为今天的决策体制形成了一种"有限民主＋适度集权"的风格，既避免了个人独裁带来的"一人兴邦，一人丧邦"的积弊，也防止了过度民主带来的效率低下、集体不作为现象。

6. 合作共赢

与竞争对手合作是华为文化的一大特点。一般来说，组织要么选择进攻，要么选择妥协；换句话说，要么竞争，要么合作。在华为发展的前 20 年，华为为了生存、成为更好的服务提供商，主要采取主动出击的策略。

很显然，任正非当时认为竞争可以推动组织向前发展。不过，他认为竞争的核心是尊重竞争对手。

7. 强大的学习能力

作为一个领袖，任正非坚持自我批判、慎思笃行。他有一句话常被引用：思考能力是最重要的。他所说的思考能力不单单是指人的一项重要能力，还是华为文化的精髓。他认为追随者智慧是华为最珍贵的资产。通过思考，人们可以连点成线，制定灵活的愿景和战略。任正非坚信，只有具备大视野，才能做出明智的战略决策。

——吴春波，田涛：《下一个倒下的会不会是华为》，北京：中信出版社，2014 年版。

E N D

尾声

领导威信的未来

小说《西游记》第五十九回曾写道：唐三藏一行遇火焰山而无法前行，师徒四人焦急万分。

沙僧道："似这般火盛，无路通西，怎生是好？"

八戒道："只拣无火处走便罢。"

三藏道："哪方无火？"

八戒道："东方、南方、北方俱无火。"

又问："哪方有经？"

八戒道："西方有经。"

三藏道："我只欲往有经处哩。"

沙僧道："有经处有火，无火处无经，诚是进退两难！"

阅读完本书之后，广大读者可以发现，"有经处有火，无火处无经"的矛盾已然成了领导者运用威信，影响追随者过程中最为真实的写照。

再以中西方管理文化为例，中国传统文化比西方舶来的一般管理理念、方法、技术有着更高的思维层次，能够有力地塑造组织的价值观和文化力，比如最后一章提到的"修己安人""天人合一""上善若水""阴阳和谐"等智慧，都是中国管理文化的瑰宝。此外，儒家思想为主的中国传统文化为领导者自身的修为提供了模范和准则，诸如"智信仁勇严""己所不欲，勿施于人”“内圣外王”“身无半亩，心忧天下”“知行合一”等理念，蕴含了传统士大夫的修身之道和家国情怀，如果能够有效地和现代组织的基本规则、伦理结合起来，对组织中领导威信的树立和传播都能起到正面的作用。

然而，从另一角度看，中国传统文化中仍然存在许多与现代管理理念相悖的思想。比如过分强调内心修炼，用“内圣外王”等近乎苛刻的修身方式要求领导者未免能够具有推广意义，甚至在数千年历史上，能够做到“知行合一”的国人都屈指可数，这与西方强调通过制度来约束人性的现代管理思想存在较大差异。再比如追求“礼莫大于分也”的等级意识，也容易湮灭个体的共同体意识以及等级观念，不利于营造平等、尊重和鼓励创新的氛围，不利于激励“新生代”下属，妨碍组织的生机和活力。其他还有诸如“公德私德不分”“成王败寇思想”“圈子意识”“面子思想”等，这些都是新时期中国的领导者要注意规避的问题。

窥一斑而知全豹。中西方管理文化的矛盾恰恰反映了当前领导威信面临的种种两难境地。包括本书中提及的领导者德才矛盾，领导追随者时“亲疏、严宽、赏罚、收放”之间的矛盾，领导者自身学习时知识“宽、广、深、速”之间的矛盾，制度设计时“任人与任法”之间的矛盾，环境稳定与权变的矛盾，以及在全球化、互联网 + 时代领导者面临的文化冲击等，这种种问题都对传统的领导威信提出了崭新的挑战。如果领导者依旧抱着“威信”这把尚方宝剑不放手，还幻想着随时能够“登高一呼而众人影从”的意境，还在追求“一览众山小”的所谓领导气概，那大多数时候只能收获失望，难以越过“火焰山”，取得领导力的真经。

成功的领导者应当清楚地意识到，未来组织中的领导威信，单靠传统的威信理念行事一定是难以为继的。未来的威信必定难以再上令下从，难以再整齐划一，难以再给领导者带来万众膜拜的快感，甚至也难以再给组织带来“一人之心，千万人之心”般的执行力。当今领导者要担忧的，不应该再是如何死守阵地，如何控制思想，如何事无巨细，而是要担忧自己能否可以在权力的巅峰依然能够认清自己，能否可以在纷繁复杂的人际关系中抓住最朴素的人心，能否可以在世界大势中找准权力的方向。

在这个快速变化，充满高度不确定性的环境中，真正能够洞悉领导威信玄机的领导者，必定是一个深谙人性、练达人情的观察家，是一个审时度势，谋定后动的军师，是一个学识渊博的智者，是一个言出必行的行动者，是一个能够参悟世事变迁，体味人间冷暖，最后又能甘于淡泊的思想家，更是一个能够挑战现状，激发活力，具备全球化思维的创新者。希望本书的浅薄之力，能为读者带来思维和行为上的些许改变，成为一个有威信而不恋权力，有影响而不嗜功名，有作为而不慕虚荣的领导者。